Widerstand und Internationale Beziehungen

Die außenpolitischen Initiativen von Adam von Trott
für die deutsche Opposition, 1937 – 1944

von

Tobias Hoh

Tectum Verlag
Marburg 2003

Hoh, Tobias:
Widerstand und Internationale Beziehungen.
Die außenpolitischen Initiativen von Adam von Trott für die deutsche Opposition,
1937 – 1944.
/ von Tobias Hoh
- Marburg : Tectum Verlag, 2003
ISBN 978-3-8288-8484-7

Tectum Verlag
Marburg 2003

INHALT

VERZEICHNIS DER ABKÜRZUNGEN

AA/(PA)	Auswärtiges Amt/ (Politisches Archiv), Bonn
ADAP	Akten zur Deutschen Auswärtigen Politik
AdsD	Archiv der sozialen Demokratie, Bonn, (F. Ebert-Stiftung)
A/G-A	Abegg-Gelpe-Archiv, in der SvR, IfZ
AHR	American Historical Review (P)
ApuZ	Aus Politik und Zeitgeschichte (Z, P)
AvT(zS)	Adam von Trott (zu Solz)
BA	Bundesarchiv, bisher Koblenz, jetzt Berlin (ebd. Filmarchiv BA)
Bl.	Blatt (Archive)
BLZ	Bayerische Landeszentrale für politische Bildung, München
Br.(e)	Brief(e)
BZPB	Bundeszentrale für politische Bildung, Bonn
CEH	Central European History (P)
CvT(zS)	Clarita von Trott (zu Solz); bei Fußnoten, Amn.: hektographiertes Manuskript/Mat.slg., auch in ST, SvR/IfZ
DBFP	Documents on British Foreign Policy
Dep.	Department (of State)
DGFP	Documents on German Foreign Policy
DIA	Documents on International Affairs
FBI	Federal Bureau of Investigation, Inlands-Staatspolizei USA
FO	Foreign Office
FRUS	Foreign Relations of the United States
GDW	Gedenkstätte Deutscher Widerstand/Archiv, Berlin
Gen.	General

Gespr.	Gespräch (Fußnoten/Archivmat.)
GSR	German Studies Review (P)
Gestapo	Geheime Staatspolizei der SS
GWU	Geschichte in Wissenschaft und Unterricht
IfZ	Institut für Zeitgeschichte/Archiv u. Bibliothek, München
JCH	Journal of Contemporary History (P)
JES	Journal of European Studies (P)
JIA	Journal of International Affairs (P)
JMH	Journal of Modern History (P)
Mat.slg.	Materialsammlung
Memo	Memorandum/Aide mémoire
MI 5	Military Intelligence – brit. Geheimdienst, gegründet und ausgerichtet ausschließl. gegen das Deutsche (Kaiser-) Reich
MP	Member of Parliament (GB)
NB	Neue Blätter für den Sozialismus (Z)
NS	Nationalsozialismus
Nschr.	Niederschrift (Fußnoten, Archivmat.)
ÖRK	Ökumenischer Rat der Kirchen
O. i. G.	Offizier/Oberst im Generalstab
OKH/OKW	Oberkommando des Heeres/der Wehrmacht
OSS	Office of Strategic Services, geheimer US-Nachrichtendienst, hier Bern, Schweiz. Vorläufer des CIA
P	Periodika, Jahresbücher/regelmäßig erscheinende Zeitschriften, Fachpublikationen
PREM	Prime Minister's Office (Aktenvermerke des Premiers, GB)
PRO	Public Record Office, London
PSQ	Political Science Quaterly (P)

SA	Sturmabteilung
SD	Sicherheitsdienst, NS-Auslands-Spionageabteilung
SS	Sturmstaffel der NSDAP
SvR	Mat.slg. Ger(rit) van Roon/NL, v. a. zum Kreisauer Kreis
TLS	Times Literary Supplement (Z)
NL(-S)	Nachlaß (Stampfer, in: AdsD, Bonn)
ST	Slg. Trott, Berlin (Ordner 1-30), jetzt BA, Koblenz
VfZ	Vierteljahreshefte für Zeitgeschichte, (Z, P) Hg. IfZ
VK	Vize-Konsul/AA (Archive)
VLR	Vortragender Legationsrat/AA (Archive)
WH-A	Archiv Walter Hammer/IfZ, München
YMCA	Young Men's Christian Association
Z(tg.)	Zeitschrift, (Zeitung)
ZS	Zeugensache (Archive)

VORWEG

Die außenpolitischen Beziehungen des deutschen Widerstandes, in der hiesigen Geschichts- und Politikwissenschaft erst seit Ende des 20. Jahrhunderts wieder von größerem Interesse[1] sind aufgrund der umfangreichen und wenig gesichteten Materiallage immer noch Neuland. Die sukzessive Öffnung einst gesperrter oder nur teilweise ausgewerteter Archive ermöglicht in der Fülle der jetzt zugänglichen Akten, etwa teils des State Departments und des FO-Archivs und der erst kürzlich öffentlich gemachten Sammlungen insbesondere von FBI- und OSS-Akten, das bisherige, ungenaue Bild von der Haltung der Westalliierten gegenüber den deutschen und europäischen Widerstandsbewegungen zu erweitern und zu vervollständigen. Insbesondere die Aufzeichnungen aus dem OSS legen erstmals Tätigkeitsmerkmale, Strukturen und eine Vorstellung der (erstaunlich beliebigen und selektiven) Wahrnehmungsmechanismen eines modernen westlichen Geheimdienstes frei. Dies ist um so bedeutender, als die nichtstaatlichen Akteure in den internationalen Beziehungen, etwa deutsche Oppositionelle im außenpolitischen Widerstand wie Adam von Trott, aus Sicherheitsgründen kaum Selbstzeugnisse (wie etwa Tagebuchaufzeichnungen oder gar Terminkalender) führen und hinterlassen konnten, so daß eine Rekonstruktion oftmals nur über potentielle Kontaktpersonen und Zeitzeugen zu recherchieren war; dies vermittelte ein unvollständig einseitiges und je nach Präferenz der Forscher beliebig gebildetes Puzzle, wie die ersten, vor allem angelsächsischen biographischen Publikationen zeigen.

---

[1] Seit Hans Rothfels in den 50er Jahren zu dieser Thematik forschte, sind erst wieder in den 80er Jahren Untersuchungen hierzu von Henry O. Malone und Klemens von Klemperer entstanden. Ger van Roons Dokumentation des Kreisauer Kreises setzte Maßstäbe und beschäftigt sich, da als umfassende Analyse und Untersuchung angelegt, desh. nur zu geringen Teilen mit den außenpolitischen Aspekten.

Der zeitliche Abstand bereichert zunehmend nicht nur die Material- und Quellenlage, sondern erleichtert auch eine distanziert vorur- teilsfreie Untersuchung und dadurch letztendlich faire Bewertung: Die globalen Umwälzungen durch die Auflösung der bipolaren welt- politischen Struktur und die damit obsolete ideologische Ost-West- Konfrontation, die zum Abzug der (unterdessen) russischen Soldaten aus dem Gebiet der ehemaligen DDR und zusätzlich der vormals westalliierten Truppen aus Berlin geführt haben, unterstreichen das faktische Ende einer ganzen Ära der Nachkriegszeit.

Im Bewußtsein einer breiteren Öffentlichkeit verankern sich histori- sche Entwicklungen insbesondere in Erinnerung der Jahrestage zur westalliierten Landung in der Normandie, zum gescheiterten Putsch- versuch des 20. Juli 1944 und des Aufstandes im Warschauer Ghet- to, vor nun weit mehr als einem halben Jahrhundert.

Im Zuge des Diskurses seit Mitte der 80er Jahre um historische Be- wertung und Einordnung der jüngsten Geschichte im Gefolge des sogenannten Historikerstreits, ist es gesellschaftlich von allgemei- nem Interesse, sich umfassend und intensiv mit den geschichtlichen Ereignissen dieses Jahrhunderts auseinanderzusetzen; vielfach wur- de diese Diskussion auch innenpolitisch dazu instrumentalisiert, eine neue europäische und weltpolitische Position für die Bundesrepublik in ihren außenpolitischen und strategischen Optionen je nach Inter- pretation zu definieren.[2]

Einen weiteren Anstoß zu öffentlichen Diskussionen in den verschie- densten Medien gaben Filmreihen zu neuesten Forschungen, etwa zur Rolle der Wehrmacht, wobei dieser kontroversen Diskussion die Wanderausstellung des Hamburger Instituts für Sozialforschung vo-

---

2   Vgl. K. Kaiser (Hg. m. H.-P. Schwarz) Die Neue Weltpolitik. S. 437ff, ders.,
    Folgerungen f. Dtschls. Rolle. Ebd., S. 316ff Ch. Hacke, Die großen Mächte.
    (Nach dem Ende des Kalten Krieges: Das ohnmächtige Europa, S. 324 u.
    Dtschl. – „Weltmacht wider Willen", S. 32).

ranging oder Veröffentlichungen von jüngeren Historikern, Politik-
wissenschaftlern und Soziologen.[3]
Deren vorrangige Bedeutung dürfte vor allem die nun belebte allgemeine Diskussion in der Gesellschaft sein.

Angeregt werden kann dadurch insbesondere eine qualitative Diskussion, wie etwa die Rolle der Wehrmacht zu beurteilen ist und ob
sich der Mythos der selbst aufopfernden und aufgeopferten Armee
mit weißer Weste aufrechterhalten läßt. Wenn es auch keine Möglichkeit zur Kriegsdienstverweigerung gab, waren die (auch gerade
im Krieg unrechtmäßigen) Tötungen von Zivilisten, wie man weiß,
fast durchweg freiwillig übernommen worden. Eine weitere qualitative Veränderung zeichnet sich auch in der Beurteilung der Rolle des
Auslandes ab: Das faschistische System hatte viele Helfershelfer,
Sympathisanten und stillschweigende Befürworter. Das reicht von
den großen deutschen, europäischen und US-Firmen, die die Werbe-
kampagnen der NSDAP finanziell durch enorme Zuwendungen erst
möglich machten, bis hin zu verbaler politischer Unterstützung und
Sympathie und aktiver Komplizenschaft kollaborierender Regierungen und Teile der dortigen Bevölkerungen.[4] Es war die gleiche Illusi-

---

3 Zu den Film(reih)en u. Titeln vgl. Literaturverzeichnis (S. Anhang.) Kontrovers wegen seiner pauschalisierenden u. überholten Thesen: David J. Goldhagen, Hitlers willige Vollstrecker. Ganz gewöhnliche Deutsche und der Holocaust, Berlin 1996; zu berücksichtigen bleibt hierbei auch, daß sich in den
   Wortmeldungen der Kinder der damaligen Opfer der Wunsch manifestiert,
   die komplizierte Struktur von Schweigen, Schuld- und Schamgefühlen der
   Eltern zu durchbrechen, selbst Klarheit über sich zu erlangen. Manche Autoren sind somit so stark in ihr Thema involviert, daß eine gewisse wertfreie
   Distanz nicht gegeben ist, der (abrechnenden) Gesamtbewertung nur ein als
   persönlich entscheidend empfundener Faktor zugrunde liegt; vgl. a. Anm. 4.
4 Vgl. ob., der New Yorker Politikwissenschaftler Norman Finkelstein analysiert in einem Aufsatz die eklatanten Widersprüche der Goldhagenschen
   Thesen in einem Aufsatz und kritisiert dessen fehlende empirische Untersuchung, die durch beliebige Schätzungen der Seriosität ermangele: „So
   schließt sich der Kreis. Von der irreführenden Ausgangsbehauptung, er
   (Anm.: der Nazi-Genozid) sei ein absolut neuartiges Phänomen gewesen,

on, die die deutschen Rechtskonservativen leitete, man könne die Nazis lediglich für eigene Zwecke benutzen, die wiederum statt der später propagierten „Machtergreifung" nur eine „Machterschleichung" durch die Hintertür erreichen konnten.

In diesem Kontext sind auch die in Gang gekommenen öffentlichen Diskussion in Schweden und der Schweiz zu sehen, die die zwielichtigen und wirtschaftlich einträglichen Kontakte der Wallenberg-Familie zur NS-Rüstungsindustrie kritisieren und die auf Druck jüdischer Organisationen in den USA entstandene Schweizer Stiftung, deren beachtlicher Etat abschätzen läßt, daß die Banken in diesem Lande vielfach höhere Gewinne gemacht haben müssen, da sie jetzt ohne jede Diskussion diesen nicht unerheblichen Betrag bereitstellen.

Ebenso verhält es sich mit der Unterstützung der Schweizer Banken für das Hitler-Regime, das international nirgendwo mehr kreditwürdig war, aber die Schweiz als Hausbank hatte. Deshalb ist die These ihrer politschen Neutralität spätestens seitdem eine Farce.[5]

Bisher wurden die Leitgedanken, Ideen und Planungen, die durch die außenpolitischen Erfahrungen mancher Widerstandskämpfer unter komplizierten und komplexen Bedingungen entstanden waren, kaum zur Kenntnis genommen; dies bildet einen offenbaren Gegensatz zu ihren innenpolitischen Implikationen und dabei insbesondere dem versuchten Staatsstreich.

über eine Flut von unsinnigen Behauptungen, Verdrehungen, Widersprüchen und unlogischen Folgerungen bis hin zu dem trivialisierenden Schluß, er sei etwas Altbekanntes gewesen: Auf diese Weise macht Daniel Jonah Goldhagen (Anm.: sich ?) den Nazi-Genozid „verständlich"." Aufsatz teilweise abgedruckt in: Der Spiegel 34/1997 (18. Aug. 1997), S. 62.

5   S. Dokumentar-Serie, Die Schweiz im Schatten des Dritten Reiches, 3 Sat , seit 30.7.97, darin zur Schweizer Identitätskrise mit Dok.mat. zur Schweizer Nazipartei, Flüchtlingspolitik und Bankgeschäfte. Vgl. a. W. A. Boelcke, Die Finanzpolitik des Dritten Reiches, S. 95-115 üb. Geldpolitik u. „Golddrehscheibe Schweiz"; in: Bracher (et al.), Dtschl. 1933-45, Neue Studien zur NS-Herrschaft.

Auf diese außenpolitische Zielsetzung und Komponente wird vor allem Bezug genommen werden; manche Gedanken der richtungweisenden staatlichen, außenpolitischen und weltpolitischen Betrachtungen – etwa der konzeptionellen Entwicklung einer völlig neuen Form der Internationalen Beziehungen, die moralisch verantwortlich fundiert keine idealistische Illusion zu sein braucht -, könnten durchaus Chance und Anreiz bieten, die versäumten und nicht umgesetzten Zielsetzungen bei der verfahrenen deutschen Verfassungsdiskussion, die der künftigen außenpolitischen Orientierung und die Planungen zur Reform und Erweiterung der Europäischen Union zu bereichern oder zumindest kritisch in einem anderen Licht zu betrachten; die Diskussion zur weltpolitischen Neuorientierung im Zusammenhang mit dem Einsatz der Vereinten Nationen als Vermittlerin in Krisengebieten ist nicht nur von wissenschaftlicher Bedeutung, in der Neudefinition der Nahtstelle zwischen innerer und äußerer Politik und des Souveränitätsbegriffs der Staaten, sondern vielmehr der praktischen Politik. Viele dieser heute aktuellen Thesen, Gedanken und bereits umgesetzten Visionen, (die wachsende politische Union, der Handels- und Währungsverbund), stammen aus der politischen Ideenkiste der Zeit nach dem Ersten Weltkrieg und den faszinierenden, aber für die europäischen Gesellschaften verfrühten Aussichten auf Verständigung und Einheit.

T. H., Berlin-Charlottenburg, (Oktober 1997 und) September 2002

1 EINFÜHRUNG

In den letzten Jahren hat sich infolge der verbesserten Quellenlage und durch die unbefangene Neugier einer jüngeren Forschergeneration eine grundlegende und entscheidende Entwicklung in der historischen Beschäftigung mit einem nichtstaatlichen Akteur der internationalen Politik, Adam von Trott zu Solz, ergeben: Der außenpolitische Sprecher des deutschen zivilen Widerstands wird zunehmend in seiner spezifischen und eigenständigen Tätigkeit und Funktion im damaligen internationalen System zur Kenntnis genommen. Vorher wurden seine Bemühungen oftmals unter dem innenpolitischen Aspekt und im Ausland als des Versuchs verdächtig betrachtet, die Macht des zerfallenden Regimes zu retten.[6]

Im Gegensatz zum Widerstand, der im eigenen Land geleistet wurde und es mit vergleichbar einfachen Frontstellungen zu tun hatte, mußte dieser außenpolitische Widerstand gegen die vorgeblichen nationalen Interessen des eigenen Staates tätig werden und sich gegen sie entscheiden. Gleichzeitig konnte Trott als Mitarbeiter des Auswärtigen Amtes nur als dessen offizieller Vertreter ins Ausland reisen oder zumindest zu Kriegszeiten unter dessen Schutz. Zur innenpolitischen Camouflage war er gezwungen, eine Doppelrolle zu spielen, die von manchen ausländischen Gesprächspartnern in ihrer existenziellen Notwendigkeit nicht verstanden wurde oder vielmehr nicht nachvollziehbar für jene war, die im Schutz einer ungebrochenen staatlichen Tradition national sozialisiert waren; für jene war die Interessenvertretung der eigenen Nation unkritische Selbstverständlichkeit.

---

6   Vgl. die `Encounter´- Kontroverse in den 60er Jahren und v. a. Hedley Bull (Hg), dessen Sammelband einer Konferenz britischer Historiker und Zeitzeugen sich den Mißverständnissen gegenüber Adam von Trott widmet (Univ. Leeds, 1986).

Es setzt sich allmählich in der historischen Interpretation die Erkenntnis in der angloamerikanischen und europäischen Geschichtsforschung durch, daß sich das nationalsozialistische Terrorregime ideologiegeschichtlich nicht alleine als „spezifisch deutsche Ausprägung" interpretieren läßt, vielmehr hier durch die soziale und weltanschauliche Zerissenheit und das darin enthaltene Sprengpotential kulminierte und den europäischen Focuspunkt des im 19. Jahrhundert (an-)diskutierten Ideologiestreits zwischen dem Marxschen Sozialismus und nationalistischen Positionen bildete[7], die im Begriffseklektizismus des „National-Sozialismus" – eines inhärenten völligen Gegensatzes – Ausdruck fand.

Dadurch begünstigt, daß die jüngere Geschichte, (gerade auch im Zuge der weltpolitischen Umwälzungen), als gesamteuropäische Entwicklung in ihrer jeweils unterschiedlichen Ausprägung anerkannt und angenommen wird, sowie tradierte Vor-Urteile sukzessive in Frage gestellt und damit revidiert werden und nicht zuletzt verbunden mit der Fähigkeit zur Kritik der in ihren sozialen und kulturellen Erwartungen und Fehleinschätzungen entstandenen Geschichtsbilder der militärisch (und ideologisch) erfolgreichen (west-) alliierten Mächte, bewirkte dort eine Wandlung in der Bewertung des deutschen und insbesondere des außenpolitischen Widerstands; dies ist eine gegenseitige Entwicklung, so ergänzten einander die Geschichtsschreibung der angelsächsischen Welt und kontinentaleuropäische Sichtweisen.

---

7 Vgl. hierzu eine Diskussion zw. dem Philosophen Sloterdijk und dem Historiker Nolte, SFB 3, 6.10.94.

1.1 Skizze des Diskussionsgegenstandes und Zielsetzung

Trotz dieser erstaunlichen Bilanz gibt es noch immer „weiße Flecken" in der Forschung zur politischen Bedeutung, Funktion und Wirkung der Opposition und insbesondere der außenpolitischen Initiativen Adam von Trotts.

Bisher existiert lediglich eine unvollständige Dokumentation einzelner Friedensbemühungen Trotts unter bestimmten geographischen oder inhaltlichen, meist biographischen, Aspekten. Seine außenpolitischen Initiativen werden erstmalig in vollständiger Form und gesamtem Umfang dargestellt, was sonst nur in Teilen in drei Biographien (Sykes, London 1968; Malone, (Biographie nur bis 1938) Austin 1980 und Berlin 1986; MacDonogh, London 1989) und bei Autoren wie Rothfels, van Roon und von Klemperer dokumentiert ist.[8] Diese Untersuchung wird empirisch-analytisch eine möglichst umfassend-annähernde Rekonstruktion versuchen, sowie – damit konfrontiert – den Versuch, die unterschiedlichen nationalen Positionen und ihre konzeptionellen Voraussetzungen zur Wahrnehmung und Betrachtung der Realität bei der Analyse in den internationalen Beziehungen gegenüber zu stellen.

Die Analyse der internationalen Beziehungen am historischen Fallbeispiel beschäftigt sich vor allem mit der Diskussion der politiktheoretischen Entwicklung und in deren Kontext relevanten Aspekten und betrachtet diese auf ihren realistischen oder idealistischen Gehalt und die Praktikabilität und Aktualität ihrer Thesen in der damaligen und jetzigen politischen Wirklichkeit.

Daß sich diese Arbeit weitestgehend darauf konzentriert, das Verhältnis zu den Westalliierten und ihren Strategien zu untersuchen,

---

8   Die Grundlage für diese Recherche bildete: Clarita von Trott, Eine erste Mat.slg. – Sichtung u. Zusammenstellung, Reinbek 1957 und 1958/2 und die Buchhandelsausgabe, dies. AvT, Eine Lebensbeschreibung, Berlin 1994.

liegt darin begründet, daß Trott vor allem mit diesen Gespräche führte, die damalige Sowjetunion aufgrund der staatspolitischen Verhältnisse kein realer Ansprechpartner war, sich somit alle Anstrengungen des außenpolitischen Widerstandes auf die demokratischen westlichen Mächte konzentrierten und auch dort (bis zum Ende des Krieges) die entscheidenden Lösungsschlüssel lagen.

Neben dem historischen Teil ordnet die weitere Hälfte diese Aktivitäten in den Kontext der internationalen Politik ein.

Eine subtile Untersuchung besonders der Kontakte Trotts als außenpolitischer Sprecher des Kreisauer Kreises und Zentralfigur des gesamten Widerstandes im Verhältnis zum Ausland, dabei speziell zu den USA und England (anläßlich mehrerer Reisen dorthin) und indirekter Verbindungen über die neutralen und besetzten europäischen Länder bildet das Grundgerüst, außenpolitische Analyse in dieser komplexen Materie unter anthropologisch-ethnologischem Blickwinkel und im philosophischen Diskurs der Ideengeschichte auch generell zu diskutieren.

Ein weiterer Schwerpunkt besteht in der Untersuchung der jeweiligen Konzeptionen zur internationalen Politik und in der Analyse der politischen und wirtschaftlichen Situation sowie der machtpolitischen und strategischen Planungen und ökonomischen Strategien der Westalliierten.

Eine dritte Säule ist die Untersuchung des politischen Führungszirkels und der jeweilig unterschiedlichen Definition der außenpolitischen Interessenlage und Konzeptionen. Dazu werden auch völkerrechtliche Prinzipien und ideengeschichtliche Aspekte mit berücksichtigt, im Zusammenhang und Vergleich mit den Vorstellungen in Trotts Memoranden, die den klassischen Souveränitätsbegriff der Staaten neu zu interpretieren suchten. Trott und die Kreisauer sprachen dies an, was von den in traditionellen außenpolitischen Kategorien orientierten und handelnden Westalliierten nicht verstanden wurde.

Umrahmt werden die außenpolitischen Initiativen und ihre Wirkung von einer biographischen Skizze, der thematischen Einführung und der länderspezifisch unterschiedlichen Rezeption in der aktuellen Erforschung (in der wissenschaftlichen und populären Literatur) und der dadurch bedingten Neubewertung in der angloamerikanischen und europäischen Geschichts- und Politikwissenschaft und der öffentlichen Diskussion in anderen europäischen Medien.

1.2 Quellenlage, Forschungsstand und Diskussionsansatz

Für eine gerade auch mit den Methoden und auf dem Feld der Geschichtswissenschaft operierende Untersuchung ist ein großer Anteil an Primär- bzw. Quellenmaterial von Vorteil; oftmals ist eine Verwendung von bisher unveröffentlichtem Material wegen der großen Publizität bei historischen Themen gar nicht mehr möglich. Für die empirisch analysierende Darstellung der außenpolitischen Initiativen Trotts konnten aus verschiedenen öffentlichen und privaten Archiven teils bisher noch nicht publiziertes Quellenmaterial, vornehmlich Briefe, Aufzeichnungen, Tagebuchnotizen, Zeugensachen, Akten et cetera, verwendet werden, so daß hierbei nur ein marginaler Anteil der Sekundärliteratur entnommen zu werden brauchte. Dabei kann auf mehrjährige intensive Forschung zu dem vornehmlich deskriptiven, zeitgeschichtlichen Teil verwiesen werden.

Seit den 70er Jahren des 20. Jahrhunderts setzt sich als Untersuchungsansatz in Geschichts- und Politikwissenschaft bei zeitgeschichtlichen Fragestellungen statt der bisherigen Zentralperspektive auf bedeutende Persönlichkeiten die Betrachtung der Sozialgeschichte des Alltags durch, bis hin zur historischen Anthropologie, aus der Sicht und dem Blickwinkel eines Einzelschicksals vorgeführt.

Diese Entwicklung, die Alltagsgeschichte verstärkt zu untersuchen, findet jetzt erst Eingang in das allgemeine öffentliche Bewußtsein und auch in manche wissenschaftliche Bastion. Galt bisher die abschließende historische Interpretation, „die Wehrmacht und die gemeinen Soldaten wußten nichts vom systematischen Völkermord im Osten und waren auch nirgends daran beteiligt", so wird mit zunehmendem Maße der empirischen Forschung hierzu klar, daß dies eine generalisierte Schutzbehauptung war.[9]

Begünstigt wird diese historische Betrachtung durch die kritische Distanz einer Generation, die keine bewußten oder unbewußten Mechanismen des Selbstschutzes mehr braucht, da es um historisch abgeschlossene Vorgänge geht.

Diese Untersuchung bedient sich beider bisheriger Ansätze: In bezug auf die quantitative, deskriptive Untersuchungsmethode der Beschäftigung mit der Sozialgeschichte des Terrors, was die thematische Eingrenzung betrifft zweigeteilt: einerseits wird eine Führungspersönlichkeit thematisiert, andererseits geht sie aus einer Gruppe hervor, die diesbezüglich noch nicht in das Blickfeld der geschichtsentscheidenden oder -bewegenden Elemente gerückt wurde, – des deutschen außenpolitischen Widerstandes.

Die historische Relevanz und Wirkung besteht sicherlich nicht nur darin, tatsächlich politische Interessen und Ziele durchgesetzt zu haben, sondern insbesondere auch darin, daß neue innovative Ideen entwickelt und geprägt wurden, die ihre gesellschaftliche Akzeptanz, Weiterentwicklung oder Übernahme erst in größerem zeitlichen Abstand mit sich bringen.

Es ist nicht von der Hand zu weisen, daß diese „Ideenschmiede" in der damaligen Diskussion der Widerstandskreise mit den ausländischen Mächten eine Rolle spielte und als potentieller Machtfaktor angesehen wurde.

---

9   Die kontroverse Auseinandersetzung mit den entgegengesetzt pauschalisierenden und polemisierenden Thesen Goldhagens (des `eliminatorischen´ Antisemitismus, dem Simon Wiesenthal schon vor Jahren widersprach, als er in einem Fernsehinterview betonte, in Dtschl. sei die jüd. Bevölkerung seit dem 19. Jhd. integriert gewesen u. nicht nur assimiliert od. toleriert, wie die vor allem aus Polen nach 1918 zwangsweise vertriebene ostjüd. Bevölkerung etwa in Wien) haben diese Diskussion den histor. Ereignissen wieder näher gebracht.

Die Bedeutung Trotts als nicht-staatlicher Akteur für deutsche und gesamteuropäische Interessen in den internationalen Beziehungen zwischen den 30er und 40er Jahren ist in den Gesprächen mit den westalliierten Regierungsvertretern und den weitreichenden Vorschlägen aus dem Kreis des Widerstandes dokumentiert. Der deutsche außenpolitische Widerstand mit innovativen Formen der internationalen Zusammenarbeit, wie von Trott praktiziert, bedeutete für die politischen Eliten der angelsächsischen Länder eine rigorose und sozial revolutionäre Aufkündigung der bisherigen nationalstaatlichen Übereinkunft der zwischenstaatlichen Reglements und ihrer Prinzipien des Primats der „nationalen Interessen", beziehungsweise des (schon seit dem Ersten Weltkrieg nicht mehr existenten) europäischen Machtgleichgewichts der Staaten und der sie tragenden, überkommenen sozialen Klassen und Eliten.

1.3 Exkurs: Historikerstreit

Mitte der 80er Jahre entstand in der westdeutschen Geschichtswissenschaft ein Dissens in der Betrachtung und besonders in der Bewertung der jüngsten Vergangenheit, der vehement in der Öffentlichkeit ausgefochten wurde. Da es innerhalb der wissenschaftlichen Disziplin zu einer Polarisierung der Standpunkte kam, in deren Folge sich zwei unvereinbare Lager herausbildeten, gingen einige Beteiligte dazu über, in den Medien eine Entscheidung zu suchen.

Die entgegengesetzten Positionen lassen sich skizziert darstellen als die bisherige „Schulgeschichtswissenschaft", die insbesondere die Geschehnisse zwischen 1933 und 1945 als singulär betrachtete und eine Relativierung durch etwaigen Vergleich mit früheren oder späteren Genoziden, Totalitarismus und Staatsterror als unangemessen verwies. Dies war die bisher in (West-) Deutschland gängige Interpretation der geschichtlichen Überlieferungen, unter anderem auch durch die Siegermächte geprägt.

Auf der anderen Seite stand die Forderung nach einer „historischen" Sichtweise, da der Generationenabstand eine unmittelbare Beteiligung und ein solches persönlich verantwortendes Verständnis nicht mehr beinhalte.[10] Die Diskussionen und Dispute wurden sehr emotional geführt und die Vertreter der zweiten genannten Position diskreditierten sich in persönlichen Angriffen nicht nur gegen die vorgeblichen Absichten in den Thesen der Anhänger der ersten Gruppe.

Im Abstand eines Jahrzehnts und bedingt durch umfassende weltpolitische Umbrüche ließ sich feststellen, daß sich die Interpretation der geschichtlichen Forschungen weiterentwickelt und dadurch zu einer distanziert historischen Untersuchungsweise gefunden hat. Im Prinzip wurden beide Positionen vereint, dies aber nicht durch die Stichhaltigkeit der jeweiligen Argumentation, sondern schlicht durch den Abschluß des weltgeschichtlichen Kapitels der „unmittelbaren Nachkriegszeit" und das Ende des sogenannten „Kalten Krieges" im geteilten Europa, in allen Bereichen geprägt von den Ergebnissen und Nachwirkungen des Zweiten Weltkrieges.

Auch unabhängig von Diskrepanzen zwischen den unterschiedlichen Bewertungen der Historiker stellt sich die Frage, inwieweit Akten angemessen oder „gültig" ausgewertet werden können; anläßlich einer deutsch-britischen Diskussion mit Zeitzeugen und Historikern zur Einordnung und Bewertung des englischen Verhaltens gegenüber Trott gab es hierzu sehr kontroverse Ansichten: besaß für die Geschichtswissenschaftler nur das nachweisbaren Wert und bleibende Gültigkeit, was sich in den Akten und Unterlagen fand, so verwiesen Zeitzeugen gerade auf den manipulativen Charakter der „offiziellen Schriftstücke".

Die Engländerin Chris Bielenberg konfrontierte etwa den Historiker Hans Mommsen, indem sie aus ihrer Erfahrung heraus fragte „Wissen Sie denn nicht, wie solche Schriftstücke zustande kamen? Wie oft habe ich mit Adam Trott zusammengesessen und überlegt, wie wir dieses oder jenes offizielle Schriftstück noch besser tarnen, noch

---

10 Vgl. allg. und umfassend: Harold James, Vom Historikerstreit zum Historikerschweigen.

etwas irreführender abfassen könnten – und dann kommen Sie vierzig Jahre später und studieren es gläubig wie die Bibel."[11]

Ein (immer noch) aktuelles Beispiel ist die mögliche Interpretation der ehemaligen Stasi-Akten. Darf man heute diesen Ausführungen „objektiven" (Zeit-)Wert zubilligen, wenn man um die Bedingungen weiß, unter denen sie entstanden sind? Muß eine Person negativ in den Akten ausgewiesen sein, um dissident oder oppositionell gewesen zu sein? Übernähme man die Inhalte der Akten unkritisch, so würde das geschichtliche Urteil über diese Zeitspanne und Zeitgenossen den willfährigen Exekutoren des zusammengebrochenen Systems überlassen bleiben.

Der weiter oben beschriebene ideologiebefördernde Diskurs lässt sich sogar viel weiter zurückverfolgen; spätestens das gegensätzliche ideengeschichtliche Paar Marx und Nietzsche, das die zweite Hälfte des vergangenen Jahrhunderts mit radikal neuen Sichtweisen und literarisch ausgefochtenem „Ideenkrieg" (Sloterdijk) zur Interpretation der weltgeschichtlichen Umwälzungen prägte, stellt den Anfangspunkt dieses zuerst philosophischen Konflikts dar. Als gesellschaftliche und staatspolitische Handlungsanweisung über- und mißinterpretiert, stellte sich den Verfechtern der ideologischen Extrempositionen der Weg von der Metaphysik zur praktischen Politik als notwendig dar und bildet das prägende Element des Ideologiekampfes im gesamten Europa des 20sten Jahrhunderts.

Beide Philosophen brachten in ihrem Widerstreit in der Mitte des vorletzten Jahrhunderts das Element der globalen, universalen Sichtweise der Welt und der „großen Politik" (Nietzsche) in die Diskussion mit ein;[12] die literarische „Prophetie Zarathustras" gerät auf

---

11 Vgl. Marion Gräfin Dönhoff, >Um der Ehre willen<, Erinnerungen an die Freunde vom 20. Juli, S. 151f, Zitat ebd.

12 Hiermit beginnt spätestens die totale Involvierung, der Inbegriff des Weltkampfes um Macht, in der Ideenschlacht mit anfangs ideellem Gegeneinander, später tatsächlichem, ideologisch fundiertem Vernichtungskampf. Vgl. dazu auch die Terminologie der jüngst künstlich entfachten Globalismusdiskussion um den `Standort Deutschland´ mit skurril pur-kapitalistischen Thesen.

„megalopathische" Weise[13] (Sloterdijk) in die weltpolitische Ebene und zu einem Leiden (Nietzsches – und damit seiner Zeit -) an den ungeheuren Dimensionen dieser neuen Art der Wahrnehmung von Wirklichkeit. Nicht nur die Frage, wie der technische Ablauf oder die politische Kybernetik funktioniere, sei dabei entscheidend, auch die existenzielle Frage, wozu das nütze sei, oder anders formuliert, das Dilemma der faszinierenden Möglichkeiten des technisch Machbaren und des ethisch zu Verantwortenden.[14]

---

13 Der Philosoph Sloterdijk in einem Gespräch mit dem Historiker Nolte (der u. a. einer der Hauptkontrahenten im sog. Historikerstreit war), SFB 3, 6.10.1994.; in diesem Zusammenhang s. auch nächste Anm.:

14 Sloterdijk äußert bezügl. des technisch Machbaren und ethisch Verantwortbaren präzisierend, die Selbststeigerung firmiere bei Nietzsche dazu, um für den Kampf der „Übermenschen (individualistisch akzentuiert) gegen die Neider" gerüstet zu sein. Den Begriff des Übermenschen bei Nietzsche interpretiert Nolte als „Avantgarde der Technik und Naturwissenschaft". Sloterdijk konstatiert genau an diesem Punkt eine entstehende „reale anthropologische Differenz", die Aufspaltung in unterschiedlich (chancen-) geprägte und gebildete Gruppen.

In „Der Steppenwolf" von H. Hesse, S. 28, findet sich im „Vorwort des Verfassers zu den Aufzeichnungen des Harry Haller" die Bemerkung: „Es gibt nun Zeiten, wo eine ganze Generation so zwischen zwei Lebensstile hineingerät, daß ihr jede Selbstverständlichkeit, jede Sitte, jede Geborgenheit und Unschuld verlorengeht. Natürlich spürt das nicht ein jeder gleich stark. Eine Natur wie Nietzsche hat das heutige Elend um mehr als eine Generation voraus erleiden müssen, – was er einsam und unverstanden auszukosten hatte, das erleiden heute Tausende".

2 WEG IN DEN WIDERSTAND

Am 15. August 1944 wurde der Legationsrat Dr. Friedrich Adam von Trott mit Hans-Bernd von Haeften, einem langjährigen Freund und Kollegen im Auswärtigen Amt, mit dem er im sogenannten Kreisauer Kreis[15] die außenpolitischen Konzeptionen und Richtlinien erstellt hatte, vom „Volksgerichtshof" zum Tode verurteilt.[16]

In einer Notiz des 26jährigen Trott, zwei Jahre nach der NS-Machtübernahme findet sich die durch die Zeitumstände geprägte Bemerkung: „Wenn wir uns schon mit einer Epoche abfinden müssen, in der die größere Wahrscheinlichkeit für ein vorzeitiges Lebensende steht, sollten wir doch wenigstens dafür sorgen, daß es einen Sinn hat zu sterben – gelebt zu haben."[17]

Auf der Rückreise von seinem dritten Aufenthalt in Schweden zu Gesprächen und Kontakten für die deutsche Opposition im März 1944 schrieb er: „Die eigene, eigentliche Aufgabe zu erkennen, befreit und gibt dem Leben Halt und klare Wahl in den mannigfach verwirrten Prinzipien und Werten, die die Horizonte des modernen Weltbürgers erfüllen."[18]

Im Widerstand gegen ein als verbrecherisch erkanntes politisches Terrorsystem fand er seine Aufgabe; von Anfang an suchte er das Regime von innen umzustürzen, an dem er sich aus Gründen der Tarnung beteiligte. Inzwischen ist dies allgemein und unumstritten

---

15 Der Begriff „Kreisauer Kreis" ist ursprünglich eine Wortschöpfung der NS-Justiz, vgl. Winterhager, Der Kreisauer Kreis – Portrait..., S. 187f.

16 Das Urteil stand schon lange vor der tatsächlichen „Verhandlung" am 15.8.1944 fest. In einem Geheimbericht des VK Dr. Sonnenhol vom 11.8.1944 steht: „Bei heutiger Besprechung mit SS-Oberführer Panzinger ergab sich folgendes: 1) von Trott zu Solz wird auf der nächsten Tagung des Volksgerichtshofes, voraussichtlich Dienstag oder Mittwoch nächster Woche zum Tode verurteilt werden." Vgl. Winterhager, S. 192.

17 Mat.slg. CvT. S. 257.

18 Ebd., S. 259.

von der Forschung anerkannt, so daß es im Vergleich zu früheren Untersuchungen nicht mehr nötig ist, die teils noch (im veralteten Literaturstand) vorhandenen Vorbehalte ernsthaft zu entkräften; im Zuge einer Besprechung, anläßlich der Tagung der Deutschen Historischen Kommission[19] von 1984, wird dies deshalb nur noch exemplarisch angeführt werden.

2.1 Biographische Skizze

Adam von Trott wurde am 9. August 1909 in Potsdam als Sohn des damaligen preußischen Kultusministers geboren; seine halbamerikanische Mutter war eine Tochter des Generals und Botschafters von Schweinitz und eine Urenkelin des ersten Obersten Richters John Jay[20] der Vereinigten Staaten von Nordamerika.

Nachdem sein Vater als Kultusminister im August 1917 zurückgetreten und zum Oberpräsidenten von Hessen-Nassau ernannt worden war, übersiedelte die Familie nach Kassel und auf den Familiensitz Imshausen.

Zu Beginn der zwanziger Jahre kam Trott mit der Jugendbewegung in Kontakt und nahm an Unternehmungen des Nibelungenbundes und ihres Leiters, des Sinologen Gustav Ecke, teil; nach dessen Auswanderung 1923 nach China hatte Trott in ihm einen Förderer seiner späteren Studienreise nach Asien. Mit den nationalistischen Zielen des Bundes konnte Adam von Trott sich nicht identifizieren

---

19 Schmädecke, Der Widerstand gegen den Nationalsozialismus, Sammelbd. Anlässlich e. Konferenz der Histor. Kommission zu Berlin.

20 Vgl. allg. v. a. Malone, Sykes, MacDonough mit ihren umfangreichen Biograhien, sowie Boveri, Furtwängler, Moltke, Leber/Bracher, Kühner-Wolfskehl, Blasius, Astor, Rothfels, CvT/Mat.slg., Franke (die Grundlage der Dokumentation mit Quellenmaterial bildet CvT), Winterhager, Klemperer, Schnabel, Bethge, Lindgren, Bielenberg, Grant Duff u. Braun-Vogelstein.

und distanzierte sich hiervon bald nach dem Weggang seines Mentors.[21]

In Hannoversch-Münden machte er 1927 als Internatsschüler des Klosters Loccum das Abitur. Prägende zeitgeschichtliche Erfahrungen waren neben dem Zerfall des Kaiserreiches, den folgenden drastischen Auswirkungen der Hungersnot durch die alliierte Blockade und den einschneidenden Vertragsbedingungen von Versailles auch die Inflations- und Krisenjahre bis zur formalen politischen und moralischen Rehabilitierung Deutschlands durch die 1926 erfolgte Aufnahme in den Völkerbund.

Das Studium der Rechts- und Staatswissenschaften, vornehmlich seinem Vater zuliebe gewählt, begann Trott 1927 in München. In den Sommerferien besuchte er zusammen mit einem Freund Wien und Budapest, Genf kannte er schon aus der Gymnasialzeit. Auf Einladung von Tracy Strong, dem Vorstand des Weltbundes der YMCA, lernte er hierbei und bei einem späteren Besuch 1928 in der Schweiz Vertreter der internationalen und ökumenischen Gemeinschaft kennen: so den US-Amerikaner und Sekretär für die Auslandsstudentenhilfe des Christlichen Weltbundes, Conrad Hoffmann; er bekam eine Einladung des Generalsekretärs des Weltbundes der YMCA, W. Gethman und hatte die Gelegenheit, sich zu Gesprächen mit verschiedenen Delegationsmitgliedern des Völkerbundes zu treffen. So besuchte er auch zwei internationale Weltfriedenskonferenzen. Diese Veranstaltungen und Treffen im September 1928, deren Ziel es war, den Weltfrieden zu erhalten und zu stabilisieren, kann man im Kontext der bis zu dieser Zeit erreichten Übereinstimmung und den dynamischen Fortschritten des Konsenses im „Geist von Locarno" verstehen, die die optimistische Sicht der zukünftigen Entwicklung nach dem Briand-Kellog-Vertrag psychologisch zu bestätigen schienen. In diesem idealistisch formulierten Abkommen der wichtigsten europäischen Länder und der Vereinigten Staaten

---

21 CvT/Mat.slg., S. 12; im Ggs. hierzu die Interpretation durch Sykes, S. 17, der allerdings keine Nachweise anführt.

wird Krieg als Instrumentarium, nationale Interessen durchzusetzen, abgelehnt. In die Zeit des Genfer Aufenthalts fällt auch die Begegnung mit dem nur wenig älteren niederländischen Pastor Visser' t Hooft, der Trott bei späteren Friedensbemühungen unterstützte. Sein Studium setzte er in Göttingen fort, wo er wie schon sein Vater Mitglied der „Göttinger Sachsen" wurde; dort lernte er unter anderem Fritz-Dietlof von der Schulenburg kennen, der später auch zur Opposition kam. Durch Conrad Hoffmann in Genf erhielt Trott die Möglichkeit, an einer Konferenz der Christlichen Studenten in Liverpool im Januar 1929 teilzunehmen, was ihm eine Einladung des Leiters Reverend Selbie ans Mansfield College in Oxford einbrachte, dort ein Kurzsemester zu verbringen. Dabei gelang es ihm, Kontakt zum angesehenen College für Postgraduierte in Oxford, All Souls, herzustellen. In einer Zusammenfassung seiner Eindrücke dort, die er für Strong schrieb,[22] stellt er im Ländervergleich fest: Neben einem „sicheren Fundament einer heilen Nationalgeschichte" sei wesentlich für die englische Haltung im politischen Bereich, daß „die Antwort auf Probleme (...) das Handeln (sei)"[23]

Daneben hatte Trott in England erste Kontakte zu sozialistischen und sozialdemokratischen Gruppen bekommen. Nach Deutschland zurückgekehrt, stand er dem Kreis um die Zeitschrift „Neue Blätter für den Sozialismus" nahe, an dem auch Mierendorff, Leber und Haubach beteiligt waren; sie gehörten später ebenfalls zum Kreisauer Kreis.

In Berlin setzte Trott von 1929 an sein Studium fort, wo er wiederum in engen Kontakt zu sozialistischen Gruppen kam und absolvierte 1930 sein Staatsexamen in Göttingen.

---

22 „Impressions of a German Student, veröffentlicht in: The Worlds Youth No. 9/1929. Strong hielt diese Schrift für eine „glänzende Analyse", vgl. Malone, S. 36.

23 In: AvT, Hegels Staatsphilosophie und das internationale Recht. Geleitw. von H. Rothfels, VII.

Das Jurastudium an sich hatte ihn schon länger nicht mehr zufriedengestellt. Über dessen ihm ungenügend erscheinende Ansatzpunkte für Lösungsmöglichkeiten in der praktischen Politik, sowie seine eigenen, viel weiterreichenden Interessen, vermerkte er in seinem Tagebuch: „Schon die Babylonier kannten zwei Gottheiten, die eine Kettu – Recht, die andere Mearu – Gerechtigkeit." „...Und wahr ist es, daß meine wirklichen Pläne und Überlegungen in einer so verschiedenen Sphäre liegen, daß es immer ein Sprung über eine Kluft zwischen zweierlei Welten ist..."[24]

Eine Erweiterung seiner Interessen fand er in Hegels philosophischem System und Methode, über dessen Staatsphilosophie und ihr Verhältnis zum internationalen Recht er 1931 im völkerrechtlichen Seminar von Herbert Kraus in Göttingen promovierte.[25]

Als Spiegel der fundamentalen sozialen, ethischen und wirtschaftlichen Umbrüche in der Folge von Werteverschiebungen, wirtschaftlichen Krisen und politisch-moralischem Verfall war für Trott der persönlich ausgetragene Konflikt zwischen preußisch-liberaler Tradition, familiärem Konservatismus und eigenen sozialdemokratischen Ansichten prägend.[26]

Hatte er das Jurastudium noch seinem Vater zuliebe und der Familientradition folgend aufgenommen, um eine politische Laufbahn einzuschlagen, so fand er bis zur Reichstagswahl im September 1930, bei der er erstmals mitstimmte, seine eigene Position in der Unterstützung der Sozialdemokraten.[27]

---

24 Franke, Ein Leben für die Freiheit, S. 22.
25 AvT, Hegels Staatsphilosophie und das internationale Recht. S. Geleitw. Rothfels, VII.
26 Vgl. hierzu die Biographie Walter Rathenaus, Ausstellung u. Katalog Zeughaus Berlin Sept. 93 bis Jan. 94, die ganz ähnliche Umbrüche und Strukturen konstatiert.
27 Dies brachte ihm vorübergehend familiäre Mißstimmigkeiten ein; sein Vater schrieb ihm: „Dein Brief bestärkt mich in der tröstlichen Erwartung, daß das, was uns (...) auf das innigste verbindet, stärker ist als das, was zur Zeit zwischen uns steht...", Sykes, S. 38.

Trotts sozialistische Ideen waren durch die Schriften des pragmatischen Anarchisten Gustav Landauer[28] angeregt, mit dem er in der Ansicht übereinstimmte, daß die Verteidigung des geistigen Erbes eher durch den „Kampf gegen Ungerechtigkeit und die Sinnlosigkeit unserer Gesellschaftsordnung" bewältigt werden könne, als durch die damals wieder postulierte „Legende geistiger Gemeinschaft", ebenso teilte er dessen Ablehnung des Marxismus wegen seiner „wissenschaftlichen und falschen Einstellung."[29]

Von der politischen Unzulänglichkeit des sowjetischen Modells des Marxismus´ überzeugt, sah Trott eine Chance, die gesellschaftlichen Probleme zu bewältigen, nur im „Persönlichen", Individuellen, statt im Kollektiven der ideologischen Massenbewegungen und -strömungen in Europa. Die aktuelle Radikalisierung und zunehmende offene politische Gewalt zu Beginn der 30er Jahre ließen ihn befürchten, ein Ansatz zur „Verteidigung des Geistes", – in freier und individueller Entscheidung -, könne zu spät kommen. Deutschland ist „das Rußland am nächsten liegende westliche Land", schrieb er in einem Brief. „Die Tatsache, daß unser Proletariat noch nicht in starkem Maße kommunistisch geworden ist, scheint es zum Teil der Intelligenz der gemäßigten und sozialdemokratischen Gewerkschaften... zu verdanken."[30]

In der Zeit seines Studiums hatte Trott mit vielen Persönlichkeiten der ökumenischen Bewegung, der internationalen Politik und den verschiedensten sozialen und politischen Spektren und Gruppierungen Kontakt bekommen.

In Berlin hatte er Vertreter der britischen Botschaft und des Auswärtigen Amtes kennengelernt. Ebenso bedeutsam wurden später seine Bekanntschaften mit sozialistischen Kreisen. In den beiden Jahren zwischen Herbst 1931 und Sommer 1933 entstanden weitere Kon-

---

28 Landauer, ein anarchistischer Sozialist, war 1919 in München ermordet worden.
29 Vgl. Malone, S. 41.
30 Ebd., Brief an Tracy Strong, 21.2.1930.

32

takte zu britischen Politikern und Intellektuellen bei seinem Aufenthalt in England.

Nach einigem Bemühen hatte er ein Rhodes-Stipendium für das Balliol-College bekommen, nachdem – durch den Weltkrieg unterbrochen – ab 1929 wieder jährlich zwei deutsche Bewerber zugelassen worden waren. Er belegte „P. P. E.", studierte Philosophie, Politische Wissenschaften und Volkswirtschaft, daneben britische Landes- und Staatsgeschichte.

Von den zahlreichen Oxforder Klubs gab es allein 20 in Balliol. Trott war in einigen Mitglied, so auch im ältesten und angesehensten Philosophieklub, der Jowett-Gesellschaft, an der Studenten und Professoren beteiligt waren und die ihn in seinem zweiten Studienjahr im Januar 1933 als ersten Deutschen zu ihrem Präsidenten wählten. In diesen Klubs und an den Colleges herrschte ein internationales Klima und bereits nach ein paar Monaten stellte Trott in einem Brief fest, daß er „nun alle kenne, die er habe kennenlernen wollen".[31]

Zeugnisse von Kommilitonen sind über Trott und seine Wirkung auf die Umwelt recht übereinstimmend. So wird er als „eine eindrucksvolle Persönlichkeit" beschrieben, sein „wirklich außerordentlicher Charme" betont. Es schien, daß „seine allgemeinen Ansichten und Auffassungen etwas zur Linken neigten."[32] Nach dem Urteil von Freunden zeigte er in der Öffentlichkeit „eine erschöpfende Leidenschaft für verschlungene Dialektik, großen Charme in Gesellschaft, vereint mit einer Prise übermütigen Leichtsinns und einen tragisch entwickelten Sinn für nationale Pflicht."[33]

Ein anderer enger Freund ergänzt dieses Bild: „Der Eindruck, den er machte, sobald man ihm begegnete war unmittelbar; er wurde hervorgerufen durch seine hohe Gestalt, seine auffallenden Gesichtszü-

---

31 Malone, S. 57, Briefe von AvT, 17.11. u. 7.12.1931.
32 Sykes, S. 247, Brief von Dean Rusk, 5.1979.
33 Ebd., S. 61. Richard Crossman, damals Dozent am New College, hatte das Gefühl „einer echten geistigen Verwandtschaft" mit AvT. Vgl.: „Third Man as hero", The Observer, 24.11.1968.

ge und eine überlegene Sicherheit seines Benehmens. Aber man gewann ihn gern wegen wichtigerer Dinge; Wegen seines lebendigen Mitgefühls und Verstehens, seiner guten Laune, seiner großen Freundlichkeit, seiner Intelligenz und der vollkommenen Redlichkeit seiner Ansichten. (...) Er war genauso bereit, über andere zu lachen wie über sich selbst", und über seine Kontaktfähigkeit bemerkt er: „Die Selbstverständlichkeit, mit der er mit Menschen aller Bevölkerungsschichten umging, in Deutschland wie in England, hat mich immer beeindruckt,..."[34]

Dies führte einerseits im „klassenbewußten" England der 30er Jahre zu Irritationen. Besonders die Aktenvermerke des Foreign Office beziehen sich oft auf nicht- oder mißverstandene soziale Probleme und interkulturelle Interpretationen. Andererseits wurden in der Forschung die psychologischen Aspekte der Wirkung Trotts bei ausländischen Gesprächspartnern zwar konstatiert, aber nicht in Bezug gesetzt zu einer insgesamten Beurteilung der tatsächlichen Chancen bei Initiativen für die deutsche Opposition. Allerdings ist es nur möglich, dies als einen zusätzlichen psychologischen Aspekt in einer umfassenden Analyse zu berücksichtigen.

In den Klubs hatte Trott ein intensives Beschäftigungsgebiet gefunden, betrachtet man die Fülle seiner Aktivitäten: Zu den dortigen Diskussionen schrieb er Aufsätze über Hegel, so über „Die Dialektik von Hegel und Marx" und „Hegels Einstellung zur Ethik", da er schon bei seiner Ankunft in All Souls als Spezialist auf diesem Gebiet galt. Er beschäftigte sich auch mit aktuellen wirtschaftlichen und außenpolitischen Themen, sowie philosophischen Fragestellungen, unter anderem mit „Politik und Ästhetik", „Das Wesen von Gewinn und Zins", „Die japanische Außenpolitik" angesichts der Invasion in der Mandschurei und mit „Idealismus und Materialismus".[35]

---

34   Franke, S. 25; Zitat C. E. Collins.
35   Malone. S. 58ff, einige Aufsätze befinden sich in der ST/Berlin, jetzt BA/ Koblenz bzw. nun wieder Berlin.

In Oxford begegnete Trott Vertretern der Labour Party wie Leslie Rowse, einem Fellow von All Souls, den er schon von seinem ersten Aufenthalt in England kannte, sowie dem Staatsphilosophen Lionel Curtis, dem späteren Mitglied im Kabinett Stafford Cripps und dem Marquess of Lothian, der britischer Botschafter in Washington war, als Trott 1939/40 die USA besuchte. Er lernte seinen engsten britischen Freund David Astor kennen, den künftigen Herausgeber des Observer, dessen Vater Lord Astor auf seinem Landsitz Cliveden in Gesprächskreisen ein Zentrum der späteren Appeasement-Politik Ende der 30er Jahre formte und begegnete in England seinem Freund Hans-Bernd von Haeften, einem seiner künftigen Kollegen im Auswärtigen Amt, außenpolitischem Mitarbeiter und Teilnehmer am Putschversuch. Im Oktober 1931 traf er unter anderem mit Gandhi zusammen, der als Vertreter des „Indian National Congress" zu Diskussionen nach Oxford kam, um für die indische Unabhängigkeit einzutreten.[36] Hier begegnete er auch erstmals seiner langjährigen Freundin Shiela Grant Duff, die Ende der 30er Jahre eine Mitarbeiterin Nehrus wurde, mit Churchill in Kontakt stand und zeitweise als Korrespondentin für den Observer in Paris und Prag tätig war.[37]

Nach dem Bachelor of Arts-Examen kehrte Trott nach Deutschland zurück, um seine Referendarzeit zu absolvieren. Zu einer Zeit, in der die Zensur bereits viele Publikationen verhinderte und dem Terror nach der Röhm-Affäre viele konservative Konkurrenten und Gegner des Regimes zum Opfer gefallen waren, hatte er die „Politischen und journalistischen Schriften von Heinrich von Kleist" herausgegeben und indirekt deutliche Parallelen zwischen Kleists Kampf gegen die

---

36 Ebd. S. 64; vgl. hierzu die bereits beim damaligen Kenntnisstand ignorante und skurrile Äußerung des ansonsten differenzierenden K. Deutsch auf der Tagung der Deutschen Historischen Kommission 1984, Trott habe „kaum je mit Eingeborenen (...) gesprochen, je von Gandhi gehört..." Schmädeke, S. 1136. Durch neue, subtile Forschungen ist dieses Thema nun nicht mehr durch solche Polemik geprägt.

37 Blasius, in: 20. Juli – Portrait..., S. 324.

napoleonische Gewaltherrschaft in Europa und dem gegen den „fremden Emporkömmling" in der Gegenwart gezogen.[38]

In Kassel hatte sich Trott schon während seines Referendariats bei einem Vortrag vor jüngeren Anwälten über „Rußlands wirtschaftliche und politische Entwicklung" thematisch sehr exponiert. Gleichwohl ging „mein Vortrag (...) ganz gut vonstatten", und weiter: „Ich glaube, ich habe wirklich etwas von diesem faszinierenden Thema vermittelt."[39]

Einem kommunistischen Gefangenen, über den er dort routinemäßig eine Charakterstudie abfassen sollte, brachte er Lenins „Randbemerkungen zu Hegels Dialektik" und andere Literatur ins Gefängnis, um darüber zu diskutieren und pflegte demonstrativ und unverhohlen Umgang mit zahlreichen sozialistischen und vor allem jüdischen Freunden, die er durch sein selbstverständliches und unerschrockenes Auftreten wenigstens so lange schützen konnte, bis sie (teils mit seiner Hilfe) emigrierten.[40]

In dieser Zeit spürte er die Nachteile, die dadurch entstanden, daß er keiner NS-Organisation oder der Partei beitrat und dies „nicht ausweichend, sondern prinzipiell" begründete, so daß ihm nicht nur die Ernennung zum Regierungsreferendar mit der Begründung: „Mi-

---

38   AvT (Hg. u. intro), Kleist, Politische und journalistische Schriften, 1935.

39   Referendariat nach Fr. v. Trott ca. 1935, Gespräch m. Verf. 30.6.93, Berlin-Dahlem. Zitat nach Franke, S. 29.

40   Als Beispiele unter vielen seien hier die Hilfsaktionen für Julie Braun-Vogelstein bis zu ihrer von Trott ermöglichten Flucht genannt. Vgl. Kühner-Wolfskehl, in: Der Zwanzigste Juli – ..., S. 106. Sykes S. 123 u. Malone, S. 143-145, oder für Hans Sieber, der so nach England flüchten konnte, vgl. Sykes, S. 211. Braun- Vogelstein schreibt hierzu (AdsD), S. 3: „He (Anm.: AvT) had risked his reputation in associating with us and had been termed in an official document „politically unreliable"." Eine andere Rettungsaktion galt dem „Institut f. orthodoxe Theologie" und seinen Angehörigen, vgl. CvT, S. 248, T. 1.

lieuvoreingenommenheit" und „Mangel an kämpferischem Geist" verwehrt wurde.[41]

Eine andere Folge war auch, daß er in seinem juristisches Assessor-examen 1936 nur mäßig abschnitt, so daß anzunehmen ist, daß auch andere als fachliche Aspekte entscheidend waren.[42]

In Anbetracht seiner beruflichen Schwierigkeiten hatte ihm der Göttinger Staatsrechtler Binder eine Privat-Assistenzstelle angeboten. Seiner „Überweisung an das Landgericht Göttingen" würde demnach „dann nichts mehr im Wege stehen", wie Trott an seinen Vater schrieb, und weiter: „B. ist bekanntlich jetzt Hofphilosoph, leidenschaftliches Mitglied etc. (...) Zwar würde ich bei Annahme durch eine jetzt mächtige Professorendynastie gestützt werden, aber ich schätze die Herren nicht."[43]

So schlug er aus prinzipiellen Erwägungen solch ein Angebot aus und bemühte sich stattdessen um ein drittes Jahr als Rhodes-Stipendiat; mit Unterstützung von Lothian erhielt er sogar ein Auslandsstipendium für China. Daraus machte er eine Weltreise, die Mittel dazu bekam er von Freunden aus den USA, denen er zur

---

41 Sykes, S. 103, Brief AvT, 6.7.1934 u. ebd., S. 120. Um den ständigen Aufforderungen zum Beitritt dieser Organisationen entgegenzuwirken, nahm er an einem Referendarlager teil, um damit einer zwangsweisen Einberufung zuvor zu kommen, was seine Abneigungen aber nur verstärkte, vgl. Brief an S. Grant-Duff vom 28.8.1933 und dies., Fünf Jahre bis zum Krieg, S. 55: „Er ist in Kassel der einzige Referendar, der sich geweigert hatte, irgendeiner Nazigliederung beizutreten. Man hat ihn nach seinen Gründen gefragt und seine Antwort war, die Führer selbst hätten erklärt, keiner solle beitreten, der nicht wirklich überzeugt sei. Ein anderes Mal rettete ihn die Weigerung der älteren Nazis, neue Leute mit schwachen Grundsätzen in ihre Reihen aufzunehmen. Einen der Führer wies Adam auf mehrere Punkte im Parteiprogramm hin, denen er nicht zustimmen könne.".

42 Sein Examen bestand er mit „befriedigend". Die Bewertung des Ausbildungsleiters in Kassel brachte ihm ein „nahezu ehrenrühriges" Zeugnis ein, wogegen er mit Erfolg Einspruch erhob, das erste Zeugnis blieb aber seiner Akte beigeheftet.

43 Sykes, S. 88. Malone, S. 123 u. Franke, S. 28, Brief AvT 8.4.1934 an die Eltern.

Flucht verholfen hatte, sowie auch von Gönnern wie Cripps. In knapp zwei Jahren, von Februar 1937 bis Dezember 1938, besuchte er nach einem kurzen Aufenthalt in Frankreich und England die Vereinigten Staaten und Kanada, studierte nach einem Zwischenstop in Kanton ein Jahr chinesische Philosophie und Sprache im japanisch besetzten Peking und verbrachte einige Zeit in Japan, Korea und der Mandschurei. Nach Französisch-Indochina kam er nicht mehr, da er wegen des Todes seines Vaters vorzeitig nach Deutschland zurückkehrte, nachdem er „nun fast 15 Monate beinah ganz unter Asiaten gelebt" hatte.[44]

Die Tätigkeit Trotts im Widerstand soll im folgenden noch kurz erwähnt werden, die sich anschließenden Kapitel werden sich intensiv mit dieser Zeit auseinandersetzen.

Nach seiner Rückkehr Ende 1938, kurz nach den Pogromen des 9. November, nahm er Verbindung zu zivilen und militärischen Oppositionellen auf; dabei erfuhr er auch von den zurückliegenden Planungen hoher Offiziere des Heeres, Hitler im Zuge der Sudetenkrise verhaften zu wollen, was durch das erfolgreiche Zustandekommen des Münchner Abkommens unmöglich geworden war.[45]

---

44 Brief AvT an Anne v. Katte, 4.11.1938, Singapore, in: SvR, Bd. 4; Reisestationen laut Gespr. d. Verf. m. Fr. v. Trott, Bln. 26.1.1993, teils im Ggs. zur sonst. Lit.

45 Informationen darüber erhielt Trott v. a. über den Diplomaten Albrecht v. Bernstorff, der ihn für das Rhodes-Stipendium vorgeschlagen hatte. Gordon Craig über die Chancen des geplanten Putsches vom Sept. 1938: „Er hätte Erfolg haben können, wenn ihn nicht die Westmächte durch ihre Kapitulation vor Hitlers Forderungen unterhöhlt hätten", in: Germany 1866-1945, S. 669. W. L. Shirer, kritisch gegenüberdem dt. Widerstand, bemerkt, Chamberlains Reise nach München und das Abkommen habe „Hitler vor dem Abgrund gerettet", vgl., The Rise and Fall of the Third Reich, S. 424ff; vgl. auch Sykes, S 272. Dies bestätigt auch ein Artikel in der Süddeutschen Zeitung (11.8.1970, S. 6): Darin berichtet der ehem. wirtschaftspol. Berater der Regierung Wilson, Prof. Kaldor, üb. Aussagen des damal. Gen. Halder. Da Hitler wg. Chamberlain nach Berchtesgaden kam, konnte er von den Generälen nicht verhaftet werden. Churchill u. Halifax u. üb. diesen Chamberlain wußten von diesen Vorbereitungen. Gen. Beck u. Goerdeler hatten ei-

In Berlin kontaktierte Trott den Reichsbankpräsidenten Hjalmar Schacht, bekam über seinen Corpsbruder von Münchhausen Verbindung zu dessen Schwiegervater, dem pensionierten Generaloberst von Hammerstein und über diesen zum Koordinator der militärischen Opposition, Generaloberst a. D. Ludwig Beck, der seinen Posten als Chef des Generalstabes unter Protest aufgab, als Hitler sich zu einer bewaffneten Aktion gegen die Tschechoslowakei entschloß. Den General a. D. von Falkenhausen kannte er brieflich von seiner Chinareise; über diesen lernte er Carl Goerdeler und dessen Kreis kennen, ferner Ex-Staatssekretär Erwin Planck und Wilhelm Leuschner, den bisherigen Vorsitzenden der Freien Gewerkschaften Deutschlands und hessischen Innenminister vor 1933.

Neben den genannten Bekanntschaften mit militärischen, sozialistischen und kirchlichen Widerstandskreisen sollen hier noch seine diplomatischen erwähnt werden, so seine Freunde Haeften, Josias von Rantzau, Albrecht von Kessel als Legationsrat unter Staatssekretär von Weizsäcker und Gottfried von Nostiz, Verbindungsoffizier des Auswärtigen Amtes (AA) beim OKW.

Über die letzteren beiden lernte Trott die Brüder Kordt kennen; Erich, Legationsrat im AA unter Ribbentrop und Theodor, Gesandtschaftsrat in London. Ebenso hatte Trott Verbindungen zum Bonhoeffer-Dohnanyi- und zum Solf-Kreis, um die Witwe des ehemaligen Botschafters in Tokio, wo er häufiger Gast war. Seine Kontakte zum Umfeld von General Schleicher wären ihm 1934 im Gefolge der Affäre um Röhm beinahe zum Verhängnis geworden.

Über den Rechtsanwalt Eduard Wätjen traf er auf Moltke, den er in England bereits kennengelernt hatte, auf Peter Yorck von Warten-

---

nen Journalisten mit der Weitergabe der Information betraut, die üb. diplomat. Kanäle vonstatten ging. Vgl. A/G-Archiv, Bd. 2, Haltung d. Hitler-Opp., Pkt. b.

burg und Horst von Einsiedel, aus deren Diskussionsveranstaltungen später der Kreisauer Kreis hervorging.[46]

Im Juni 1940 trat Adam von Trott ins AA ein, um der erklärten Bekämpfung des NS-Regimes von innen willen; allein zu diesem Zweck und zur Tarnung mußte er ein Jahr später auch der Partei beitreten. Im AA war Trott zunächst als Referent für Amerika und Ostasien, später zusätzlich für das Britische Empire, mit dem Sonderreferat Indien, in der Informations- und zuletzt in der Kulturpolitischen Abteilung des Amtes im Range eines Legationsrates tätig.

Anläßlich von weit über 20 Reisen ins Ausland als Mitarbeiter des AA[47] und Gesprächen mit Politikern und Persönlichkeiten des öffentlichen Lebens versuchte er, die Positionen der Widerstandsgruppen darzustellen und damit ihre Existenz zu dokumentieren; ferner wollte er sie damit in die Planungen und Strategien der Westalliierten einbringen und so die außenpolitischen Aspekte und Auswirkungen eines Umsturzes in Deutschland klären, um wenigstens eine gewisse argumentative und psychologische Anerkennung für die Opposition zu erhalten.

Als außenpolitischer Berater Stauffenbergs, insbesondere nach der Verhaftung Moltkes im Januar 1944, war Trott mit Yorck treibende Kraft im Kreisauer Kreis und politisch-zivilerKoordinator des Staatsstreichs vom 20. Juli 1944; er stand mit Haeften zur Übernahme des AA bereit.

Trotz mehrfacher Möglichkeit zur Flucht ins Ausland blieb er auch nach dem gescheiterten Attentat in Deutschland, ebenso wie er von seinen Reisen vorher zurückgekehrt war, da er für zahlreiche Akti-

---

46 Vgl. allg. Malone, S. 213-16 u. Sykes, S. 272; zum Bonhoeffer-Dohnanyi-Kreis s. C. Strohm, in: Schmädeke, S. 295.

47 Viele Reisen lassen sich, da geheim oder inoffiziell unternommen, nicht sicher rekonstruieren. Die hier erwähnten Auslandskontakte fanden unter dem Deckmantel offizieller Reisen für das AA statt und sind in allen Fällen durch Zeugenaussagen in ihrer Intention belegt. Rothfels scheiterte in den 50er Jahren an der damals noch dürftigen Materiallage.

vitäten des Widerstands initiierend und koordinierend verantwortlich war.[48] Obwohl er in der Opposition so stark und vielfältig engagiert war, stützt sich seine Verurteilung formal vor allem auf den Eintrag im Fahrtenbuch[49] des Stauffenbergschen Chauffeurs, der vermerkte, daß er den Oberst am Abend des 19. Juli 1944 zuletzt zu Trott gefahren habe.

Nach dreiwöchigem Verhör wurde Adam von Trott zum Tode verurteilt; die Erwartung der NS-Schergen, von ihm noch entscheidende Informationen oder brisante Details zur Opposition zu erhalten, erfüllte sich nicht, auch nicht in elf Tagen weiterer „Befragungen"; am 26. August 1944, gerade 35 Jahre geworden, wurde er in Berlin-Plötzensee ermordet.

2.2 Motivation und Methode

Eine Zusammenfassung der Leitlinien Trotts für den Widerstand ist im Bericht eines Oxforder Freundes enthalten: „Im Januar 1933, als er (...) in Balliol las, daß Hitler Kanzler geworden sei, wußte er sofort, daß ein furchtbares Unglück sein Land betroffen habe; daß die Aussichten für seine eigene Zukunft völlig verändert worden waren."[50]

Seinem Freund Collins zufolge habe Trott des weiteren sehr deutlich dargelegt, daß sich nun viele seiner Freunde und Bekannten in akuter Lebensgefahr befänden. Er habe auch keinen Zweifel daran gelassen, das Regime mit allen Mitteln bekämpfen zu wollen und zu diesem Zweck eine gemeinsame Basis mit so vielen Gegnern wie möglich zu bilden, um dem Recht wieder Geltung zu verschaffen. Vor allem wolle er dies selbst mit organisieren und auch auf Kosten seiner Zukunftsaussichten nicht der Partei beitreten, es sei denn zur

---

48 Malone, S. 226; CvT, S. 276.
49 CvT, S. 284 u. Winterhager, S. 31.
50 Franke, S. 26, Zitat G. E. Collins.

Unterstützung und Tarnung seiner Aktivitäten gegen das Terrorsystem.

Was Trott schon bei der NS-Machtübernahme klar erkannte und formulierte, setzte er die folgenden Jahre konsequent in die Tat um. Zwei Wochen später schreibt er seinem Vater: „Der Dienst an den Rechten des Einzelnen – des Menschen, wie die Naturrechtler sagen – im Zusammenhang und im Konflikt mit all den äußerlichen Ordnungen und Hindernissen ist mir ungleich wichtiger als der Dienst am Staat (der zur Willkür geworden ist -)".[51]

Bei seiner Rückkehr aus Oxford 1933 mußte er sich entscheiden, – zwischen völliger Opposition zum NS-Regime mit der logischen Konsequenz der Verfolgung oder Emigration, – oder tarnenden Zugeständnissen an die unvermeidbare äußerliche Kollaboration, um den formalen Minimalerfordernissen des totalitären Staates zu genügen. Nur der Versuch, offene Konfrontation zu vermeiden, würde es ermöglichen, eine angestrebte politische Aufgabe zu übernehmen, außenpolitisch etwas bewirken zu können.

Im Laufe der Zeit gelangte Trott zu dieser Überzeugung, vor allem, da er selbst zu emigrieren nicht beabsichtigte; seinem Freund Fritz Schumacher sagte er anläßlich von dessen Übersiedlung nach England: „Geh´, wenn Du gehen willst, aber ich werde bleiben, weil jemand bleiben muß." Und auf seine geplante Chinareise anspielend weiter: „Wenn ich zurückkomme, werde ich hier bleiben und ein Doppelleben führen. Ich werde eine Position suchen, von der aus ich insgeheim gegen den Nazismus arbeiten kann; aber das werde ich hier tun, nicht vom Ausland aus."[52] Und einer Freundin schrieb er: „Denn Emigrant zu sein ist demütigend, und ich glaube, das will ich auf keinen Fall."[53]

---

51 Boveri, Variationen..., S. 662.
52 Sykes, S. 140.
53 Brief an S. G. Duff , in: dies., Fünf Jahre..., S. 55. Vgl. Malone, S. 95.

Daß eine effektive Oppositions- und Widerstandsarbeit nicht dadurch erleichtert wird, wenn die Behörden eines totalitären Systems auf staatsfeindliche Gesinnung aufmerksam geworden sind, konnte Trott am Beispiel des von ihm während seiner juristischen Referendariatszeit betreuten kommunistischen Häftlings und späteren Freundes Hans Siebert sehen, wie auch bei seinem eigenen Bruder Werner, der wegen seiner kompromißlosen und ostentativ oppositionellen Haltung die NS-Zeit nur durch Protektion und in „innerer Emigration" überstand.

Die Erinnerung an die Mechanismen und Automatismen des Ersten Weltkriegs und jüngste Erlebnisse aus dem besetzten China prägten Trotts Einstellungen zum Krieg und bewogen ihn dazu, auf seinen Auslandsreisen vor dem Herbst 1939 die britischen und US-Verantwortlichen für eine feste und bestimmte Haltung gegen Hitler zu gewinnen und für Interesse und Unterstützung des Auslands an der Widerstandsarbeit zu werben.[54]

Die doppelbödige Strategie des forciert seit der Jahrhundertwende erfolgten europäischen Wettlaufs um die politische, militärische und vor allem wirtschaftliche Vormachtstellung , – im Widerstreit zur moralisch verbrämten ideologischen Rechtfertigung – , konstatiert er als noch lange nicht überwundenen Anachronismus:

„Ich dachte an den Irrsinn, die Welt durch einen Bruderkrieg `safe for democracy´ zu machen, und danach die Welt, mindestens die Geschlagenen, durch einen brudermörderischen Frieden ebenso reif für die Diktatur zu machen."[55]

Die Ambivalenz der national- und zwischenstaatlichen Interessen präzisiert er in Anbetracht des von ihm als Freibrief und vor allem innenpolitisch katastrophal beurteilten Münchner Abkommens und gibt resümierend zu bedenken, „daß vielleicht die kapitalistische und

---

54 Vgl. A. Leber (Hg.), Das Gewissen steht auf, S. 183.
55 Boveri, S. 733; Brief AvT an Shiela Grant Duff, 1943. Vgl. allg. D. Junker, Kampf um die Weltmacht. Die USA und das Dritte Reich.

imperialistische Demokratie die Freiheit als Rauchschleier benutzt, um eine echte Politik des Zwanges zu verdecken. (...) Der Konflikt der Ideologien könnte die wahre Natur des Konflikts verbergen, statt sie darzustellen; denn ihr Grund könnte in zwar rivalisierenden, aber keineswegs verschiedenartigen Ambitionen bestehen!"[56]

Als einzig realistischen Ansatz, zwischenstaatliche Probleme anzugehen, hatte Trott in seiner juristischen Dissertation aufgezeichnet: „Die Selbstbehauptung des Staates auf dem Weg der Rechtsentwicklung nicht dem des Krieges ist heute zu erstreben." Und weiter: „Krieg als gerechte Entscheidung des Weltgerichtes über die historische Daseinsberechtigung eines Volkes ist heute eine Absurdität."[57]

Die zeitgeschichtlichen und sozialen Umwälzungen, die Trott zu diesen Ansichten und Schlußfolgerungen kommen ließen, prägten auch seine individuelle und vor allem politische Sichtweise. Er empfand die Widersprüchlichkeit der enormen Umbrüche im alltäglichen Leben unter der totalitären Diktatur, so daß es für ihn zu einem „Sprung über eine Kluft zwischen zweierlei Welten" wurde, wobei etwa der NS-Jargon der Phrasen und Schlagworte einen eklatanten „Widerspruch bis zur Lüge" zwischen dem Gesagten und dem Gemeinten bildete,[58] was für viele gesellschaftliche Gruppen zu einer Verwendung von Tarnsprachen führte; durch ständig existenziell notwendiges Abwägen zwischen politisch opportunen und individuell relevanten Interessen bedingt dies eine aufgezwungene Form von Doppelleben oder zumindest ein solches Denken. So machte Trott aus dem Zwang zur Tarnung ein Instrument des Widerstands: In zahlreichen geglückten Bemühungen, Verfolgte, KZ-Häftlinge und Juden, die deportiert werden sollten zu retten, formulierte er in Anlehnung an Führerreden humanitäre oder idealistische Passagen, in denen er die spätere Nützlichkeit all dieser Personen betonte und sie

---

56   Ebd., Brief an Shiela, Peking 6.10.1938.
57   (AvT), Hegels Staatsphilosophie..., Geleitw. v. Rothfels, XV.
58   Boveri, S. 669f.

dadurch rettete,[59] wofür er mehrmals auch ins besetzte Ausland fuhr. Nach den blumigen Schilderungen seines Kollegen Furtwängler im AA war „das `Umbiegen´ von Vorgesetzten und von Gegnern, selbst der gefährlichsten, (...) seine diplomatische Spezialität", was er mit Fingerspitzengefühl und Eingehen auf die Denkweise seines Gegenübers erreichte. „Es war ein künstlerischer Genuß, zuzuhören, wenn er einem Staatssekretär, der zugleich ein Nazihäuptling war, einen Entschluß suggerierte, bei dem der andere das Gefühl hatte, sich trotz entgegengesetzter Anregungen zu einer eigenen, ganz originellen Entscheidung durchgerungen zu haben."[60]

Diese Form der sprachlichen Adaptierung zur Tarnung als Mittel zum Zweck war auch bei den Berichten notwendig, die er über seine Dienstreisen verfaßte; so versuchte er mit Hilfe der NS-Phraseologie sein ihm wichtiges Anliegen des letzten offiziellen Englandbesuchs zu vermitteln, daß die Einschätzung Ribbentrops von der angeblich geringen britischen Kriegsbereitschaft nicht der Realität entspräche. Bei diesen Bemühungen war die Hoffnung entscheidend, Hitler könnte sich von der deutlichen Warnung in der Lageanalyse beeinflussen lassen.[61]

Diese nicht nur taktische, sondern existenzielle Verstellung und Doppelexistenz wurde lange Zeit von ehemaligen Studienkollegen, den Geheimdiensten, Regierungen und manchen Historikern mißverstanden.

Trott scheint diese Belastung mit wachsender Perfektion angegangen zu haben. Wenn er etwas für einen seiner ehrgeizigen Vorgesetzten, den SS- Führer Prof. Six tat, dann wie er es ironisch in `Breviloquenz´ faßte, „ad majorem Sixi gloriam."[62] Seine teils tar-

---

59   Ebd., S. 671; Franke, S. 38f u. Furtwängler, Männer, die ich sah, S. 225; Sykes, S. 278/285.

60   Furtwängler, in: Franke, S. 43.

61   Blasius, in: Lill/Oberreuther, S. 325. Es gab nur den Vermerk, „hat dem Führer vorgelegen". Vgl. a. Franke, S. 39

62   s. Anm. 46, S. 55 u. ders., Männer, die..., S. 227.

nende, teils scheinbar unbekümmert tollkühne Vorgehensweise wird durch die Tatsache belegt, daß er im Vorzimmer des Hitlervertrauten und Staatssekretärs im AA (Keppler leitete die Arbeit des SD, des Sicherheitsdienstes der SS Spionageabteilung), die gesamte Untergrundgruppe des Amtes und der Wehrmacht zu Besprechungen für das Juliattentat empfing, um die gemeinsame Vorgehensweise zu koordinieren. Von Furtwängler besorgt auf die Gefährlichkeit der Situation angesprochen, meinte Trott humorvoll „man niste am sichersten in den Taschen der Vogelscheuche"[63] – und lachte.

Die Fähigkeit, unter permanentem Druck und in ständiger Gefahr um seine Sicherheit, die berufliche und konspirative Tätigkeit mit familiären und privaten Anliegen zu verbinden, spricht für eine außerordentlich perfekte Selbstbeherrschung, wie dies aus den Äußerungen eines Bekannten hervorgeht. Dieser betont, bei seinen Erinnerungen an Trott „tritt mir immer wieder das wunderbare Doppelspiel seines Wesens vor Augen, (...) das sich ständig zu einem Ganzen zu verschmelzen schien." Ebenso geeignet sei er für die Verhandlungen mit den feindlichen Mächten gewesen, denn „er überzeugte sein Gegenüber ohne viele Worte von der Lauterkeit seines Anliegens."[64]

Mit seiner Abhandlung über Hegel hatte sich Trott intensiv mit den Grundlagen der internationalen Ordnung, der supranationalen Organisation und des Völker- und Menschenrechts, gerade im Spannungsverhältnis zum souveränen Staat auseinandergesetzt. Hierzu bemerkt er in einem Brief 1935, daß Hegel oft zu ideologischen Zwecken mißbraucht und mißdeutet werde: „Hegels Praktische Philosophie beunruhigt mich nach wie vor, ihre `dynamischen´ Grundlagen spuken wohl auch kaum irgendwo so verderblich als gerade bei uns zu Lande und ihre subtile, kontemplative Seligsprechung einer imaginären europäischen Werteordnung ist wohl eine der Ursa-

---

63 Ebd. S. 56.
64 Nachruf auf AvT von W. v. Oppen, in CvT, T. 4, Anhang 1, S. 4f (a. SvR, Bd. 8).

chen des tragischen Unvermögens unserer Intelligenz und eigentlich unseres ganzen `Staatsbürgertums´."[65]

Darauf Bezug nehmend schreibt er im Vorwort seiner Hegeluntersuchung, deshalb „habe ich mich bemüht, den eigentlichen ideologischen Gehalt ihrer Stellungnahme (Anm., der Staatsphilosophie Hegels) zum internationalen Problem herauszuarbeiten", das wie er bemerkt, für Hegel selbst zwar „wesentlich nur erst ein politisches und noch nicht im gleichen Maße wie für uns ein rechtliches und wirtschaftliches war.[66]

Durch die Betonung der Hegelschen Grundprinzipien in der Frage des internationalen Rechts, also daß keine universale Ordnung abstrakt formaler Art für die multilaterale politische Kybernetik – ein Zusammenhalten oder Funktionieren der Regeltechnik und -vorgänge – sorge, und sich die Vernunft ausschließlich in den „unterschiedenen souveränen Willen" manifestiere, weist Trott die populäre Auslegung Hegels in Richtung „Staatsvergötterung" und der Betonung des „Machtstaatsgedankens" zurück.[67] Macht sei hier im Sinne „der sich gegen jeden Widerstand zur Geltung bringenden selbstbewußten sittlichen Substanz" zu verstehen, ergänzt somit Max Webers wertfreie Definition um die ethische Komponente. Die aus der logisch-metaphysischen Struktur des Staates folgende „Individualität und damit Entgegensetzung" sei zugleich „das Gesetz der weltgeschichtlichen Erscheinungen"[68], das er in der föderalen Zusammenfassung der Völker, im Gegensatz zur nationalstaatlichen Auffasssung sieht.

Auf die „Möglichkeit internationaler Rechtsbezüge" angewandt, bietet Trott den Hinweis auf eine Versöhnung des Prinzips der „lex suprema salus populi" mit einer „durch die konkrete Existenz der Sittlichkeit im Staat begrenzten, aber auch zuverlässig fundierten Ord-

---

65 Franke, S. 24.
66 AvT, Hegels Staatsphilosophie..., S. 3, Vorw.
67 Ebd., S. 54f.
68 Ebd., Geleitw. Rothfels XVI, vgl. a. ders., Dt. Opp. geg..., S. 170.

nung des zwischenstaatlichen Verhältnisses",[69] wobei die Staaten nicht nur nationalen, sondern auch weitgefaßten universalen Zielen verpflichtet seien.

Weiter entwickelt Trott zur Vereinbarkeit dieser divergierenden Interessen , – da Hegel es ablehnt, diese „monistisch, das heißt nach einem allgemeinen über die Besonderheit der Staaten übergreifenden Prinzip zu konstruieren" (ist gleich dem Völkerrecht, das „an und für sich" gilt) -, es könne die Versöhnung beider Prinzipien „nur dialektisch aus dem Verhältnis letzthin selbstverantwortlicher Staatswillen" erfolgen, da dies „auch praktisch historisch einer realeren Auffassung der internationalen Wirklichkeit (entspricht)."[70]

In seiner Abhandlung gelangt Trott zu der Schlußfolgerung, daß zwischen souveränem (National-) Staat und internationaler Ordnung keine Antinomie bestünde, da „auch der souveräne Staatswille aus der Grundgestalt des sittlichen Gewissens lebt, durch die der konkrete Einzelwille zum praktischen Träger der allgemeinen Idee und damit zum Gestalter der politischen ᐧWirklichkeitᐧ werde."[71]

Damit steckt er die Grenzen der staatlichen Machtausübung ab und verweist den Einzelnen auf seine Wirkungsmöglichkeit und verpflichtende Verantwortung.

Die darin aufgeworfenen zeitgebundenen Aspekte Hegels, sowie die kritische Aktualisierung der Hegelschen Lehre wurden kurz nach der Veröffentlichung in einer Besprechung positiv beurteilt, neben der überaus sorgfältig durchgeführten und verfaßten „statistischen Hegeldarstellung."[72]

Bei der Überprüfung dieser Thesen an den zeitgeschichtlich aktuellen Verhältnissen ist zu berücksichtigen, daß Hegel in seiner Epoche mit

---

69 Ebd., S. 90.
70 Ebd.
71 s. Anm. 67 u. Roon, Neuordnung..., S. 143.
72 Beitrag des Völkerrechtlers Verdross, in: Zeitschrift f. öffentl. Recht XIII, S. 623, Wien 1933.

dem Umfeld der nebeneinander bestehenden souveränen Nationalstaaten geringere zwischenstaatliche Abhängigkeiten und vor allem
wirtschaftliche Bindungen vorfand. Deshalb erachtete er sie für weniger relevant, als sie sich im Zuge der forcierten Industrialisierung
entwickelten und in der Folge die politischen Interessen und Entscheidungen immens zu beeinflussen begannen.

In Anbetracht der politischen und wirtschaftlichen Veränderungen
erweitert Trott das Hegelsche Souveränitätsprinzip in seiner Frie-
densdenkschrift von 1943, die seine Maximen für die praktische internationale Politik zusammenfaßt, wenn er über die „Unzulänglichkeit des souveränen Nationalstaates als letzter internationaler Instanz" schreibt und eine Weiterentwicklung dieses Prinzips als „eigentliche Voraussetzung für internationale Wirklichkeitsgestaltung
im Sinne der Erfüllung auch gemeinsamer historisch-politischer Aufgaben" versteht und auf eine europäische Föderation drängt.[73]

Dabei gehört zur Verantwortung für eine menschenwürdige und gerechte internationale Ordnung auch, daß die staatliche (All-) Macht
durch „sittlichen Willensentscheid" begrenzt wird,[74] – eine stabile
rechtsethische Grundlage für die Definition des Widerstands gegen
ein totalitäres Unrechtsregime und für innovative Formen der zwischenstaatlichen und internationalen Zusammenarbeit, die Trott ein
paar Jahre später praktizierte und die heute eine international übli-
che Form der bi- und multilateralen Beziehungen bildet.

Die Bedeutung Hegels für Trotts Leben und Denken soll mit den vo-
rangegangenen Ausführungen aber nicht überbetont werden; dessen
Methoden dienten ihm, neben der Überbrückung der „Kluft zwischen
zweierlei Welten" letztlich als anregendes Denkmodell kritischer Problemanalyse, insbesondere durch den Vergleich im Zuge seines ein-
gehenden Studiums der chinesischen Staatsauffassung und des

---

73 AvT, Bemerkungen zum Friedensprogramm..., in: Rothfels, Trott u. die Au-
    ßenpolitik des Widerstandes, S. 310-23, Dokumententeil; AvT. Hegels
    Staatsphilosophie..., XVIII u. Rothfels, Dt. Opp. ..., S. 168-70.
74 AvT, Hegels Staatsphilosophie..., XVIII.

klassischen Souveränitätsprinzips und -begriffs im alten China. Wie weit diese Distanz zu Hegel nach seinem Englandaufenthalt ging, zeigt ein Ausschnitt aus einem Brief, in dem er erklärt, „seit England bin ich in die Ströme des unmittelbaren Lebens so stark zurückgerissen worden, daß mein Versuch, mich `explicite´ zu dieser Philosophie zu stellen in immer weitere Fernen gerückt ist." Und über seine Hinwendung von der Theorie zur Praxis schreibt er weiter: „In England erfüllte sich auch jene `dynamische´ Begriffswelt mit der Anschauung echter politischer Lebendigkeit."[75]

Wie sehr die britischen Mißverständnisse bezüglich Hegel zu Irritationen im Verständnis Trotts und dem Verhältnis zu seiner angenommenen Motivation führten, zeigt der erste englische Biograph Sykes, der als Quintessenz seiner gesamten Recherchen in Hegel den bösen Genius Trotts oder zumindest Trott als ver(w)irrten Hegelianer sieht. Wie die biographische Entwicklung Trotts belegt, anhand der erwähnten Zitate und Zeugenaussagen, entspricht dies nicht der historischen Realität,[76] vielmehr ist Sykes´ für England und teils auch die Vereinigten Staaten typische Aussage der unkritisch tradierten und antihistorischen Beurteilung Hegels zuzuschreiben.

So wurde aus einem politischen Philosophen ein vermeintlich ideologieprägender Staatsphilosoph kreiert, was bezeichnend ist für die Mißverständnisse und Verständigungsschwierigkeiten in den deutsch-englischen Beziehungen. So äußerte später etwa Leslie Rowse, ein Fellow von All Souls über seinen zeitweisen Freund Trott in ignoranter Schematisierung, die sein Unverständnis zum Ausdruck

---

75 Franke, S. 24, AvT an seinen Vater.
76 Der Artikel von M. Boveri „Variationen über die Treue – abgehandelt an der Schwierigkeit deutsch-englischer Verständigung", gibt anhand zahlreicher Bsp. die Ursachen der „anglo-deutschen Zwietracht" wider, v. a. die teils von Inhalt und Sinn einseitig zitierten und tradierten Hegelinterpretationen, – eine Tradition u. Verfahrensweise, der sich insbes. Sykes verpflichtet fühlte, obwohl er selbst zugibt, „Hegel so gut wie nicht zu verstehen". Dieses Vor-urteil konnte erst 1980 durch Malone in subtiler Forschung wieder überwunden werden.

bringt und als Rechtfertigung des eigenen Verhaltens gedacht war, obwohl sie vor allem seine intellektuelle Hilflosigkeit beschreibt: „Er ergab sich dem Hegelianismus; und der veränderte seinen Geist, doch muß dieser im Grunde schon darauf eingestellt gewesen sein."(!) Im folgenden zieht er alle ihm bekannten, trennenden Register, versucht dies mythisch (v)erklärend und damit rational nicht weiter diskutierbar als „tief deutsch" zu fassen und erwähnt ratlos weitere diskrepante Ansichten zu Trott: „Für ihn war schwarz nie schwarz, und weiß weiß; schwarz war immer im Begriff weiß zu werden und weiß schwarz. Nichts war klar von irgend etwas anderem unterschieden; die Grenzen aller Dinge waren unscharf und es gab nirgends im Universum irgendeine Sicherheit..."[77]

Rowse fehlte dabei das feste Weltbild, das er im spätkolonial-imperialen Britannien noch fand, obwohl er anschließend folgerichtig feststellt, daß „(ohne Zweifel) die bodenlose Unsicherheit einer aufgewühlten Epoche in Deutschland (eine Ursache hierfür)"[78] sei und diese Sichtweisen mitgeprägt habe, ohne daraus allerdings einen anderen Schluß zu ziehen, als die Gründe im speziell deutschen Denken zu suchen; gerade er, wie auch andere Vertreter seiner politischen Klasse hätten wissen müssen, daß es sich dabei auch um europäische Probleme im Gefolge des deutschen Traumas nach der militärischen Niederlage und den dramatischen sozialen sowie wirtschaftlichen Umbrüchen als Folgen des Versailler Vertrages handelte.

Dieser die Realitäten verkennende Trugschluß und die allgemeinen Schwierigkeiten bei der „interkulturellen Kommunikation" bildeten den Teufelskreis, den Trott in seinen Aktionen und Missionen für den deutschen Widerstand zu überwinden suchte und der sich erst durch die europäische Nachkriegsordnung aufzulösen beginnt. Selbst zu Zeiten einer politischen Gemeinschaft wie der (west-) europäischen

---

77   Ebd., S. 659.
78   Ebd.

Union konnte man zum Thema der deutschen Vereinigung noch 1990 die alten Stereotypen wieder hören.

Trott sprach diese Probleme und Mißverständnisse schon früh an. In einer Rede vor dem deutschen Klub in Oxford, die er über die englisch-deutschen Beziehungen gehalten hatte, meinte er zu den Differenzen, „daß, während wir einen autoritären Patriotismus haben, Ihr einen spontanen, jedoch unbewußt imperialistischen habt" und führte aus, daß sich die Nachfolger Bismarcks mit diesem Problem wie die Briten in „einer hoffnungslosen Folge von (...gegenseitigen) Bluff(s) verwickelten."[79]

Und in einem Brief nach England stellt er fest: „Solange es Euch nicht möglich ist, alles, was sich in Deutschland ereignet als europäisches Phänomen und europäische Verantwortung zu betrachten, kann kein Schritt nach vorn getan werden.[80]

Aber nicht nur die angelsächsische Seite tat sich lange Zeit schwer, dies zu realisieren und sich an Fakten zu orientieren, auch von deutscher Seite kommt es zu Verallgemeinerungen, die historisch schlichtweg unhaltbar sind; so erklärt Hans Mommsen, in einem noch 1985 erschienenen Artikel, die „Ambivalenz bei einer Reihe von Verschwörern" „im Nebeneinander von Kooperation und Widerstand" und erwähnt dabei Trott in einem Atemzug neben Personen des national-konservativen Widerstands, die in Hitler „nur" den „Gedanken des nationalen Aufbruchs" pervertiert sahen, zu einer Zusammenarbeit aber bis zu einem gewissen Grade im Sinne des nationalen Interesses bereit waren.[81]

---

79 Franke, S. 36.

80 Ebd., Brief vom 20.7.1938.

81 H. Mommsen, Der Widerstand geg. Hitler u. d. dt. Gesellschaft, in: Schmädeke, S. 3-11; übrigens Mommsens jüngste Überarbeitung eines (ver)alte(te)n Textes, Malones wegweisende Biographie existierte schon seit fünf Jahren auf Englisch, ein Jahr später wurde sie auch auf Deutsch herausgegeben (!). Dies abgesehen von der internen Historiker-Diskussion.

Dies mag für Teile der konservativen und militärischen Opposition durchaus richtig sein, in Anbetracht der Trottschen Strategie der Konspiration zum alleinigen Zweck des Widerstandes gegen das Unrechtsregime, die keinem einzigen Ziel der NS-Politik entsprach, ist das abwegig. Man bedenke gerade Trotts Versuche, in geheimen Gesprächen und seinen Memoranden, von allem Anfang an die Trennung zwischen den Zielen der Regierung und denen des Widerstandes deutlich zu machen, neben der Aufforderung nach differenzierender alliierter Kriegszielpolitik zwischen Regime und Bevölkerung. Bei den Verhandlungsversuchen mit den Kriegsgegnern erwartete er, – etwa im Gegensatz zu Goerdeler – , auch nicht eine Garantie der Grenzen von 1914, sondern pragmatisch nur des Bestandes der Vorkriegssituation, in der realistischen Gewißheit, dann über die ungelösten östlichen Grenzen verhandeln zu müssen und in der Absicht, das Deutschlandproblem in einen europäischen Kontext zu stellen,[82] wie schon bei seiner Hegelinterpretation angesprochen.

---

82 Rothfels, Dt. Opp. geg..., S. 167.

2.3 Stellung und Funktion im Kreisauer Kreis

Adam von Trott war der wichtigste außenpolitische Koordinator und Ratgeber des Kreises.[83] Durch seine zahlreichen Auslandsreisen, bei denen er bemüht war, seine Kontakte zu alliierten Politikern zu nutzen, neue Verbindungen zu knüpfen und um Verständnis und wenigstens verbale Unterstützung des Auslandes zu werben, wurde er durch seine im Laufe der Zeit erworbene Stellung, den Umfang seiner Auslandskontakte und sein Ansehen zu einer Zentralfigur des gesamten Widerstandes, nicht nur in Deutschland, sondern darüber hinaus in großem Maße auch in den besetzten (west-) europäischen Ländern.[84]

Für den Kreisauer Kreis bemühte sich Trott mit Erfolg, in der Informationsabteilung des AA sukzessive mit ihm Vertrauten weitere Referate zu übernehmen, so neben den Abteilungen für England, Amerika und Südostasien die neugeschaffene „Zentrale freies Indien", zuletzt einen Aufgabenkreis in der kulturpolitischen Abteilung des Amtes.[85]

Durch diese Tätigkeiten erhielt er nicht nur ungefiltert Informationen über die politischen Entwicklungen und die öffentliche Meinung im Ausland, er konnte dienstliche Kontakte zu Militärs und ins Ausland

---

83 Trott kam bereits vor 1940 zum Kreis um Moltke; im engeren Zirkel, zu dem etwa 23 Mitglieder gezählt werden, wird er nach Moltke und Yorck von Wartenburg an dritter Stelle genannt; vgl. Moltke-Almanach u. Winterhager, Inhaltsübersicht u. S. 11. Zu den Teilnehmern der Besprechungen in Behnitz, vgl. Briefe B. v. Borsig, 15.9.1954 u. v. a. 30.6.1963, in: SvR, Bd. 1; allg. zum Kreisauer Kreis s. P. Hoffmann, Widerstand..., S. 147-53; Winterhager u. bzgl. inhaltl. Aspekte, Bleistein (Hg.), Dossier: Kreisauer Kreis, Dokumente.

84 Franke, S. 45; A. v. Moltke.

85 Ebd., S. 43ff; außergewöhnlich war, daß er als „Wissenschaftlicher Hilfsarbeiter" mehrere Referate gleichzeitig leitete. Vgl. a. die Aussagen vor dem „Volksgerichtshof" , Dok.Film „Geheime Reichssache – Justiz im Zeichen des..."

zur Tarnung seiner Aktivitäten verwenden. So hatte er auch offizielle Verbindungen zu kirchlichen Gruppen, wie zu Gerstenmaier im Außenamt der evangelischen Kirche und startete vom AA zahlreiche humanitäre Aktionen zur Rettung von Juden, Kriegsgefangenen und denunzierten Personen, wofür er oftmals ins besetzte Ausland, nach Holland, Belgien, Frankreich und Prag fuhr.[86]

Bei den großen Tagungen in Kreisau und Klein-Öls oder den zahlreichen Besprechungen im kleineren Kreis in Berlin und Großbehnitz nahmen neben Moltke, Yorck und Trott Personen aus allen gesellschaftlichen Bereichen teil, Beamte, Arbeitervertreter, Angehörige des Militärs und des AA, (– neben anderen Ministerien –) und Vertreter beider Konfessionen.

Die Besprechungen waren in verschiedene Themengruppen unterteilt, so in juristisch-politische über eine Verfassungsreform, in außenpolitische, volks- und landwirtschaftliche Bereiche.[87]

Eine Charakterisierung der Rolle Trotts im Kreis durch Barbara von Borsig, wo in Großbehnitz mehrere Tagungen bei der Familie Borsig stattfanden, betont, daß er „versuchte (,) immer in den Zusammenkünften und Besprechungen der Pläne das Reale zu finden. (...) (es) lag ihm auch vor allem daran, die Verbindung mit anderen Kreisen des Widerstandes (...) zu finden (...) und mit Männern aller Schichten in Verhandlungen einzutreten."[88]

Sie ergänzt, daß er gegenüber anderen Ansichten offen und bei Meinungsverschiedenheit zu Zugeständnissen für einen Ausgleich geneigt gewesen sei, das Hervorstechendste an ihm sei seine staatspolitische Begabung gewesen.[89]

---

86 Franke, S. 42ff.
87 Vgl. bes. Bleistein, Dossier Kreisauer Kreis. Dort üb. die gr. Tagungen u. Themen; vgl. a. Winterhager, S. 98ff.
88 Brief (30.6.1963) u. Niederschrift B. v. Borsig, SvR Bd. 1, S. 3.
89 Ebd.

Als einer der Aktivsten des Kreises koordinierte Trott zusätzlich die Kontakte zu den verschiedenen Widerstandsgruppen in Deutschland und mit dem besetzten Ausland.

Nach Moltkes Verhaftung im Januar 1944 war er außenpolitischer Berater Stauffenbergs, politischer Koordinator und treibende zivile Kraft des Staatsstreichs vom 20. Juli 1944.

Er war als Staatssekretär im AA vorgesehen.[90]

---

90   Roon, Neuordnung..., S. 150. Winterhager, S. 31. Schnabel, Tiger u. Scha-
     kal, S. 28, führt an, daß auf der Liste einer künftigen Regierung, die der Ge-
     stapo in die Hände fiel, Trott als möglicher dt. Außenminister genannt war.

3 Außenpolitische Initiativen der Vorkriegszeit

Es mag zuerst einmal verwundern, wozu überhaupt eine Außenpolitik des Widerstandes nötig sein solle und die Frage aufwerfen, ob sich die Opposition nicht besser auf die inneren Vorgänge konzentrierte, die in einer totalitären Diktatur schwierig genug zu überblicken und zu koordinieren sind. Ist es nicht vernünftiger, den Umsturz zu wagen, anstatt ihn zu bereden und außenpolitisch abzusichern ?

Diese Bedenken und Argumente mögen erstmal stichhaltig wirken, stellten sich aber in der historischen Situation der totalitären Diktatur des „Dritten Reiches" als den realen Verhältnissen nicht entsprechend und isoliert auch nicht umsetzbar heraus:

Im Ausland erweckte die NS-Herrschaft den Eindruck einer geschlossenen Gesellschaft, die die ganze Bevölkerung zu umfassen schien. Infolge der stereotypen Propaganda drang auf offiziellen Kanälen keine Information über abweichende Meinungen mehr an das Ausland, weshalb eine Aufgabe des außenpolitischen Widerstandes diesbezüglich vor allem darin bestand, diese Einschätzung zu korrigieren und in Anbetracht der beginnenden Emotionalisierung des Krieges erst einmal in das Bewußtsein der Kriegsgegner und ihrer Planungen zu bringen, daß Oppositionsgruppen existierten, ihre Aufmerksamkeit hierauf zu lenken.

Als nächsten Schritt galt es die konträren Ziele des Widerstandes zur Regierung darzustellen und darausfolgend eine differenzierende Haltung der alliierten Kriegsgegner im Verhältnis zwischen staatlicher Führung und Bevölkerung vorzunehmen und nicht die der vorgeblichen „Deckungsgleichheit" der propagandistischen NS-Version zu übernehmen.

Schließlich trat die außenpolitische Opposition dafür ein, daß die Alliierten den Krieg nicht gegen die deutsche Bevölkerung und Deutschland als solches führten, sondern als Ziel vorrangig die Absetzung des verbrecherischen Regimes und ihrer Vertreter proklamierten.

Einer der Hauptgründe, daß eine zumindest verbale Unterstützung des Auslandes nötig war, lag allerdings in der historischen Erfahrung mit den Alliierten des Ersten Weltkrieges selbst begründet: Wesentliche Teile der deutschen militärischen Führung waren psychologisch angesichts der Gefahr, daß sich eine zweite Dolchstoßlegende bilden könnte, außerstande, das Regime zu stürzen, da es durch angelsächsische und kontinental-europäische Appeasementpolitik in seiner damit anfangs erfolgreichen Machtpolitik ermutigt worden war.

Die nach Kriegsausbruch deutlich und unverhohlen geäußerte Parole der Niederringung Deutschlands und dessen, was als „preußischer Militarismus" und Ursache des europäischen Hegemonialstrebens angesehen wurde, weisen auf grundsätzlichere Machtinteressen im europäischen und – nicht zu unterschätzen – im kolonialen Bereich hin.

Mit der unglücklichen generellen Forderung der „bedingungslosen Kapitulation" nach der Konferenz von Casablanca im Januar 1943, war den Militärs wie auch den oppositionellen Gruppen innenpolitisch jeder Spielraum entzogen, Widerstand auf die moralische Auflehnung begrenzt und darauf, im internationalen System ein Zeichen ihrer Existenz und des Willens zu handeln zu setzen.

Diese Forderung mußte für den Widerstand geradezu zynisch anmuten, im Hinblick auf die negativen Erfahrungen aus dem Versailler Vertrag, von dem die Alliierten des Ersten Weltkriegs nicht gegenüber den demokratischen Regierungen der Weimarer Republik abrückten, dafür aber vor der Gewaltpolitik Hitlers, die die anderen Mächte vor vollendete Tatsachen stellte.[91]

---

91 Als Beispiel die Änderung des Status´ des „entmilitarisierten Rheinlandes" von 1936, den deutsch-österreichischen Zollvertrag, der Stresemann und Brüning noch verweigert worden war, ferner der Anschluß Österreichs ans Reich (vgl. allg.: R. Steininger, Der Anschluß Österreichs, in: Aus Politik und Zeitgeschichte). Ebenso die längst gegenstandslos gewordenen Wehr- und Rüstungsbeschränkungen, denen bereits 1935 England das Flottenabkommen hinzufügte. Mit dem Münchner Abkommen wurde diese Politik logisch konsequent fortgeführt.

Durch diese politische und militärische Strategie der Alliierten war die außenpolitische Opposition zumindest in ihren Hoffnungen vollständig desillusioniert.

Als wesentlich ist noch zu nennen, daß Widerstand in einem besetzten Land moralisch und praktisch leichter geleistet werden kann, als in einem Staat, der andere unter seine Machtkontrolle gebracht hat. Das Ausland war bereits durch die Okkupation miteinbezogen und betroffen, so daß der Grat zwischen Opposition und Landesverrat für die deutschen Verschwörer schmaler war, als bei einem „Freiheitskampf" gegen feindliche Besatzer, bei dem die Opposition im eigenen Land in der Gewißheit der patriotischen Unterstützung durch die Bevölkerung handeln kann.

Im Gegensatz hierzu war die deutsche Opposition einsam, weniger der numerischen Anzahl wegen, als der komplizierten Situation und aussichtslosen Lage, gegen mehrere Feinde von innen und außen ankämpfen zu müssen.

Daß es nicht aus der Luft gegriffen war, die Folgen eines außenpolitisch nicht abgesicherten Putsches und Zusammenbruchs zu befürchten, zeigen die Spuren der Verwüstungen durch die Rote Armee im (damaligen) östlichen Deutschland, die schlimmer als angenommen ausfielen. Die gleiche Situation hätte aller Wahrscheinlichkeit nach auch ein geglückter Staatsstreich hervorgerufen, was außenpolitische Abmachungen hierzu hätten ordnen oder verhindern sollen.

Für den Widerstand bedeuteten die außenpolitischen Kontakte aber auch, kulturelle Bindungen und ideengeschichtliche Traditionen zu erneuern, die durch die totalitäre Machtstruktur abgeschnitten waren, um den eigenen Platz in „Europa zwischen Ost und West"[92] sowie eine geänderte Rolle Deutschlands zu bestimmen.

---

92 So der Titel einer Denkschrift Trotts von 1944, die informierte Mitverschwörer als sein politisches Testament bezeichnen. Das Manuskript ist verschollen. Eine vermutlich verwandte Analyse bestand in seiner Schrift „Deutschland zwischen Ost und West". Vgl. Geheime Reichssache (Kaltenbrunner-Berichte, 8. Aug. 1944, S. 4) in denen dieses Manuskript als gefunden erwähnt wird.

Nicht nur die Weimarer Zeit, sondern auch in nicht geringem Maße die Programme und Diskussionen der Oppositionsgruppen für Planungen der Nachkriegszeit prägten diese grundlegende Auseinandersetzung.[93]

Bei den außenpolitischen Initiativen des Widerstandes ging es vorrangig darum, neue thematische und staatspolitische Konzeptionen im internationalen System vorzustellen, dadurch zu versuchen, die inneroppositionelle Situation zu beeinflussen und die Kriegsgegner mit den Problemen und Absichten der deutschen Opposition (in all ihrer Vielfalt) vertraut zu machen; man kann somit der These Klemperers als kleinster gemeinsamer Grundlage der bisherigen Forschung zustimmen, beim „Primat der Innenpolitik" der Friedensfühler sei die Außenpolitik des Widerstandes folglich vor allem ein „Instrument der Innenpolitik"[94] gewesen und der Versuch, diese mit neuen Mitteln weiterzuführen.

Die Muster dieser neuartigen Außenpolitik waren freilich durch Trott verändert: Der Widerstreit zwischen nationalen Interessen und international empfundenen Verpflichtungen wurde in einem Paradigmenwechsel des deutschen außenpolitischen Widerstandes zugunsten der internationalen Gemeinschaft verantwortlich wahrgenommen,[95] – ein singuläres und initiales Phänomen in den neuzeitlichen multilateralen Beziehungen.

Bei der Untersuchung der außenpolitischen Initiativen und Friedensbemühungen von Adam von Trott sollen aber die zahlreichen anderen Widerstands-Aktionen nicht unerwähnt bleiben, denn auch die Anstrengungen Trotts waren in ein umfangreicheres, gesamtes Konzept eingebunden, das mit dem Kreisauer Kreis, der Oppositions-

---

93   Hierzu allg.: A. P. Young, Die X-Dokumente – Die geheimen Kontakte Carl Goerdelers mit der brit. Regierung 1938/39.

94   Klemens v. Klemperer, Nationale oder internationale Außenpolitik des Widerstandes, in: Schmädeke (Hg.), Der Widerstand gegen den NS, S. 642.

95   Ebd., S. 640f.

gruppe im AA oder sozialistischen, konservativen und konfessionellen Gruppen abgestimmt war.

Gleichzeitig bestand auch gerade darin ein psychologisches Problem, sich im Ausland als rechtmäßiger Sprecher ausweisen zu können: Neben Moltke, Trott, Goerdeler und verschiedenen oppositionellen Abgesandten des AA wie die Brüder Kordt, Hassell, Gisevius und Haushofer, bediente sich auch die offizielle NS-Politik spezieller Sonderemissäre und dies oft am Außenministerium vorbei.

Ein spektakuläres Beispiel, wenn auch nicht aufklärbar, der Versuch von Heß im Mai 1941, mit England zu vermitteln, oder die Friedensinitiativen Görings seit Herbst 1939, bis zu der noch im Februar 1945 initiierten offiziellen Mission des Konsuls Möllhausen,[96] – als zeitliche Extrempunkte, zwischen denen die meisten offiziellen und vor allem inoffiziellen Kontakte mit den Kriegsgegnern stattfanden –; so gab es alleine im ersten Kriegswinter mindestens fünfzehn nicht von Göring veranlaßte Aktionen deutscher Friedensfühler.[97]

3.1 Aktionen von 1937 bis September 1939

Aus seiner Erfahrung und dem damaligen Verständnis europäischer Realitäten imperial-kolonialer Herrschaftsstrukturen sah Trott England und die angelsächsische Hemisphäre als Konstanten für friedenspolitische Aktivitäten. In einem Brief aus Asien äußerte er:

„Mir scheint, daß der Friede Europas und der Welt sich nur durch eine deutsche und englische Verständigung erhalten läßt."[98]

---

96 Vgl. allg.: A. P. Young, X-Dokumente; R. Schnabel, Tiger u. Schakal, S. 26ff; L. E. Hill, Alternat. Politik des AA ..., in: Schmädeke, S. 667; Bracher (et al.), NS-Diktatur; H. Stehle, Dt. Friedensfühler..., S. 513; M. Thielenhaus, Zwischen Anpassung...; E. Kordt, Nicht aus den Akten...; P. Hoffmann, Widerstand-Staatsstreich-Attentat; G. van Roon, Neuordnung ...; H. Rothfels, Dt. Opp. geg...

97 P. Ludlow, Papst Pius XII, die brit. Reg. u. d. dt. Opp...., S. 300f.

98 Brief AvT an seinen Vater, 26.6.1938, in: CvT, S. 134.

Ein beachtlicher Anteil der Kontakte und Initiativen des deutschen Widerstandes zu England und den Vereinigten Staaten ging von den Kreisauern aus; hier sind vor allem Moltke und Trott zu nennen.

Während seines ersten USA-Aufenthaltes 1937 hatte Trott schon, wie ebenso vorher in England, vielseitige Kontakte geknüpft, die er nun nutzen konnte.

Noch anläßlich seines Aufenthaltes in China entwarf er unter dem Eindruck seiner aktuellen Erfahrungen ein Dokument, betitelt „Ostasiatische Möglichkeiten", in dem er nicht nur die unterschiedlichen britischen und deutschen Interessen analysierte, vielmehr deren ähnliche oder sich zumindest nicht widersprechende Ausrichtung konstatierte. Insbesondere betonte er das sich dort entwickelnde Kräftedreieck: (des japanisch besetzten) China als Markt und künftige Regional- und Ordnungsmacht, Japan als Hegemonialmacht und Verbündeter Deutschlands und die Sowjetunion als Konkurrent und ideologischer Gegner sowohl Englands als auch Deutschlands.

Die wesentliche Zielrichtung dieses Papiers diente dem Versuch, einen Krieg zwischen England und Deutschland abzuwenden; dies aber nicht, um das Regime zu unterstützen, sondern es in langwierige Verhandlungen einzubinden, die einmal weitere außenpolitische Erfolge in Europa verhindern und gleichzeitig dort Verhandlungslösungen eröffnen sollten.

Damit sollte das Regime gebunden werden: So die hier im Anschluß zu erwähnenden Versuche Trotts in England, das NS-Regime aus denselben Gründen zu einer Revision seiner Strategie gegenüber der Tschechoslowakei zu bewegen;[99] im Gegenzug sollte gleichzeitig die polnische Korridor-Problematik behandelt werden, beziehungsweise dadurch die unnachgiebig aggressive Haltung des Regimes vorgeführt und der militärischen Führung eine Begründung für einen notwendigen und auch rechtlich legitimierbaren Staatsstreich verschafft werden.

---

99   Sykes, S. 170ff; Rothfels, Dt. Opp. geg...., S. 151ff.

Diese Schrift sandte Trott an etwa fünfzig Personen des öffentlichen Lebens, unter ihnen Reichsbankpräsident Schacht und die deutschen Botschafter in England, China und Japan.[100] Die englische Version „Far Eastern Possibilities" verschickte er an das Rhodes-Sekretariat in London, über das seine Reise unterstützt wurde und das das Dokument weiterverbreitete. Weitere Exemplare erhielten Lord Lothian und Edward Carter, der Generalsekretär des „Institute of Pacific Relations", der Trott daraufhin zur Konferenz des I.P.R. im Herbst 1939 in die USA einlud.

Das Neue an Trotts Thesen war, – im Versuch eines Ausgleichs der deutsch-englischen Interessen -, nicht kolonial orientiertes Denken um Einflußgebiete und Marktanteile, sondern der Vorschlag zu einer kooperativen Aufbautätigkeit,[101] um eine erkannte und gemeinsam befürchtete Dominanz Japans und einen notwendig daraus folgenden Konflikt im Welthandelssystem abzuwenden und die asiatischen Nachbarn zu unterstützen und zu stärken.

Wie aus einem schon zitierten Brief zu entnehmen war, dachte Trott antiimperialistisch, indem er die skeptische Vermutung äußert , „daß vielleicht die kapitalistische und imperialistische Demokratie die Freiheit als Rauchschleier benutzt, um eine echte Politik des Zwanges zu verdecken"[102] und er betont den globalen Standpunkt, daß sich die Probleme des asiatischen Raumes nur im europäischen Kontext würden lösen lassen, ebenso wie die europäischen nur entscheidend dadurch einer Lösung näherkämen, indem die kolonialen Differenzen geklärt und die bisherigen Handelsstrukturen verändert und neu bewertet werden würden.

---

100 Brief AvT an seine Mutter, Peking 7.7.1938. Weitere Empfänger waren der Reichsfinanzminister Schwerin v. Krosigk, seine Freunde Hans v. Dohnanyi, Wilfried Israel, Peter Bielenberg und Gottfried v. Nostitz. Exemplare erhielten auch sein Göttinger Prof. Kraus und Görings Vetter Herbert.
101 Malone, S. 202; Sykes, S. 169.
102 Br. AvT an Shiela Grant Duff, Peking 6.10.1938, s. a. in: Boveri, S. 766.

Mit dieser Sichtweise stand er der Idee und dem Ansatz der modernen wirtschaftlichen Zusammenarbeit nahe und gegen die bisherige Praxis der europäischen Staaten, Nordamerikas und Japans, Kolonien zu reinen Rohstofflieferanten zu degradieren und so in ihr Wirtschaftssystem einzubinden.

Aber auch nicht in der ganzen Tragweite verstanden, hatte die reduzierte Idee, „ein fairer Frieden im Fernen Osten und dortige Zusammenarbeit könne den Weg zu besseren Beziehungen in Europa ebnen helfen",[103] eine verhalten positive Reaktion. Das Memorandum Trotts, das Lothian an Halifax, den neuen britischen Außenminister seit Edens Rücktritt im Februar, übergeben hatte, trägt die handschriftliche Randbemerkung: „Dies ist eine interessante Arbeit. (...) ... die zugrundeliegende Argumentation und der gesunde Menschenverstand sind deutlich genug. Ich persönlich habe immer empfunden, daß es klug wäre, die Deutschen zu ermutigen, wann immer möglich mit uns im Fernen Osten zusammen zu arbeiten."[104]

Diese Deutung mag einerseits politische Strategie gewesen sein und ist englischerseits argumentativ völlig utilitaristisch reduziert, andererseits wurden hiermit neue Irritationen geschaffen; der Versuch, beispielsweise die „Appeaser" zu instrumentalisieren und diesen Auftrieb und neue Argumente zu geben, erwies sich somit als zwiespältig. Eine Alternative dazu gab es aber nicht, wollte die deutsche Opposition Einfluß nehmen.

Auch sonst wurde das Papier Trotts wohlwollend aufgenommen. Ein Mitarbeiter des FO notierte: „Der Grundgedanke dieses Aufsatzes ist es wert, im Auge behalten und vielleicht vorsichtig verfolgt zu werden" und machte den Vorschlag, die Studie im September nochmal vorzulegen.[105]

---

103 So Lothian an Halifax, Secretary of State for Foreign Affairs, PRO, London, 2.8.1938, sinngemäß zitiert, in: Malone S. 203/296.
104 Ebd.
105 Ebd.

Ein weiterer Bevollmächtigter des Ministeriums vermerkte: „In Anbetracht der gegenwärtigen kritischen Lage in Mitteleuropa kann man annehmen, daß es im Augenblick keine Aussichten gibt, diese Fragen bei den Deutschen anzuschneiden und ich schlage vor, wir verschieben sie (sagen wir um einen Monat)".[106]

Diese erstaunlich umfangreichen Reaktionen auf höchster Ebene zu Trotts Memorandum, das er in seinem Forschungssemester geschrieben hatte, sprechen für seine realistische Einschätzung der britischen außenpolitischen Interessenlage und seine guten Verbindungen

War diese Aktion Trotts, die Meinung führender Persönlichkeiten zu beeinflussen, noch seine persönliche Initiative und von privater Ebene aus initiiert gewesen, so hatte die nächste Friedensinitiative in London nicht nur die interne Kenntnis um die innen- und außenpolitischen Vorgänge zur Grundlage, sondern sogar einen offiziellen Auftrag des AA. Diese Chance versuchte Trott für die Interessen der Opposition in einer Doppelmission dank seiner guten englischen Beziehungen zu nutzen. Über einen Cousin hatte Trott im Garde-Kavallerie-Klub den Verbindungsoffizier des AA und der Reichskanzlei, Walter Hevel, kennengelernt. Dieser war nicht nur seit der Gründung der NSDAP dort Mitglied, er war auch ein Vertrauter Hitlers und dadurch zu seiner Position gekommen.

Anfang Juni 1939 wurde Trott zur erwähnten Informationsreise nach London geschickt, die von seinen Freunden im Amt initiiert wurde: So durch von Nostitz, dem Verbindungsoffizier des AA beim Oberkommando der Wehrmacht (OKW) und durch von Kessel, der Staatssekretär von Weizsäcker darüber informiert hatte. Unterstützung bekam das AA eben auch noch durch Hevel, der die Ansicht teilte und dies im Gegensatz zu seinem Außenminister Ribbentrop,

---

106 Ebd.

ein deutsch-britischer Krieg müsse unter allen Umständen vermieden werden.[107]

Für Trott gab es weit gewichtigere Gründe, den Versuch zu unternehmen, den Frieden unter allen Umständen zu erhalten:

Nicht nur, da er die Ansicht vertrat, Krieg löse keine Probleme, sondern vor allem, da er es für den entscheidenden Punkt, wenn nicht sogar die Voraussetzung einer erfolgreichen Neuauflage der Halder-Witzleben-Verschwörung hielt, die 1938 durch das Abkommen von München undurchführbar geworden war.

Ein einmal begonnener Krieg würde sogar bisher politisch gleichgültige Teile der Bevölkerung erst in die Arme des Regimes treiben. Der bisherige außenpolitische Erfolg der NS-Strategie bestand zu dieser Zeit durchaus in breiter Übereinstimmung mit der Bevölkerung, die auf den als legitim empfundenen deutschen Ansprüchen auf eine befriedigende vertragliche Regelung der Staatsgrenzen und der Rüstungsbeschränkungen des Versailler Vertrages beruhten.[108] Das Ziel des Planes von Trott war, durch weitere Zugeständnisse und der zu erwartenden aggressiven Reaktion des Regimes, bei einem folgenden Völkerrechtsbruch eine Legitimation und Motivation für die Offiziere zu einem Umsturz zu erhalten.

In Anbetracht dieser Chance war geplant, daß Hitler, (dem die politische und ökonomische Herrschaftsgrundlage ohne Konflikt und Krieg fehlte,) durch britische Zurückhaltung noch einmal Gelegenheit zum völkerrechtwidrigen Handeln gegeben, durch sein eigenes Tun und mit seinen Mitteln ausgeschaltet werden sollte.

Unter den erwähnten Voraussetzungen und erklärten Zielen reiste Trott am 1. Juni 1939 mit dem offiziellen Auftrag nach London, das deutsch-britische Verhältnis auszuloten – und von ungleich größerer Bedeutung, – in inoffizieller Mission des deutschen Widerstandes,

---

107 Vgl. Sykes, S. 178-80.
108 Vgl. Malone, S. 217.

um die britische Regierung über dessen Absichten und Pläne zu informieren.

Die dabei von ihm zu spielende Doppelrolle verstörte einige seiner bisherigen englischen Freunde, die die Notwendigkeit hierzu nicht verstanden, aber zu dem Schluß kamen, er müsse zur Gegenseite übergelaufen sein.

Da Trotts Aktion nicht isoliert stattfand, ist hierbei zu erwähnen, daß im gleichen Monat Erich Kordt als Leiter des Ministerbüros im AA nach London fuhr, um dort die vertraulichen Besprechungen seines Bruders Theo zu unterstützen.[109]

Zur gleichen Zeit wurden auch zwei Vertreter der militärischen Opposition nach London zu Geheimgesprächen geschickt: Fabian von Schlabrendorff und Oberst von Schwerin kamen als Abgesandte der oppositionellen Gruppe im Oberkommando des Heeres (OKH), – ein einmaliger, außerordentlich riskanter und psychologisch gewagter Vorstoß der Militärs.[110]

Hieraus läßt sich, was die Koordination und Kooperation der Opposition betrifft, ersehen, daß die zivilen und militärischen Widerstandsgruppen weniger eng als noch im Herbst 1938 zusammengearbeitet zu haben scheinen.[111]

---

109 Daß die Brüder Kordt im Auftrag Weizsäckers verhandelt hätten, ist nicht wahrscheinlich, da dieser gegenüber GB offiziell eine Strategie des „drohenden Schweigens" verfolgte, was bewirken sollte, sich von der eigenen Regierung abzusetzen. Diese Position diente Weizsäckers Verteidigung vor dem Kriegsgericht und der Bildung einer Tradition für das AA nach dem Krieg. Hierzu in: Schmädeke (Hg.), S. 691, Blasius S. 675 u. von L. E. Hill; ders., The Genesis a. Interpretation of the Memoirs of E. v. Weizsäcker; allg. E. Kordt, Nicht aus den Akten u. H. Rothfels, Dt. Opp...

110 David Astor meint hierzu, daß die dt. Bemühungen von brit. Seite nicht ihrer Bedeutung angemessen gewürdigt worden seien, dafür in der Literatur Illusionen u. Mißverständnisse der dt. Opposition überbetont dargestellt würden. Ders., AvT: A Personal View, in: The Challenge of..., S. 24-32.

111 Vgl. Sykes, S. 183.

In London organisierte Trotts Freund David Astor auf dem Landsitz Cliveden der Familie, dem Treffpunkt von Verfechtern der Appeasement-Politik mit damals noch großem Einfluß, eine Zusammenkunft mit Außenminister Halifax, mit Lothian und Sir Thomas Inskip, dem Kolonialminister und vormaligem Chef des Verteidigungsressorts; hierüber verfaßte Trott einen Bericht für das AA, der auch der Regierung vorgelegt werden sollte.[112]

Der offizielle Auftrag war, den führenden englischen Politikern den tschechisch-polnischen Kompensationsplan vorzulegen. Trott ließ seine Gastgeber nicht im unklaren über seine Absichten, wie es deutlicher als aus dem bis zur Karikatur entstellten, zweckgerichteten Papier für das AA, aus dem Bericht eines in Cliveden Anwesenden hervorgeht:

„Eines Abends (...) hörte ich eine Diskussion über internationale Politik zwischen einem britischen Kabinettsminister und einem jungen Deutschen namens von Trott. Von Trott, ebenso leidenschaftlich Anti-Nazi wie patriotisch sprach mit voller Beherrschung des Englischen über die Aspirationen des deutschen Volkes in seiner Gesamtheit. Während er Verständnis für das in britischen Gemütern durch die Aktivität der Naziführung erzeugte Mißtrauen an den Tag legte, ein Mißtrauen, das er durchaus teilte, versuchte er anscheinend, den Minister von der Notwendigkeit einer sofortigen Berichtigung des status quo zu überzeugen. Er trat dafür ein, daß irgendeine Geste guten Willens, nicht in Worten, sondern in Taten, gegenüber Deutschland gemacht werde, nicht nur um Deutschlands gerechten Wunsch nach einer Revision des Versailler Vertrages zu befriedigen, sondern auch – und dies könne entscheidend sein -, um einige Planken aus Hitlers Plattform herauszubrechen und dadurch den Weg zur Macht für diejenigen zu ebnen, denen das Interesse der Welt genau-

---

112 Der Bericht, getarnt im NS-Jargon, um den ihm zugedachten Zweck erfüllen zu können, ist in den ADAP, Serie D, Bd. VI, S. 497, enthalten.

so wie das Deutschlands am Herzen läge. Dieser junge Mann (...) sprach mit tiefer Aufrichtigkeit und großer Dringlichkeit."[113]

Die Besorgnis Trotts galt dabei im Gespräch mit Außenminister Halifax allerdings mehr der zukünftigen Entwicklung, als der Vergangenheit.

Am nächsten Tag fand ein Gespräch mit dem für Washington neuernannten britischen Botschafter Lothian statt, mit dem er den tschechisch-polnischen Kompensationsplan besprach. Dabei darf man als sicher annehmen, daß Trott seinen Plan Lothian vorstellte und ihn im Bericht an das AA mit Lothians Billigung als dessen Vorschlag ausgab, den jener, „ohne genannt werden zu wollen" gemacht habe.

Obwohl der Bericht Hewel, Ribbentrop und auch Hitler vorgelegt wurde, kam ein Gespräch mit letzterem nicht zustande.

In seinem Bericht betont Trott vor allem die feste Entschlossenheit der britischen Regierung, weitere Völkerrechtsverstöße Hitlers nicht mehr tatenlos hinzunehmen; dieser Passus sollte vorrangig die irrige Auffassung Ribbentrops und seines Einflusses auf Hitlers Beurteilung korrigieren, die Gefahr eines Weltkrieges zu unterschätzen.

Das einzig greifbare Resultat der Cliveden-Unterredung war eine Rede von Halifax, in der er Verständnis für die prekäre Lage vieler Deutscher, zwischen ihrem Einsatz für die Rechte Deutschlands und den Chancen, diese zu verwirklichen, äußerte.[114]

Da die Astors von Trotts Argumenten und Wirkung beeindruckt waren, arrangierten sie für den 7. Juni ein Treffen bei Premier Cham-

---

113 Half Term Report, Verf.: William Douglas-Home; vgl. a. Sykes, S. 189f.

114 Halifax-Rede im Chatham House, 20.6.1939; Auszüge in: Dokuments on International Affairs, 1939-46, Vol. I: March to Sept. 1939, London 1951, S. 297-304; s. a. Malone, S. 218 u. Klemperer, AvT and ..., in: Centr. Europ. Hist.; der Autor nennt allerdings den 29.6. als Datum der Chatham-Rede, oder es handelt sich um eine weitere, in der der Einfluß der Bemühungen Trotts spürbar ist.

berlain in Downing Street 10. Anwesend war auch der Parlamentarische Staatssekretär Lord Dunglass.[115]

In einer geschickten Verwendung des Vorschlags, ob England das deutsche Mißtrauen „durch ein großzügiges und praktisches Entgegenkommen"[116] zerstreuen würde, wenn Deutschland andere Volksgruppen rechtlich eindeutig und wirksamer respektiere als seine eigenen Minderheiten behandelt werden, erreichte Trott vom Premier die Zusage, daß unter diesen Umständen wieder eine gemeinsame Gesprächsplattform gegeben wäre.

Auf seine Bitte hin informierte Dunglass den Präsidenten des Handelsamtes und Abgeordneten des Unterhauses Oliver Stanley über den Inhalt der Aussprache mit Chamberlain. Dunglass äußert in seiner Erinnerung, Trott habe seine Gedanken mit gewinnender Höflichkeit vorgetragen. Chamberlain sei demnach sehr günstig beeindruckt gewesen und habe gemeint, Trott habe genau die Art als Unterhändler, die man sich wünsche, da er die Gabe besitze, beide Seiten einer Sache zu sehen.[117]

Eine folgenreiche Unterredung hatte Trott mit Hubert Ripka, dem außenpolitischen Berater von Eduard Benesch, der seit der deutschen Besetzung der Tschechoslowakei im Exil lebte. Drei Jahre zuvor hatten sie sich bereits durch Trotts Freundin Shiela Grant Duff kennengelernt. Diesem unterbreitete er die mit Lothian abgestimmte Planung und berief sich ausdrücklich auf jenen , in der Hoffnung, Ripka möchte sie aus taktischen Gründen gutheißen. Aber von einem solchen Transaktionsplan wollte dieser grundsätzlich nichts wissen und mutmaßte, diese Planung müsse von höherer Ebene aus in-

---

115 Alec Douglas-Home (MP), der Bruder des schon erwähnten W. D.- H., vgl. a. Anm. 118.

116 Vgl. Anm. 112, Bericht AvT an das AA, ADAP.

117 Vgl. Sykes, S. 197; Malone, S. 218, dieser gibt allerdings als Quelle Peter Bielenberg an, mit dem Trott seinen Bericht in Berlin verfaßt hat und David Astor, der anwesend gewesen sein könnte, vgl. ders., AvT: A Personal View, in: The Challenge of..., S. 27.

itiiert worden sein. Deshalb schrieb er dem damaligen Oppositionsführer, ohne Trott namentlich zu erwähnen, er habe von einem „sehr zuverlässigen Freund" die „Warnung vor einer gefährlichen Intrige" erhalten. Churchill gab den Brief, da er in seinen privaten Papieren fehlt, höchstwahrscheinlich an Vansittart, den Ersten Diplomatischen Berater der Regierung im FO weiter.[118]

Die Absicht Trotts war es nicht gewesen, die Tschechoslowakei und Polen durch strategisches und territoriales Taktieren auf Kosten der Beteiligten gegeneinander auszuspielen, er beabsichtigte dagegen, den absehbaren Kriegsausbruch noch zu verhindern, wenn auf dem Verhandlungswege über die deutsch-polnischen Grenzfragen bezüglich Danzigs und des Korridors dazwischen gesprochen würde, und dies im Gegenzug zur Besprechung der Sudetenfrage unter der Voraussetzung der staatlichen Wiederherstellung der Tschechoslowakei.[119]

Natürlich nahm Trott nicht an, daß das Regime ernstlich darauf eingehen würde, höchstens aus taktischen Gründen; in jeden Fall hätte er damit aber ein wichtiges Zwischenziel erreicht: In letzterem zumindest einen Aufschub des Krieges, was er als Bedingung eines erfolgreichen Staatsstreichs für die militärische Opposition in Deutschland ansah, oder in jedem anderen Fall, die wahren expansionistischen Absichten der NS-Außenpolitik bloßzustellen und damit wiederum innenpolitisch Druck auf die Militärs auszuüben und an ihr Verantwortungsgefühl für den Weltfrieden zu appellieren. Dies hätte auch die zivile Opposition in ihrer Position, vor allem auch nach der Übernahme der Regierungsgewalt gestärkt.

Gegenüber Ripka hatte er diese sorgfältig durchdachte und raffinierte Strategie natürlich nicht offenlegen können, so daß seine bisher so erfolgreiche Gesprächsserie ihren ernüchternden Abschluß fand.

---

118 Sykes, S. 199f.
119 Ebd., S. 200.

So war das Ergebnis der Bemühungen nur des Premiers wohlwollende Kenntnisnahme und prinzipielle Zustimmung. Daß Chamberlain, Halifax und Stanley sich im Unterhaus künftig für eine entgegenkommendere Haltung gegenüber Deutschland aussprachen, war für den Widerstand eine zweischneidige Angelegenheit. Während damit eigentlich nur der Widerstand in seiner innenpolitischen Lage hatte gestärkt werden sollen, ging Halifax dabei so weit, in einer Rede im Oberhaus Verständnis für die offensive deutsche Regierungsposition zu entwickeln. Er betonte, „...daß Deutschland niemals die Berücksichtigung seiner Ansprüche hätte sichern können (...), wenn es nicht bereit gewesen wäre, sie auf die Androhung von Gewalt zu stützen."[120]

Was als Brücke für die zivile und vor allem militärische Opposition gedacht war, wandte sich innenpolitisch in England später gegen die „Appeaser", in Deutschland war es eher dazu angetan, das Regime international zu bestätigen und zu stärken.

Im Juni 1939 fuhr Trott noch einmal nach England, wo er sich mit dem Mißtrauen vieler Oxforder Bekannter konfrontiert sah, die mutmaßten, es sei für einen Oppositionellen nicht möglich, von den Nazis unbehelligt zu bleiben, und da er nicht zu emigrieren beabsichtigte, fanden sie ihn „moralisch undurchschaubar".[121]

Um all diese Mißverständnisse zu klären, vertraute er seinem Freund Maurice Bowra, dem Rektor des Wadham College in Oxford an, er sei als Vertreter der deutschen Opposition in London gewesen und habe Verbindung zum AA. Unvorsichtigerweise hatte er ihm auch von seiner für den Herbst projektierten Reise in die USA erzählt. Bowra verstand nichts von alledem, gelangte aber zu dem Verdacht, Trott betreibe „doppeltes Spiel", überwarf sich mit ihm und hatte nichts Eiligeres zu tun, als einflußreiche amerikanische Freunde, wie

---

120 Ebd., S. 196, Auszug aus einer Rede von Halifax im Oberhaus am 10.6.1939, vgl. a. Franke, S. 39.
121 Interview Malone mit Prof. Stuart Hampshire, Oxford; vgl. Malone, S. 218/299.

Felix Frankfurter, den Richter am Obersten Bundesgericht der USA, engen Freund und Vertrauten Roosevelts, vor dessen Vorhaben zu warnen.[122]

David Astor, der Trott nach Berlin begleitet hatte, sandte Halifax einen Bericht, in dem er Trotts Einschätzung der politischen Situation unterstützte.

Die Einstellung Trotts zum drohenden Krieg, den daraus notwendig zu befürchtenden Folgen und seine Gegnerschaft zum NS-Regime verdeutlichen zwei Eindrücke, die Astor bei diesem letzten Besuch und kurz darauf in England erhielt: Am letzten Tag von Astors Besuch fuhr Trott mit ihm vor die Stadt zu einem KZ (Anm: wohl Sachsenhausen bei Oranienburg), um diesem ein Leitmotiv seines Einsatzes deutlich zu machen.

Mitte Juli reiste Trott ein letztes Mal nach London, um seinen Standpunkt noch einmal vorzutragen. Hier sah er auch letztmalig seinen Freund Astor; diesem gegenüber sprach er seine Sorge aus, daß ein zu erwartender globaler Krieg notwendig weitere große Gräben aufreißen würde und durch die sich sukzessive steigernde Emotionalisierung viele Menschen in den Sog des nationalistischen Fanatismus geraten ließe. Daß gerade das, was es in den Massenbewegungen der Ideologien in Europa, Asien und vor allem in Deutschland zu bekämpfen gelte, hierdurch eine weitere Eskalation erfahren werde.[123]

Mit dem Kriegseintritt der USA und ihrem ideologisch-moralisch vorgebrachten Anspruch ging der Krieg in die Eigendynamik einer neuen, totalen Qualität des Konflikts im Streben um die politische und wirtschaftliche Vormacht in der Welt über.[124]

---

122 Interview Malone mit M. Bowra, Oxford, vgl. Anm. 125 und Bowra, Memories, London 1966; ein übersetzter Ausschnitt findet sich bei Sykes, S. 209; dort räumt er seinen Fehler bei der Einschätzung Trotts ein. Vgl. a., Astor: A Personal View, S. 29.

123 Vgl. Sykes, S. 215 u. allg., Astor, AvT: A Personal View.

124 S. allg. D. Junker, Kampf um die Weltmacht – Die USA u. das Dritte Reich, v. a. S. 32-49, 98-146.

In Deutschland entwarf Trott unterdessen mit Albrecht von Kessel vom AA und General von Falkenhausen, der in den aktiven Dienst mit Kommando über den Wehrkreis Dresden zurückbeordert worden war, den Plan, Hitler bei einer Einladung zu einer Inspektion zu töten, was jedoch nicht realisiert werden konnte.[125]

Noch zweimal versuchte Trott, etwas bezüglich England zu bewegen: Mit einem Memorandum an Astor über den Standpunkt und die innenpolitische Lage der Opposition seit dem Ribbentrop-Molotov-Pakt vom 23.8.1939 sollte die englische Seite unterrichtet werden; die Mission seines Freundes Bielenberg sollte dazu dienen, eine für beide Seiten geeignete Person als britischen Unterhändler für künftige Geheimgespräche vorzuschlagen, was durch den Kriegsausbruch zunichte gemacht wurde.[126]

Daß die Friedensinitiativen Trotts nicht unrealistisch oder weltfremd waren, zeigt die positive Reaktion aus Regierung und Administration, seine Vorschläge waren darüber hinaus aktuell und der Versuch, die bisherige britische Politik, die lediglich reagierte, in ihren Möglichkeiten den Umständen entsprechend zu erweitern.

Mit dem Kriegsbeginn im September 1939 änderte sich die Zielrichtung der außenpolitischen Initiativen Trotts: Hatte er bisher versucht, den bevorstehenden Krieg zu verhindern, so ging es jetzt darum, den Konflikt zu begrenzen und die alliierten Kriegsgegner zu einer differenzierenden Formulierung ihrer Kriegsziele zwischen dem deutschen Regime und der gesamten Bevölkerung zu bewegen; innenpolitisch blieb vorrangig, eine praktikable Staatsstreich und Attentatsmöglichkeit vorbeiten zu helfen.

In England sowie der gesamten angelsächsisch geprägten Welt, – vor allem den Vereinigten Staaten -, hatte ein grundlegender Stimmungsumschwung durch den nun absehbaren globalen Konflikt die

---

125 Interview Malone m. A. v. Kessel, vgl. Malone, S. 221/299, über den Hergang s. Sykes, S. 217, (Bericht Fr. Bielenberg); P. Hoffmann, Widerstand, S. 707.
126 Sykes, S. 222ff.

bis dahin in Europa so positiv beurteilte Appeasement-Politik völlig in Mißkredit gebracht; der erneute Vorschlag, eine – und sei sie auch eine taktische – Befriedungs- und Beschwichtigungsstrategie anzuwenden, noch dazu von einem Deutschen vorgetragen, erzeugte höchstes Mißtrauen. Undurchführbar wurde dieses Bemühen aber dadurch, daß die lange Zeit mächtige und die britische Regierungspolitik beherrschende Gruppe des „Cliveden-Set" ihre Machtgrundlage eingebüßt hatte[127] und von der rasanten weltpolitischen Entwicklung eingeholt worden war.

3.2 USA-Reise im Schatten des Konfliktbeginns in Europa

Die Einladung, an der Konferenz des „Institute of Pacific Relations" (I.P.R.) teilzunehmen, bestand trotz des Kriegsbeginns in Europa weiter. Eine Reiseerlaubnis wurde Trott nach Kessels und Weizsäckers Intervention bei Hevel erteilt, da sich alle Beteiligten darin einig waren, daß eine US-amerikanische Neutralität ein Hauptziel ihrer jeweiligen, wenn auch unterschiedlichen Bestrebungen war.

Dafür erhielt Trott eine zeitweilige Anstellung in der Informationsabteilung des AA, das auch die Reisespesen übernahm.

Aus Sicherheitsgründen und weil es durch den Kriegsbeginn unmöglich gewesen wäre, die Route über den Atlantik ein zweites Mal zu nehmen, wurde die Rückreise zu einer halben Weltreise über San Francisco, Honolulu, Tokio, Peking und Moskau zurück nach Berlin. Die Fahrt begann am 22. September 1939 in Genua; die Seeblockade Gibraltars durch britische und französische Kriegsschiffe konnte knapp überwunden werden, andernfalls wären die „feindlichen Passagiere" interniert worden.[128]

Auf dem unter italienischer Flagge fahrenden, also neutralen Schiff, traf Trott Fritz Caspari, den er aus Oxford kannte und der nach Ka-

---

127 Vgl. allg. Astor, AvT: A Personal View, in: The Challenge of...
128 Vgl. Sykes, S. 229f.

lifornien emigriert war, wo er nun als Dozent an einem College arbeitete, an das er zurückkehrte. Er ist einer der Zeugen für die Dokumentation der Absichten und Ziele Trotts, denn sie diskutierten über den deutschen Widerstand, die Position der USA und ihre Einschätzung der weltpolitischen Lage. Caspari war unbeabsichtigt auch Anlaß weitreichender Verdächtigungen gegen Trott und seine Mission in den USA.

Schon auf seiner Studienreise über die USA nach China war Trott intensiv und mißtrauisch vom britischen und US-amerikanischen Geheimdienst observiert, seine Briefe geöffnet und kontrolliert worden, manche verschwanden spurlos.[129]

Gleich nach seiner Ankunft in den USA wurde Trott von Beamten des Federal Bureau of Investigation (FBI) und während seines ganzen Aufenthaltes beobachtet: Er war etwas früher als Caspari im Hotel, in dem sie sich verabredet hatten, da seine Zollabfertigung und Paßformalitäten in der ersten Klasse schneller vonstatten gegangen waren. Da er sogleich seinen Gastgeber Edward Carter aufsuchen wollte, hinterließ er für Caspari an der Rezeption eine Mitteilung, „er sei schon gegangen, da dessen ›Kontrolle‹ so lange gedauert habe."

---

129 S. hierzu Astor, AvT:A Personal View, in: The Challenge of ..., S. 20 u. Boveri, Variationen ... – AvT als Objekt anglo-amerikan. Verdächte, S. 761f; dort auch die Vorgeschichte der „Manchester Guardian-Affaire" vom Jan. 1934 um Trotts Brief in Verteidigungshaltung geg. pauschale u. generalisierende Berichte von Vorurteilen im Guardian u. die Gerüchte in Oxford, Trott sei Nazi geworden, da Kommilitonen nicht verstanden, daß er an dem für Juristen obligatorischen Referendariatslager teilnehmen mußte (vgl. Kap. 2, Anm. 41). Vgl. a. Sykes, S. 163; sehr ausführlich a. Malone, S. 193-200 u. 294, der berichtet, Trotts ungezwungene Kontakte in China selbst u. sein Forschungsvorhaben seien dort als versteckte, offizielle Tätigkeit gewertet worden, er habe ständig unter der Überwachung des brit. Geheimdienstes gestanden. Dies unterstützt nachdrücklich a. der Beleg, daß Außenminister Eden 1942 sein mangelndes Vertrauen in Trott geg.üb. Cripps m. Geheimdienstberichten üb. Trotts Chinareise rechtfertigte.

Hinter diesem Wort vermutete der zuständige „Deutschlandexperte" des FBI einen geheimen Radio-Code und bekam spätestens nach weiteren Erkundigungen des britischen Nachrichtendienstes, der bereits im neutralen Italien die Bordlisten nach deutschen Reisenden durchleuchtet hatte, Verdächtigungen nur zu leicht bestätigt. Es gab tschechische und britische Vorbehalte gegenüber Trott, über die US-amerikanischen und britischen Geheimdienste aus England, China und Japan entsprechende Gerüchte, die in Berichten von „vor Ort" niedergelegt waren.[130]

Infolge der Überwachung durch das FBI wurden viele der in den USA lebenden Deutschen, mit denen Trott Kontakt gehabt hatte, nach seiner Abreise monate-, teils sogar jahrelang interniert.[131]

Eine weitreichende Folge war auch, daß sein Vorhaben dadurch von allem Anfang ungleich schwieriger, wenn nicht undurchführbar war; zwar konnte er das Mißtrauen auf privater Ebene bei seinen Gesprächspartnern stets zerstreuen, er fand sogar günstige Aufnahme mit seinen Ideen, viele Türen blieben ihm aber, bedingt durch die warnenden Briefe Bowras, generell verschlossen.

Da Trott aus Sicherheitsgründen kein Tagebuch oder Kalender führte und die Archive der Nachrichtendienste nur eingeschränkt zugänglich sind, läßt sich wie bei Sykes nur ein ungefährer Reiseablauf rekonstruieren: Bis Anfang November 1939 hielt sich Trott demnach überwiegend in New York auf, war anschließend in Washington, um

---

130 Vgl. Sykes, S. 230f.
131 Als ein Bsp. Julie Braun-Vogelstein, der Trott zur Flucht in die USA verholfen hatte. Sie schreibt in ihrem Bericht (AdsD, S. 7), anläßlich seines zweiten USA-Besuches u. ihres Verhörs durch das FBI: „However, he (Anm.: AvT) did not explicitly say so (Anm.: to join the AA) and I could honestly answer at my hearing that I knew nothing of his position after his return to Germany." Dabei erfuhr sie a. erstmals, daß FBI u. nicht Gestapo sie überwacht u. abgehört hatten: „Two years later, at the hearing which ended my detention as „enemy alien" suspect because my friendship with Adam, I discovered that the FBI and not the Gestapo had traced him whenever he called on us."; ebd. S. 5.

Kontakte zur Regierung zu suchen, nahm im zweiten größeren Abschnitt seines Aufenthaltes an der Konferenz des I.P.R. in Virginia Beach teil. Nach New York zurückgekehrt blieb er dort bis Januar 1940, bis sein Schiff aus San Francisco auslief.[132]

Neben Carter besuchte er häufig Roger Baldwin, der später in einem Brief berichtet, Trott habe sich unter anderem mit Ex-Reichskanzler Brüning und Reinhold Niebuhr[133] getroffen, den er über Visser't Hooft von seinem ersten USA-Aufenthalt 1937 kannte[134] und der ihm auf seiner letzten Schwedenreise wieder begegnete.[135]

Die Verbindung zu Brüning ging über Alexander Böker, den Trott bei Albrecht von Bernstorff kennengelernt hatte und der auch ein früherer Rhodes-Stipendiat war und in den USA als wissenschaftlicher Assistent bei Brüning tätig war. Dieser berichtete später, daß Brüning über die Absichten der Opposition durch Trott in Kenntnis gesetzt wurde.[136]

Durch seine dortigen Freunde und Bekannten kam Trott auch in Kontakt zur Foreign Policy Association (Gesellschaft für Außenpolitik) und dem Council on Foreign Relations (Rat für Auslandsbeziehungen).

---

132 Sykes, S. 231f.

133 Der damals in den USA führende Interpret der dialektischen Theologie wurde nach dem Krieg als ein Vertreter des Realistischen Ansatzes der Internationalen Politik bekannt.

134 Malone, S. 181

135 Baldwin schreibt: „I met von Trott through a Miß Warburg whose family were Bremen bankers, (Anm.: eigentl. Hamburg) some of whome came to America. (Anm:: AvT hatte der befreundeten jüd. Familie die Flucht in die USA ermöglicht). ...I saw him often during his brief stays but mainly socially in my home... . He was quite frank about his connections with the Hitler opposition, (...) and his efforts to enlist high American officials." Br. R. Baldwin an Ger van Roon, Apr., 26.1963, SvR Bd. 1.

136 Br. Böker üb. USA-Reise 1939 u. Verbindung Trott-Brüning, 30.7.1965, SvR, Bd. 1.

Insbesondere unter den Auslandsdeutschen und einflußreichen US-amerikanischen Persönlichkeiten suchte er Interesse für seine Position zu wecken. So kam ihm die Unterstützung Kurt Riezlers sehr zustatten, des langjährigen Referenten und Beraters des Ex-Kanzlers Bethmann-Hollwegs und späteren Staatssekretärs beim Reichspräsidenten Ebert, da ihn dieser rückhaltlos unterstützte und dies auch gegenüber Skeptikern an Trotts lauteren Absichten nachdrücklich vertrat.[137]

Eine wesentliche, wenn auch nicht unproblematische Anregung ging aus seiner Bekanntschaft zu Paul Scheffer hervor, den Trott von seiner Zeit der Mitarbeit in einer Anwaltskanzlei aus Berlin kannte und der damals Chefredakteur der Deutschen Allgemeinen Zeitung gewesen war.[138]

Ab Ende Oktober 1939 entwickelten sie die Idee eines Memorandums, um auf die US-Regierung Einfluß zu nehmen, indem sie auf den deutschen Widerstand in der Opposition und seine Ziele aufmerksam machen wollten. Scheffer hatte bereits einen Text entworfen, den er aber aus kriegsbedingten Gründen in den USA nicht veröffentlichen konnte; der Entwurf fand generell Trotts volle Zustimmung, die Aussagen waren ihm jedoch nicht prägnant und präzise genug, weshalb Scheffer den Text überarbeitete und Trott zwei eigenverfaßte Paragraphen anfügte.[139]

Dies geschah in breiter Abstimmung und vor dem Hintergrund der Gespräche mit Brüning und Riezler. Die Grundideen der Schrift, die Trott für die deutsche Opposition, als Sprecher und im Auftrag der in den USA ansässigen Deutschen[140] dem Assistant Secretary of State,

---

137 Vgl. Sykes, S. 234.
138 Br. Scheffer an Boveri, 30.3.1958, SvR, Bd. 1, S. 3.
139 Ebd., S. 4; vgl. a. Sykes, S. 235 u. Memo(randum)
140 In der nicht mit abgedruckten u. nicht eingereichten Einleitung zum Memo heißt es: „The views put forward are the result of careful discussions among a small group of Germans with scholary, publicist and political background." Vgl. Rothfels, AvT u. das State Department, in: VfZ 7/1959, S. 318

G. S. Messersmith übergab, umfaßten im wesentlichen die folgenden Punkte:

Den Auftakt bildet der Anlaß dieses Memorandums, da durch die Verkündung des totalen Vernichtungskrieges gegen Deutschland selbst diejenigen, die das Regime ablehnten oder bekämpften, an dessen Seite gezwungen würden, wenn es um den nationalen Fortbestand ginge. Dies bedeute aber vor allem eine Verlängerung des Krieges.

Im zweiten Abschnitt wird auf eine baldige Erklärung der alliierten Kriegsziele gedrängt und auf die Erfahrungen mit dem Versailler Vertrag verwiesen. Eine maßvolle Kriegszielpolitik würde demnach nicht nur die Opposition moralisch stärken, sondern auch weite Bevölkerungsteile erkennen lassen, daß sie von Hitler nur getäuscht und benutzt würden und in die Katastrophe mitgezogen werden.

Auf dieser Basis könne auch ein Umsturz erfolgreich sein, da ansonsten bei der Verkündung eines alliierten Vernichtungskrieges jede neue deutsche Regierung nur zum Handlanger und Vollstrecker eines oktroyierten Friedens würde, erneut mit dem Makel einer Dolchstoßlegende behaftet. Deshalb sei es nötig, die maximalen Forderungen zu fixieren, ebenso wie eine Garantie der territorialen Integrität des Bestandes von 1933 abzugeben und sich moralisch verpflichtet zu fühlen, ausgewogene Friedensbedingungen einzuhalten.

Unter diesen Rahmenbedingungen würden die Chancen wachsen, daß der Krieg rasch beendet werden könne, die Spannungen in Europa durch einen auszuhandelnden Frieden gemindert würden und eine europäische Zusammenarbeit auf den Weg gebracht werde.

Gegenüber Messersmith vertrat Trott die Ansicht, daß unter keinerlei Umständen mit dem Regime Frieden geschlossen werden dürfe.[141]

Der dritte Abschnitt versucht einen skizzierten Einblick in die Verfassung und Lage der deutschen Gesellschaft zu geben.

---

141 Vgl. Rothfels, AvT a. the State Dep., Dok.anhang

Im vorletzten vierten Teil wird darauf verwiesen, daß in der Vorkriegszeit tatsächlich berechtigte Interessen und Ansprüche durch
Hitler als Vorwand zu expansionistischen Bestrebungen benutzt wurden, was vielen als Schutzschild vor einer latent gefürchteten Bedrohung des subversiv operierenden Kommunismus erschienen sei
und nationale Ansprüche ohne Krieg wiederherzustellen versprach.
Die Anspielung auf das Reizthema der kommunistischen Infiltration
war sicherlich auch ein Wink mit dem Zaunpfahl, wenn auch diskret
verpackt. Angefügt ist zugleich die warnende Note, daß bei andau-
ernder Unklarheit und Unversöhnlichkeit von seiten der Westmächte
die verzweifelten Hoffnungen der Deutschen sich ostwärts wenden
müßten.

Der fünfte und letzte Abschnitt befaßt sich mit dem bisherigen
Kriegsgeschehen und -verlauf.

Das Hauptaugenmerk der Argumentation liegt auf der Analyse der
sozialen Veränderungen, ideologischen Folgeerscheinungen und absehbaren, gravierenden Machtverschiebungen, sollte der Krieg an-
dauern.

Das Papier prognostiziert revolutionäre Umbrüche und provoziert
gesteuerte Volkserhebungen, wie sie im Machtvakuum Ost- und
Mitteleuropas nach dem Krieg Realität wurden.

Zuletzt wird der Bezug zu praktischen Maßnahmen hergestellt, indem ausdrücklich betont wird, daß Wilsons idealistisches, aber nicht
umgesetztes, Vierzehn-Punkte-Programm von 1917 eine neuerliche
Verpflichtung der USA beinhalte. Die Beiträge zu einem friedlichen
Ausgleich würden von allen Seiten substanziell sein, aber als realistischer und besser angesehen, als eine Fortsetzung des Krieges in eine europäische Katastrophe.

Der Schluß Trotts enthält einen indirekten Appell an die USA, die
Friedensbemühungen zu unterstützen, da „Amerika, nicht geteilt
durch soziale und nationale Grenzen, gut den Maßstab aller Frie-

densgespräche über unsere komplexen Vorurteile der Vergangenheit hinausheben könnte, ..."[142]

Das Neue, von Trott in seinen letzten Punkten proklamiert, ist der Aufruf zur Zusammenarbeit aller „constructive elements", sowie die Darstellung der Erkenntnis weitreichender Veränderungen nationaler Politik und sozialer Wirklichkeit, die logisch folgerichtig in der solidarischen Verantwortung der westlichen Welt gesehen werden und weit über ihre Zeit hinausweisen.[143]

3.3 Resonanz bei den westlichen Alliierten

Noch während er mit Scheffer an dem Papier arbeitete, hatte Trott Mitte Oktober über Carter und Baldwin in Washington mit dem britischen Botschafter, seinem Freund Lothian, Geheimgespräche in der zweifachen Sorge und Gefahr, von der Gestapo und vom FBI ständig überwacht und bespitzelt zu werden.

Gegenüber Lothian erläuterte Trott die Hauptpunkte der noch nicht fertiggestellten Schrift. Bei der englischen Regierung fand Lothian aber wenig Verständnis für diese Argumente oder man befand sie für nicht praktikabel. Ein Exemplar des Memorandums erhielt die britische Botschaft, ebenso die kanadische Regierung; von beiden Seiten wurde es, wie abgestimmt, „mit tiefem Mißtrauen" aufgenommen.[144]

Ganz entgegengesetzt die Reaktionen in den USA: Über die Foreign Policy Association hatte Trott Kontakt zum Direktor der Europa-Abteilung im State Department bekommen. Messersmith, als Assistent des Staatssekretärs Cordell Hull, ließ zwei Abschriften für sei-

---

142 Ebd.
143 Ebd.
144 Sykes, S. 239 u. 245; ein Grund für diesen Stimmungsumschwung war, daß AvT mit Lothians Tod im Dez. 1939 keine ernst zu nehmende Unterstützung mehr in der brit. Gesandtschaft hatte, ebd., S. 264.

nen Vorgesetzten und den Unterstaatssekretär Sumner Welles erstellen.

Die Argumente Trotts und dieser selbst hatten im Außenministerium großen Eindruck hinterlassen, nach Scheffer war Messersmith „ganz Feuer und Flamme für die Idee".[145]

Das Originaldokument erreichte Präsident Roosevelt, der es gelesen und mit „lebhaftem Interesse" gebilligt habe.[146]

Nach diesen Erfolgen sollte ein Treffen mit Roosevelt arrangiert werden. Messersmith hatte aber entgegen der Zusicherung absoluter Diskretion, nämlich das Dokument in begrenzter Anzahl geheim zu halten, vierundzwanzig Exemplare erstellen lassen, die er „zur Unterstützung" an einflußreiche Persönlichkeiten verteilte und Trott drängte, diese anschließend zu besuchen.[147]

Was von Messersmith gut gemeint war, hatte im Eifer des Gefechts durch seine Indiskretion fatale Folgen: Eine Kopie erhielt auch Felix Frankfurter, ein Freund des Unterstaatssekretärs Welles und Roosevelts. Trott kannte Frankfurter aus Oxford und von seiner ersten USA-Reise 1937, wo sie sich sehr gut verstanden hatten. Aber Trott fürchtete nicht unberechtigterweise auch, dieser könne als führender Zionist allen deutschen Themen gegenüber negativ eingestellt sein. Über Carter erhielt er aber dessen Aufforderung, ihn zu besuchen, da er ihn gerne wiedersehen würde. Trott wußte noch nichts von den intriganten Briefen Bowras, in denen vor ihm gewarnt wurde.[148]

Die Unterredung mit Frankfurter endete jedenfalls in einem Fiasko: Diesem gefiel das Memorandum aufgrund der Argumentation nicht, der Versailler Vertrag und seine Auswirkungen hätten zum Aufstieg Hitlers geführt. Beide äußerten sich ziemlich direkt und kontrovers

---

145 S. Anm. 138, S. 4.
146 Ebd. u. Sykes, S. 240 u. 408.
147 Sykes, S. 240 u. vgl. Anm. 55 bzw. 48.
148 Vgl. Sykes, S. 241.

und nach Isaiah Berlin, einem gemeinsamen Freund, beklagte Frankfurter bei ihm, daß Trott noch Chancen auf eine Konfliktbegrenzung sehe.[149]

---

149 Ebd.. Ein Gesprächspartner Trotts, Alexander Böker, äußerte in einem Interview weitere gehörte kontroverse Punkte: „Frankfurter war sehr gegen Deutschland eingestellt, bezweifelte das Bestehen eines deutschen Widerstandes überhaupt." (s. Gespr. Fr. v. Buch m. A. Böker, Sept. 1965, in: SvR, Bd. 1, S. 3) Trott hingegen habe die Position vertreten, daß die USA offen die Opposition unterstützen sollten. Zum Eklat sei es gekommen bzgl. der Frage, ob es ratsam sei, daß in dieser heiklen Situation amerikanische Juden als Meinungsführer fungierten. Trott prognostizierte nüchtern, daß dies im beiderseitigen Interesse nicht ratsam sei, da das Regime hiermit neue ideologische Argumentationshilfe gegen die Politik der USA und den deutschen Widerstand selbst erhielte. Diese Bemerkung habe Frankfurter ihm endgültig übelgenommen (S. Gespr. Fr. v. Buch m. A. Böker u. s. Sykes, S. 242, nach Casparis Aussage). In der Folgezeit machte Frankfurter seinen Einfluß geltend, damit Trott nicht mit dem Präsidenten selbst in Verbindung komme und sich die Verdachtsmomente gegen ihn bestätigten. Trott erklärte Caspari gegenüber, er habe seine Äußerungen dem Freund gegenüber in bester Absicht und voller Offenheit getan, doch dieser habe sie und seine Motive dabei offenbar völlig mißverstanden; er machte sich deswegen schwere Vorwürfe. (S. Sykes, S. 258)

Nach einer Quelle von Sykes zitiert (ders. S. 267), argumentiert Frankfurter in später Anerkennung und nach knapp zwei Jahren Bedenkzeit in einer Besprechung in Washington zur Propagandapolitik der USA nach ihrem Kriegseintritt: „Hier ist ein Punkt, den die übrigen von ihnen vielleicht nicht erwähnen möchten, den ich aber ohne Verlegenheit vor ihnen aussprechen kann. Bei all diesen Propagandaunternehmungen sollten sie sich vorsehen, jüdischen Rednern oder Schriftstellern zu viel Prominenz einzuräumen, weil die ernste Gefahr besteht, daß sie dadurch bei den Deutschen den Glauben an den von Goebbels von Anfang an geförderten Nazi-Mythos bestärken, nämlich, daß (...) es sich in Wirklichkeit um einen Konflikt zwischen Deutschen und Juden, nicht zwischen Deutschland und den Vereinigten Staaten handele. Ich habe über diese Sache seit einiger Zeit nachgedacht und sie diskutiert, und ich mache diese Empfehlung sehr überzeugt."

Ebenso wie Frankfurter korrigierte auch Maurice Bowra später seine Haltung zu seinem vormaligen Freund Trott, dem er nicht vertraute und gegen den er intrigierte.[150]

Das Mißtrauen gegen Adam von Trott nahm damals groteske Züge an und bestand trotz der subtilen biographischen Untersuchung und der Analyse von Quellenmaterial, das dem US-Historiker Malone in den 80er Jahren zugänglich war, in den USA unbeschadet weiter. Der damals gerade 30jährige Trott wurde vom FBI als „Nazi Master Spy" verdächtigt, als Koordinator des NS-Spionagesystems in den USA.[151] Dies artete nach Sykes in eine wahre Massenhysterie aus, deren Mittelpunkt Trott war: Anläßlich der deutsch-amerikanischen Kriegserklärung wurde eine großangelegte Aktion des FBI im ganzen Land in Gang gesetzt, so daß alle Gesprächspartner, mit denen Trott Kontakt gehabt hatte, vernommen wurden und seine deutschen oder deutschstämmigen Freunde in den USA ausnahmslos unter polizeiliche Überwachung gestellt oder interniert wurden. Diese waren aber wie Caspari oder Braun-Vogelstein so rücksichtsvoll, sich jahrelang internieren und verhören zu lassen, anstatt durch den Versuch einer Klarstellung Trott in Deutschland zu gefährden, da wegen des Bekanntheitsgrades und der Öffentlichkeitswirkung im „Fall Trott" diese Informationen unweigerlich an die Presse gelangt wären, bezie-

---

150 Später äußert Bowra, Memories 1898-1939, vgl. a. Sykes, S. 261: „Ich konnte nicht glauben, daß die Gestapo einen so offensichtlichen Gegner in der Welt herumreisen und seine Ansichten so frei zum Ausdruck bringen lassen würde, und deshalb schöpfte ich Verdacht. (...) ich schrieb an einflußreiche Freunde (in den USA) und warnte sie vor ihm... Ich war im Irrtum. (...) Die hauptsächliche Ursache für mein Mißtrauen war völlig unbegründet. Trott war nicht nur gegen Hitler, sondern wurde nach dem Fehlschlag des Komplotts vom 20. Juli festgenommen und mit erschreckender Grausamkeit mittels einer Drahtschnur aufgehängt. Als ich das hörte, sah ich ein, wie sehr ich mich geirrt hatte und meine Ablehnung gegen ihn bleibt für mich Gegenstand meines tiefsten Bedauerns."
151 S. Sykes, S. 263-66.

hungsweise bereits allgemein gesellschaftliches Gesprächsthema waren.[152]

Unter diesen Bedingungen und argwöhnisch beobachtet von allen Seiten nahm Trott vom 22. November bis zum 3. Dezember 1939 an der Konferenz des I.P.R. teil.

Ein an der Tagung beteiligter US-Diplomat, Robert W. Barnett, verfaßte eigens einen gesonderten Bericht über Trott, in dem er sich, wie gleichlautend auch andere Teilnehmer von Adam von Trott beeindruckt zeigt, da er schon deshalb Aufmerksamkeit und „beträchtliche Spekulationen" erregte, da Deutschland nicht Mitglied des Internationalen Ausschusses des I.P.R. war; er schreibt unter anderem. „Ich erinnere mich sehr gut an den Eindruck seiner Erscheinung – groß, verbindlich, rücksichtsvoll, mehrere Sprachen fließend sprechend, schnell Freunde gewinnend, ein guter Zuhörer und selbst ein angenehmer, entspannter Unterhalter. Er machte keine sichtbaren Anstrengungen, das Auge der Öffentlichkeit auf sich zu ziehen, war aber trotzdem immer in Gesellschaft. Er verfehlte nie, die volle Aufmerksamkeit der Konferenz gefangen zu nehmen, wenn er in der öffentlichen Diskussion das Wort ergriff. (...) Seine Rolle bei der Konferenz war vielleicht die interessanteste und eindruckvollste, die von irgendeinem Teilnehmer gespielt wurde."[153]

Fast alle Anwesenden außer Carter hielten ihn für einen Spion und versuchten, seine Strategie zu erkennen. Einige Teilnehmer vermuteten, er habe die Position der Alliierten aufbrechen wollen, andere sahen den Zweck seiner Ausführungen darin, Deutschland und die Alliierten gegen die Sowjetunion zu einen, wieder andere betrachteten ihn wegen seiner freimütigen und kritischen Äußerungen als taktisch raffinierten und erfolgreichsten Emissär Ribbentrops.[154]

Am 8. Dezember 1939 stattete Trott Messersmith einen erneuten Besuch ab, aber die Situation war schon zu verfahren; der US-Ministeriale erwähnt zwar stereotyp in jedem Schreiben, daß Trott

---

152 Ebd., S. 244 u. 263ff.
153 Ebd., S. 249, Trotts Ansprache S. 250.
154 Br. Barnetts an CvT, 5.1.1959, s. a. Sykes, S. 250/409.

"...is an honest man..., not in sympathy with the present government", fügt aber hinzu: „I am, however, of the opinion that he is not entirely a free agent, as no person who is permitted to leave Germany and to return, as is true in the case of Mr. Von Trott, can be entirely a free agent."[155]

Das einzig greifbare Ergebnis war eine Einführung bei Alexander Kirk, dem US-Geschäftsträger in Berlin, über den er zukünftige Mitteilungen an dessen Regierung tätigen konnte, zeitlich begrenzt bis zum Kriegseintritt der USA im Dezember 1941.

Mitte Dezember 1939 sprach Trott auf Einladung Carters im Yale Club vor dreißig Gästen, die er nicht kannte, über seine politischen Ideen und Vorstellungen, – ein kühn kalkuliertes Risiko. Ebenso hatte er bei seinem Verwandten, Mr. Schiffelin, vor über hundert Gästen die Ziele einer neuen Regierung in Deutschland dargelegt, was Scheffer als „bewunderungswürdige Unvorsichtigkeit" bezeichnete, die erstaunlicherweise zu keinem Eklat führte.[156]

Da in den USA die Position verloren schien, ergriff Trott von dort aus die Initiative gegenüber England. Seinem sich zufällig in den USA aufhaltenden Verwandten Charles Bosanquet, der nach England zurückkehren wollte, gab er eine auf britische Verhältnisse abgeänderte Fassung des Memorandums für Halifax mit, wo es Yvone Kirkpatrick im FO übergeben wurde.[157]

---

155 Vgl. H. Rothfels, AvT and the State Dep., Dok. 4-7.
156 S. Anm. 145 bzw. 138.
157 S. allg.: Y. Kirkpatrick, The Inner Circle; Sykes, S. 252; H. Rothfels, VfZ 12/1964, S. 305 erwähnt, daß obgleich Trott und Halifax bekannt waren, eine Reaktion auf das Memo sich bisher nicht nachweisen ließ. Halifax wurde Nachfolger Lothians als brit. Botschafter in den USA, wo er trotz seiner Kenntnis nichts gegen die Verdächtigungen Trotts als „Meisterspion" unternahm. Ähnlich wie im Dok(ument) an das State Dep. appelliert AvT im Memo an Halifax an eine Änderung des „English approach to the German mind", s. Dok. II bei Rothfels. Wheeler-Bennett schrieb f. Trott noch eine prägnant-schärfere Version f. Whitehall, in der er versuchte, den Beweis der zwingenden Logik zu erbringen, daß ein brit. Hauptziel die Befreiung der dt. Bevölkerung u. die Wiederherstellung e. Rechtsstaates sein müsse., s. Sykes, S. 256.

Bei Frau Braun-Vogelstein hinterlegte Trott einige Dokumente, so die Denkschrift für den britischen Außenminister Halifax, sonst wäre sie überhaupt nicht nachweisbar, denn eine englische Antwort gab es nicht. Ebenfalls dort deponierte er handschriftliche „Notizen", die Besprechungen im Winter 1939/40 resümieren, die er mit Deutschen in New York hatte und die auf einen europäischen föderativen Zusammenschluß hinauslaufen, unter Aufgabe nationaler Souveränität und Abbau hemmender Faktoren wie unterschiedliche Wirtschaftskraft und koloniale Interessen. Neben der Rechtsangleichung und eines gemeinsamen höchsten Gerichtshofes, wird auch auf die sozialen Umwälzungen mit der idealistischen Forderung einer Magna Charta der Arbeit eingegangen. Ein weiteres Memorandum ist eine besondere Botschaft an seinen Freund Astor, die dieser über Wheeler-Bennett erhielt und einen erneuten Versuch darstellt, indirekt auf die britische Meinungsbildung zu wirken, dem er noch die „Note über die Wiederherstellung des Rechtstaates in Deutschland" beifügte, beide mit Ende Dezember 1939 datiert.

Nach den Aussagen von Frau Braun war Trott unermüdlich damit beschäftigt, Verständnis für den Widerstand zu wecken, Zeugnis für seine Existenz abzulegen und Kontakte zwischen der US-Regierung, maßgeblichen Persönlichkeiten und der deutschen Opposition zu knüpfen. Sie schreibt: „His days were crowded, and he often phoned about midnight. (...) Of his activities he never told me any details. „You should not be involved in such a game", he reiterated, „a most precarious game." Instead of reporting his talks with other people or divulging his plans, he spoke to me about his inner conflicts, about the reorientation essential to a world so hollowed and undermined.[158]

Demnach war Trott ziemlich enttäuscht von der US-amerikanischen Haltung und frustriert von der vorurteilbehafteten Ignoranz nicht nur im Weißen Haus und dem State Department, sondern auch durch Erlebnisse wie der Teilnahme an der Konferenz des I.P.R., dem offiziellen Teil seiner Reise, die beinahe grotesk-surreale Züge ange-

---

158 In: AdsD, Aufzeichnungen von Julie Braun-Vogelstein, S. 5.

nommen hatte. Wie undurchsichtig die Situation war, verdeutlicht auch eine Note von Präsident Roosevelt an Frankfurter vom 17. Januar 1940, gleich nach Trotts Abreise. Dieser schrieb: „Um Gottes Willen! Sicherlich ließen Sie Ihren Trott-Freund nicht aus dem Lande trotten, ohne ihn durch Edgar Hoover durchsuchen zu lassen. Denken Sie an die Schlachtschiffpläne und sonstigen Geheimnisse, die er mitgenommen haben mag. Dies ist der Höhepunkt von Indiskretion und Sorglosigkeit Ihrerseits. F.D.R."[159]

Wenn Roosevelt die Warnungen des FBI nicht ernstgenommen hatte, wie obige Zeilen vermuten lassen und da er das Memorandum mit „lebhaftem Interesse" gelesen haben soll,[160] stand somit das Faktum des deutschen Widerstandes, dessen Ideen und Strategien den Absichten und Interessen der Politik der USA auf dem Weg zur Welt- und Supermacht im Wege?

Ein großes Handicap war auch, daß Trott mehrmals von personellen Veränderungen und innenpolitischen Entwicklungen und Umbrüchen während seiner Arbeit eingeholt wurde, wobei viel Zeit für somit wieder hinfällige Vorbereitungen verlorenging. Jedenfalls ging er mit seiner Einschätzung der Bedeutung der USA für das internationale System nicht zu weit; die Nachkriegsentwicklung bestätigt vielmehr, daß England nicht mehr als Machtfaktor seinen früheren Einfluß besaß, später sogar wie Frankreich zum „Juniorpartner" bei sämtlichen kriegsrelevanten Entscheidungen degradiert wurde, so daß Trott einer der wenigen war, die damals bereits die tatsächliche Bedeutung der künftigen „Supermacht" USA sahen.[161]

---

159 S. Sykes, S. 268-70.
160 Rothfels, AvT u. d. State Dep., S. 320 u. s. Anm. 159.
161 Roon wie auch verschiedene andere Historiker messen der USA-Reise oftmals nur geringe Bedeutung bei, sozusagen proportional zum sichtbaren Erfolg. Vgl. ders., Neuordnung..., S. 305, nur in einem knappen Nebensatz angesprochen, wozu Eugen Gerstenmeier, (VfZ 15/1967, S. 245, Der Kreisauer Kreis), bemerkt, die gute Dokumentation sei v. a. was die Schweden- u. Schweizkontakte des Kreises betreffe, äußerst lückenhaft.

Als Resümee seiner zweimonatigen intensiven Bemühungen meinte Trott in dem schon zitierten Text von Julie Braun:

„Despite all my efforts, my main purpose over here has been thwarted" und über seine persönliche Verfassung äußerte er: „I am completely alone, I share but parts of myself and fragments of things with others – there is no one on whom I can call... Moreover, my immediate return is imperative."

Und im Dilemma des Bewußtseins der Mitverantwortung fügte er hinzu: „Every minute I delay I become accomplice to an unspeakable horror. I know, and I must be back before March. I must."[162]

Viele seiner vor allem britischen und nordamerikanischen Freunde versuchten ihn nun, da sie ihn in Deutschland, wollten sie ihn nicht gefährden, nicht mehr brieflich erreichen konnten, zu überreden, im Exil zu bleiben. Vor seiner Abreise nach Japan traf Trott in Los Angeles noch mit dem später in Freiburg tätigen Soziologen und Kulturhistoriker Arnold Bergsträsser zusammen, den er über sein weiteres Vorhaben und seine Pläne unterrichtete.

Im Januar 1940, nach seiner Abfahrt aus San Francisco, wurde sein Aufsatz für das I.P.R. unter dem Titel „Euramerasia" veröffentlicht. Darin appelliert er an die selbstgewählte Verantwortlichkeit und entscheidende Rolle der USA in und für das internationale Staatensystem und vertritt engagiert die Überzeugung, daß: „Über Neutralität hinaus (...) Amerikas Position dazu bestimmt (sei), seine (...) Verantwortung zu benutzen, um vernünftigere Lösungen des Konflikts zwischen Ordnung und Gewalt zu erdenken als Krieg."[163]

In Peking machte er, wie bei seinem Studienaufenthalt zwei Jahre zuvor, Zwischenstation bei Gustav Ecke; physisch und psychisch ge-

---

162 S. Anm. 158, S. 5f.
163 Veröffentlicht in der Zeitschrift Amerasia, Jan. 1940, I.P.R., s. a. Sykes, S. 262; Trott schrieb üb. seine Amerikareise den offiziellen „Bericht üb. e. Kriegsreise nach Nordamerika, Winter 1939/40", s. Sykes, S. 276 u. ADAP, Serie D, Bd. 8.

schwächt kam er mit Grippe und Gelbsucht im März 1940 bei Freunden in Königsberg an.

Kurz nach seiner offiziellen Anstellung am 3. Juni 1940 im AA heirateten Adam und Clarita von Trott. Seine noch nicht beamtenrechtliche Tätigkeit als „Wissenschaftlicher Hilfsarbeiter" in der Attachézeit wurde ironischerweise durch die Verdachtsmomente des FBI gegen ihn gefördert. Denn während seiner Englandmission war er Ribbentrop negativ als Gegenspieler aufgefallen, worauf dieser schon einmal dessen bereits vorgesehene Übernahme als Legationssekretär abgelehnt hatte.[164]

Ohne bis zur Aufnahme ins AA der Partei oder einer anderen Organisation beigetreten zu sein, erreichte er diese Position erst zwei Jahre später im Mai 1943 und wurde schließlich im November des gleichen Jahres Legationsrat.[165]

---

164 Ende Apr. 1939 war Trott eine Beamtenstellung im AA angeboten worden. (S. Br. an seine Mutter, 29.4.1939) Der Posten als Legationssekretär hätte ihm die Attachézeit erspart; da er nicht in der Partei war, wurde nichts daraus. Vgl. Sykes, S. 177. Zu seiner Karriere im AA s. Franke, S. 42 u. Winterhager, S. 30. Allg. Malone, S. 223 u. Roon, Neuordnung..., S. 149; s. auch Anm. 165.

165 „Als er (AvT; von seiner GB-Mission) nach Berlin zurückkam, schilderte er die Entschlossenheit der Engländer, was Ribbentrop, der das Gegenteil verkündete, sehr geärgert hat. Der Außenminister war zornig (...) und ließ sich zu der Drohung hinreißen: (...) Wenn ich höre, daß einer der Beamten sich anders äußert, so werde ich ihn im Büro persönlich erschießen..." in: Dönhoff, >Um der Ehre willen<, S. 157.

4 WIDERSTANDSDIPLOMATIE IN DER ANFANGSPHASE DES KRIEGES 1940/41

Während Trotts Abwesenheit aus Europa und seinem Bestreben, der Opposition in den USA Gehör zu verschaffen und Gewicht zu verleihen, fand die militärische Opposition der Vorkriegszeit ihren zeitweiligen, ernüchternden Abschluß: Bestürzt über Hitlers Vorhaben, in Holland und Belgien am 12. November 1939 einzumarschieren und die westliche Offensive zu beginnen, hatten die Generäle Beck, Oster und Halder beschlossen, einen Putschversuch durchzuführen, um eine Eskalation des Krieges noch zu verhindern. In die Verschwörung war auch der Oberbefehlshaber des Heeres miteinbezogen worden, um die Basis und damit die Erfolgsaussichten zu vergrößern. Da jener Bedenken und Vorbehalte hatte, war ihm zugestanden worden, die Initiative ergreifen zu dürfen und Hitler vorzutragen, daß dieses Vorhaben nicht nur strategisch verrückt sei, da es hierdurch zum Krieg an mehreren Fronten kommen und dieser sich zu einem globalen Krieg ausweiten werde. Für den Fall, daß es ihm nicht gelingen sollte mit seinen Argumenten und Ansichten zu überzeugen, sagte er zu, sich am Staatsstreich zu beteiligen. Aber nach einer Unterredung mit Hitler machte Brauchitsch nach dessen Wutausbrüchen auf seine Einwände einen Rückzieher. Somit war ein Putsch mit Aussicht auf Erfolg unrealistisch geworden, eine letzte Möglichkeit, den Krieg ohne große Verluste zu beenden zunichte. Oster versuchte noch, die holländische und belgische Regierung vor der bevorstehenden Gefahr durch den geplanten Angriff zu warnen, die Ausweitung des Krieges konnte das aber nicht mehr verhindern oder beeinflussen, denn die ungewöhnlichen Ankündigungen mit exaktem Termin wurden gar nicht ernst genommen.

4.1 Zwischen der Bereitschaft zu Verhandlung und „absolute silence"

Der von langer Hand vorbereitete Versuch einer Vermittlungsaktion des Papstes für den deutschen Widerstand hatte zwar keinen tatsächlichen Erfolg, aber ein bemerkenswertes Ergebnis war Anfang Februar 1940 die erstmalig bekundete britische Bereitschaft zu einer direkten Zusammenarbeit mit der deutschen Opposition.[166]

Zur gleichen Zeit hatte Goerdeler mit Beck über Stockholmer Verbindungen und im März über den belgischen König sondiert, der vormalige Reichskanzler Wirth aus der Schweiz Kanäle nach England eröffnet.[167]

Als im Februar 1940 der Unterstaatssekretär im State Department, Sumner Welles, als offizieller Abgesandter Roosevelts nach Berlin kam, versuchte unter anderen Hassel, ihn mit weiteren als nur „offiziellen Leuten zusammen zu bringen"[168] Dies hatte nur geringen Erfolg, außer mit Schacht und Goerdeler kam es zu keinen „oppositionellen" Kontakten.

---

166 Der umstrittene „X-Bericht", (Anfang Feb. 1940) erreichte über Dohnanyi die militärische Opposition, s. Rothfels, Dt. Opp..., S. 155: Die damals erstmalig positive britische Reaktion geht demzufolge sehr wahrscheinlich auf das Memo Trotts zurück, das dieser Halifax aus den USA auf dem Höhepunkt der päpstlichen Vermittlungstätigkeit sandte. Ein Übriges dürfte das unterstützende Memo Wheeler-Bennets getan haben. Zu den Kontakten des brit. Gesandten beim Vatikan s. allg.: P. Ludlow, Pius XII, die brit. Reg. u. d. dt. Opp. ...: U. v. Hassel, Vom Anderen Deutschland, S. 114; P. Hoffmann, Widerstand..., S. 206ff.

167 P. Hoffmann, Widerstand..., S. 196; vgl. a. L. Kettenacker, Das Andere Deutschland, S. 181-83; von Curtis u. Lothian erreichte den Kreisauer Kreis eine der wenigen „Antworten" auf Trotts Memos. Diese hatten in ihrem Memo ihre Vorstellungen für ein föderales Europa der Nachkriegszeit dargelegt; es gelangte üb. Moltke aus Schweden an den Kreis; s. Roon, Neuordnung..., S. 301.

168 Hassell, Vom Anderen Dtschl., S. 112ff.

Wegen dieser Brüskierung durch weitgehende Nichtbeachtung und die für das Regime erfolgreiche US-Visite war die Opposition mehr als enttäuscht.[169] So war der Widerstand wieder ganz auf sich alleine gestellt, ohne Anerkennung und Unterstützung der machtpolitisch wichtigen USA; nichtsdestoweniger knüpften dessen Beteiligte unentwegt neue Verbindungen über alle erreichbaren Wege.

Über Moltke hatte Trott den schon mehrmals erwähnten und zitierten Furtwängler kennengelernt. Über sein erstes Zusammentreffen mit Adam von Trott schreibt er in einem Brief an Ricarda Huch:[170] Vor ihm habe ein eleganter junger Mann von einunddreißig Jahren gestanden, fast zwei Meter groß. Während dieses ersten Treffens sei Trott gerade dabei gewesen, eine große Aktentasche zu packen. Er habe gesagt, er sei in Begriff, nach Paris zu fahren. Dort seien einige Juden verhaftet worden, die er kenne und die sich in Lebensgefahr befänden. Er habe allerlei Briefe geschrieben, daß diese Leute unentbehrliche Kenntnisse besäßen, womit sie unter den Schutz des AA gestellt werden könnten.

Durch geschickte Organisation gelang es Trott nicht nur, mehrere Referate seiner Abteilung in seinem Aufgabenbereich zu vereinen, sondern auch, einige Freunde zur Mitarbeit unterzubekommen: So Peter Bielenberg, der allerdings nach der Auflösung des britischen Landungsstabes ausschied, Alexander Werth, mit dem er gemeinsam in Göttingen studiert hatte und der wegen seiner oppositionellen Haltung schon zeitweise in einem KZ interniert gewesen war und schließlich Furtwängler, der als Sozialdemokrat zehn Jahre bis zu dessen Verbot in der Zentrale des Deutschen Gewerkschaftsbundes gearbeitet hatte.

Als sein unmittelbarer Vorgesetzter wurde Trott sein langjähriger Freund Haeften zugeteilt. Werth beschrieb den Tätigkeitsbereich dieser illustren Gruppe als vorbereitende Aufgaben, Pläne mit dem Ziel

---

169 Rothfels, Dt. Opp. ..., S. 155f.
170 Br. nicht veröffentlicht, zitiert nach Sykes, S. 278, ca. Mitte/Ende 1940.

zu erstellen, es Trott während offizieller Missionen zu ermöglichen, weitreichendere illegale Aktionen zu unternehmen.[171]

Eine recht plausible Erklärung der Umstände, daß die Widerstandsdiplomatie zwischen Sommer 1940 bis Ende 1941 so geringe Erfolge zeitigte, liegt darin begründet, daß nach den Fehlschlägen der Vorhaben zu einem Staatsstreich und den für das Regime erfolgreichen Westfeldzügen und Blitzkriegen erst eine grundlegend neue Basis der Widerstandsplanung aufgebaut werden mußte.

4.2 Sondierungen in der Schweiz, Holland und Belgien

Die Auslandskontakte Trotts bis 1941/42 exakt zu verfolgen, bereitet von der Materiallage her enorme Schwierigkeiten, da sich die Reisen wegen der oft widersprüchlichen Datenangaben nur ungefähr eingrenzen lassen; bei Kontakten zu ausländischen (zivilen und nichtstaatlichen) Widerstandsgruppen oder alliierten Vertretern existieren aus der damaligen Notwendigkeit, diese konspirativen informellen Treffen geheim zu halten, keine Unterlagen. So können vor allem Zeitzeugen und geheimdienstliche Unterlagen für die stattgefundenen Kontakte bürgen.

So führt Malone an, daß Trott 1940/41 insgesamt fünfmal in die Schweiz gefahren sei, wo er Kontakte über seinen in Genf amtierenden Freund Konsul von Nostitz hatte und über den Generalsekretär des Weltkirchenrates Visser't Hooft mit Freunden in den USA und England in Verbindung bleiben konnte. Über McKittrick an der Bank of International Settlement in Basel konnte er die US-Regierung und über Wiskemann von der britischen Gesandtschaft in Bern deren Regierung erreichen. Die Schweizer Regierung wurde über Burckhardt

---

171 Sykes, S. 282; zur Organisation d. „Illegalen" im AA S. 279-82.

und Mottu, einen Referenten im dortigen AA auf dem laufenden gehalten.[172]

Die außenpolitischen Sondierungen in der Schweiz gingen auch über General Donavan, der 1940 in Bern einen Ableger des politisch-militärischen Nachrichtendienstes OSS (Office of Strategic Service) gegründet hatte und ab 1942 über Allen Dulles, der dort als „Special Assistant to the U. S. Minister" getarnt tatsächlich als Verbindungsmann für den US-Geheimdienst arbeitete.[173]

Werth hebt besonders eine Reise in die Schweiz 1940 hervor, so daß in Ermangelung anderweitiger Zeugenaussagen anzunehmen ist, daß die übrigen nachweisbaren vier Reisen dorthin wahrscheinlich erst 1941 unternommen worden sind. Er gibt in einem Bericht noch weitere Einzelheiten der Auslandskontakte an: „Abgedeckt wurde diese Kontaktpflege dadurch, daß Trott (...) und ich uns offizielle Ermächtigungen zum Besuch gewisser neutraler Personen geben ließen. War man wieder im Lande, so wurde eine Aufzeichnung gemacht, die mit mehr oder weniger glaubwürdiger Begründung die Erfüllung des offiziellen Auftrages zu beweisen hatte. Trott war ein Meister im Verfassen solcher Dinge, und wenn entweder er oder wir beide an unseren Berichten arbeiteten, waren wir zwischen Gelächter und Scham zerissen."[174]

Was Trott bei seinen Reisen in die Schweiz im einzelnen tat, ist wenig bekannt. Zwei Punkte lassen sich aber im Ergebnis feststellen: Er verschaffte dem deutschen Widerstand ein internationales Forum, knüpfte Kontakte zu den Alliierten auf neutralem Boden und er-

---

172 S. Malone, S. 223 u. Rothfels, AvT u. die Außenpolitik des ..., S. 303, VfZ, der angibt, daß (in den 50er u. 60er Jahren) eine aktenmäßige Verfolgung der Trottschen Teilnahme an der Außenpolitik nur teils möglich sei (z. B. USA-Mission) u. er selbst an einer vollständigen Dokumentation gescheitert sei.

173 Roon, Neuordnung..., S. 310f u. A. W. Dulles, Verschwörung in Dtschl., v. a. das Kap. üb. die Verbindungen im Ausland, S. 169-200.

174 Bericht A. Werth in: CvT, s. a. Sykes, S. 312.

reichte über eine Erweiterung der schweizerischen Verbindungen für den Kreisauer Kreis auch Kontakte nach Holland, Schweden und Norwegen.[175]

Die Verbindung zu den USA erfolgte von seiten Trotts, vor allem aus Sicherheitsgründen, indirekt über Gisevius, der ab Sommer 1940 Vizekonsul am deutschen Generalkonsulat in Zürich war.[176]

Weitere Mittelsmänner und Vertrauensleute waren die deutschen Diplomaten Kessel und Nostitz, der bereits erwähnte Rechtsanwalt Wätjen und Schulze-Gaevernitz, ein deutschstämmiger Mitarbeiter des OSS bei Dulles. Die Verbindung zum Sekretariat des ökumenischen Rates der Kirchen (ÖRK) in Genf liefen über Schönfeld, den Direktor der Forschungsabteilung des Rates und Gerstenmaier zu Trott.[177]

Da diese Kanäle erst in den folgenden Jahren intensiv genutzt werden konnten, dienten die Erkundungen in der Schweiz dem Aufbau der Strukturen dieses komplizierten und weitverzweigten Netzwerks.[178]

Diese unter konspirativen Umständen gewachsenen Strukturen erklären, daß jegliche Unterlagen darüber fehlen. In diese Zeit fallen auch die ersten Versuche Trotts, mit niederländischen Gruppen im Widerstand Fühlung aufzunehmen. So fuhr Schönfeld aus dem offiziellen Anlaß der Betreuung von Kriegsgefangenen alle vier Monate nach Holland, wo er die Kontaktaufnahme zu kirchlichen Kreisen und

---

175 Roon, Neuordnung..., S. 309.
176 S. hierzu P. Hoffmann, Widerstand..., S. 295 u. A. W. Dulles, S. 170f.
177 S. Roon, Neuordnung..., S. 308 u. Winterhager, S. 154f; AvT wurde dort unter der Code-Nr. „800" geführt.
178 Daß diese Verbindung erst ab Anfang 1943 genutzt werden konnte, wie Roon, Neuordnung...,, S. 307 schreibt, gilt nur bzgl. Dulles, der erst kurz vorher in die Schweiz gekommen war. Durch einen Brief von A. Freudenberg (17.12.1966) wird zumindest ein Treffen AvT´s mit Mrs. Wiskemann Ende Nov. 1941 unter Vermittlung Schönfelds erwähnt. (Br. s. SvR, Bd. 3).

Oppositionszirkeln einleitete, was sich trotz einer Einführung durch Visser' t Hooft sehr langwierig gestaltete.[179]

Zu dieser Zeit wurden allerdings die Möglichkeiten zu Kontakten zur alliierten Seite stark eingeschränkt, da der neue britische Premier Churchill gegenüber deutschen Gesprächswünschen aus dem Widerstand im Januar 1941 „absolute silence" anordnete, womit er auch seine außenpolitische Bewegungsmöglichkeit ohne Not dem Prinzip opferte.[180]

Bei all seinen Bemühungen hatte Trott stets die Gefährdung seiner Position vor Augen, der Argwohn staatlicher Stellen über seine unkonventionellen humanitären Aktionen und belastendes Material in seiner Akte machten ihm für eine weitere effektive Tätigkeit die Notwendigkeit glaubhafter, formaler Tarnung bewußt, – und so beantragte er die Aufnahme in die Partei, die im Frühjahr 1941 genehmigt wurde.[181] Bei künftigen Unternehmungen mußte er weniger fürchten, sollten Gestapo oder SS/SD von seinen Kontakten zu Oppositionellen und zur „Feindseite" der Alliierten in Europa und den USA erfahren, er könne auffliegen und damit ein weitgespanntes Netz von Verbindungen der Opposition lahmgelegt werden.

So stand er im Spätsommer 1941 unter geringerem psychologischen Druck bei seinen Kontakten zu General von Falkenhausen und über diesen zu belgischen Widerstandsgruppen.[182]

Als Referent des Indienreferats konnte Trott von April 1941 bis Februar 1943 die Anwesenheit eines indischen Gastes der Regierung, Subhas Chandra Bose, zu zahlreichen gemeinsamen Reisen nutzen; so nach Brüssel, Paris, Rom und Wien.[183] Diese Reisen sind hier nicht

---

179 Schönfeld vermittelte die Kontakte nach Holland, s. a. Roon, S. 330 u. Winterhager, S. 170.

180 Klemperer, in: Schmädeke (Hg.), S. 640.

181 Sykes, S. 291.

182 Roon, Neuordnung..., S. 335.

183 Sykes, S. 300, bzw. S. 294-301; zum Indienreferat u. Bose ausführl. in: Schnabel, S. 25-37.

dokumentiert, da ihr inoffizieller Zweck nicht zu rekonstruieren ist, aber mutmaßlich derselben Absicht dienten, Kontakte zu knüpfen oder humanitäre Aktionen durchzuführen. Diese Dienstreisen können in den Akten zur deutschen auswärtigen Politik (ADAP) zurückverfolgt werden.

Mitte August des Jahres 1941 markiert mit der Aufstellung der Atlantik-Charta durch Churchill und Roosevelt einen Wendepunkt und eine bedeutende Annäherung ihrer Positionen im Hinblick auf die folgende militärische Allianz der angelsächsischen Mächte. Die Charta mit acht Punkten von „certain common principles in the national policies"[184] beider Länder wollte den status quo ante in Europa wiederherstellen und proklamierte das Selbstbestimmungsrecht der Völker. Im wirtschaftlichen Bereich der Nachkriegsordnung wurde noch auf gleiches Wohlergehen als Voraussetzung zur dauerhaften Sicherung des Friedens gesetzt, im militärischen und machtpolitischen Sektor wurden dann spätestens die Diskrepanzen deutlich:

Mit der Forderung nach völliger und dauerhafter Entwaffnung der Gegner offenbarten sich Ziele, die nicht auf gleichberechtigte Beziehungen ausgerichtet waren. Was in England als rettende Unterstützung durch die USA angesehen wurde, fand außerhalb ein ganz anderes Echo; in Anbetracht der beabsichtigten und öffentlich erklärten Diskriminierung, selbst eine neue, demokratisch und rechtsstaatlich legitimierte deutsche Regierung mit diesen Prinzipien zu konfrontieren, sah etwa Gerhard Leibholz[185], aus dem Exil betrachtet, keine

---

184 E.-A. Scharffenorth, Die Aufg. d. Kirche in Kriegszeiten, S. 98; Zitat der Atlantik-Charta n. British Foreign Policy in: Second World War, Vol. II, London 1971, S. 202f.

185 Ehemals Rechtsprof. in Göttingen, Schwager Bonhoeffers, aus Göttg. u. GB mit AvT bekannt, war wg. seiner jüd. Abstammung nach GB emigriert. Er wurde zum dtschl.-pol. Berater von Bell bei dessen Vermittlungsversuchen f. d. dt. Opp.

Berücksichtigung der Bevölkerung und damit ein Hindernis für jede Form der Selbstbefreiung vom NS-Regime.[186]

Dies verdeutlicht Leibholz in einem Memorandum an Bischof Bell, der durch seinen Sitz im britischen Oberhaus und im Blickfeld der Öffentlichkeit, diese Position während des Krieges gerade dazu nutzte, die Regierung in ihrem Verhältnis zum deutschen Wiederstand umzustimmen und mäßigend auf die emotionalisierte öffentliche Meinung einzuwirken.[187]

---

186 S. Anm. 184, S. 99f.
187 Ebd., S. 100-103, dort a. Bells Einsatz f. AvT' s Memo 1942 an Cripps u. Eden. Vgl. a. Scheurig, Dt. Widerstand 1938-44, S. 162-168.

5 VON DER HOFFNUNG AUF PARTNERSCHAFTLICHE KOOPERATION ZUM MORALISCHEN ZEICHEN IM INTERNATIONALEN STAATENSYSTEM

5.1 Ausbau der Kontakte in Belgien, der Schweiz und Holland; erste Schwedenreise – 1942

Die folgenden Auslandskontakte sind wiederum in der Literatur und den Akten ausreichend dokumentiert; auch durch die Wirkung der Memoranden Trotts, datiert von 1942 und 1944 an die englische und US-amerikanische Regierung, lassen sich viele Aktivitäten der außenpolitischen Opposition rekonstruieren. Die meisten Initiativen in diesem Zeitraum können somit in der Forschung übereinstimmend dargestellt werden.[188]

---

188 Gibt Sykes, S. 312 für diesen Zeitraum noch „nachweislich 16 Auslandsreisen zu verschwörerischen Zwecken" an, ebenso Blasius, in: Lill/O., S. 330,
findet man bei Kühner-Wolfskehl, in: Der 20. Juli – ..., S. 109, „fast 20 Reisen". Roon, Neuordnung..., ist am subtilsten dokumentiert, wozu Gerstenmaier in der Besprechung des Buches anmerkt, (ders., Der Kreisauer Kreis,
S. 245), die Dokumentation sei „insbesondere in den Beziehungen des Kreisauer Kreises nach Schweden u. in die Schweiz äußerst lückenhaft".
Im Abgleich kommt man auf 20-22 Reisen je nach Einordnung: In die
Schweiz mindestens: 7, wozu Winterhager, S. 155 aussagt, Trott habe allein „während des Krieges nachweislich ein Dutzend Male, viell. noch häufiger (...) in die Schweiz reisen können", nach Belgien u. Holland je: 4, nach
Schweden: 5 (wobei hier in erstmaliger Dokumentation die 5. Reise zeitl.
exakt nachgewiesen werden kann, (s. SvR, Bd. 1, Br. Anderson, 6.3.1963);
dazu kommen Reisen in die Türkei, nach Wien u. Italien; Sykes, S. 321 kol-
portiert, AvT sei mit Bose „öfter in Italien" gewesen, Furtwängler, S. 223,
erwähnt eine Reise nach Portugal, die aber sonst nicht belegt ist. Gemeint
ist wohl die Mission von Otto John im Auftrag AvT' s.

Im Februar 1942 fuhr Trott ein weiteres Mal nach Belgien.[189]

Bei einer seiner Reisen begleitete er Bose dorthin, ob bei dieser, ist nicht gewiß.[190] Über General Falkenhausen konnte er die Kontakte des Kreisauer Kreises und der Oppositionsgruppen zum belgischen Widerstand ausbauen; mit diesem sorgte Trott für einen Informations- und Dokumentenaustausch, um die Aktionen mit den besetzten Gebieten abzustimmen und sprach auch über eine mögliche Neueinteilung der deutschen Länder und die vorgesehene Regierungsbildung.[191]

Von weitaus größerer Bedeutung waren die folgenden Reisen in die Schweiz; die erste Mitte März diente sicher mehr der Vorbereitung, – um vorzufühlen. Ende April traf sich Trott dann mit Visser' t Hooft, um ihm eine Denkschrift an London über Cripps mitzugeben, die (mit an Sicherheit grenzender Wahrscheinlichkeit) auch die Regierung der USA erreichte.[192]

Ob die Schrift von Trott alleine oder einem Kreis ausgearbeitet wurde, bleibt ungewiß,[193] ihre Entstehung fällt zeitlich direkt mit einer außenpolitischen Tagung der Kreisauer im Frühjahr zusammen. In jedem Falle zeigt das Memorandum von Ende April 1942 deutlich die bekannten Trottschen Gedanken, mit denen er die Ideen zu einer

---

189 Die Daten stützen sich auf die gerade genannten Autoren, v. a. Roon, CvT, Winterhager u. Zeugenaussagen in d. SvR, daneben allg. auf d. ADAP.

190 S. Roon, Neuordnung..., S. 335.

191 Ebd.

192 Ebd., S. 302; Bracher (et al), NS-Diktatur, S. 682f; allg. zum Memo, P. Hoffmann, Widerstand..., S. 265ff; Malone, S. 223; Rothfels, Zwei außenpol. Memos d. dt. Opp., S. 388-96. Visser' t Hooft erreichte üb. Südfrankreich u. Portugal London, wo er von Bischof Bell unterstützt wurde; viell. daher Furtwänglers Annahme, AvT sei in Portugal gewesen, s. Anm. 188.

193 Br. Visser' t Hooft an Rothfels, 24.5.1957; s. a. Rothfels, Zwei außenpolitische Memos..., S. 390. Gerstenmaier, Der Kreisauer Kreis, S. 237, schreibt dazu, daß das Memo AvT's nicht aus dem Kreis stamme, umgekehrt aber die außenpol. Diskussionen dort mitbestimmt habe; s. a. allg. Roon, Neuordnung..., S. 309.

außenpolitischen Neuordnung durch den Kreisauer Kreis als deren Initiator maßgeblich und innovativ prägte:

Die Denkschrift eröffnet mit der sachlichen Darstellung der Kriegsrealität, mit ihrer „intensified mass destruction of life and economic substance"[194] und dem Hinweis, daß sich sogar in den demokratischen Staaten kriegsbedingt „increasingly totalitarism control of national life everywhere" durchsetze, die kriegführenden Länder sich in ihren innenpolitischen Methoden und angewandten restriktiven Mitteln einander anglichen. Darüber hinaus konstatiert er noch einen „trend toward anarchical dissolution" als Folge der Bolschewisierung Finnlands, der baltischen Staaten, Polens und Rumäniens, was sich wertemäßig fundamental von westlichen Vorstellungen unterscheide.

Aus dieser als gemeinsame Bedrohung zu beurteilenden internationalen Lage heraus appelliert Trott, wie schon in seinem ersten Memorandum, an die Solidarität der westlichen Gemeinschaft und ihres gemeinsamen geistigen Erbes; dies allerdings nicht zur Rechtfertigung, sondern in bezug auf die eigene Verantwortlichkeit in dieser Position. Er erläutert:

„...we feel justified to appeal to the solidarity and fairness which some responsible groups in the West are extending to those forces in Germany which have consistently fought against Nihilism and its national socialist manifestations. (...) We sincerely hope that our still inadequate attempt... will be met with frank co-operation in the practical task to face a common future beyond the catastrophe now confronting us all."

Diese Argumentation ist weit entfernt von den eng nationalstaatlich ausgerichteten Interessen und Egoismen der traditionellen Sichtweise der Alliierten und erweist den Nationalismus als dominierend bestimmende Kraft und Konstante der multilateralen Beziehungen und

---

194 Die folgenden Zitate stammen aus Trotts Memo, s. Rothfels (Anm. 193), S. 391.

des politischen Handelns überhaupt als anachronistisch zugunsten einer zukünftig international verknüpften Verantwortlichkeit.

Auf die Möglichkeit einer anarchischen Auflösung Deutschlands durch einen bolschewistisch organisierten Volksaufstand oder einen für das Ausland berechenbaren Regierungswechsel eingehend, – die beide jeweils von externen Faktoren mit abhängig seien -, erwähnt Trott im dritten Teil die Hauptgruppen der Opposition und ihre Ziele in der „Christian European tradition to modern human needs in the social, political, economic and international sphere", die er als notwendiges Gesamtkonzept zu einer europäischen Friedensordnung und Zusammenarbeit sieht. Damit ist er einer von wenigen, die die soziale Komponente, – gesellschaftliche Reformen und wirtschaftlichen Ausgleich -, als Gegengewicht zu den utopischen Modellen der totalitär-ideologischen Systeme der Massenbewegungen faschistischer und bolschewistisch-stalinistischer Prägung erkannten.

Zum Abschluß folgt eine Aufstellung der projektierten sozial- und rechtstaatlichen, demokratischen und föderalen Strukturen in einem künftigen Deutschland und Europa und der deutliche Appell zu einer neuen Form der internationalen Zusammenarbeit aller konstruktiven und verantwortlichen Kräfte.[195]

Cripps, der im Januar ernüchtert von seinen Posten als britischer Botschafter in Moskau zurückgetreten war, wurde von Churchill zum Lord President, dem Vorsitz des Geheimen Staatsrates, berufen und erhielt daduch eine repräsentative Position nach der des Premiers.

Von Trotts Denkschrift war Cripps nach Angabe des Bischofs Bell sehr angetan,[196] Churchill vermerkte am Rand des Dokuments „Very encouraging", tat aber trotzdem selbst keinen „ermutigenden" Schritt auf die deutsche Opposition zu, sondern verharrte in weiterem, selbstauferlegten „vollständigem Schweigen", ebenso sein Au-

---

195 Allg. P. Hoffmann, Widerstand..., S. 265 u. s. Anm. 29 u. ders., Dt. Opp. ...,
   S. 166f; Sykes, S. 315ff.
196 S. Anm. 193 u. bzgl. Cripps, Sykes, S. 314; zur offiziellen Reaktion CvT,
   S. 238.

ßenminister Eden. Abgesehen von Cripps und Astor war die offizielle Reaktion ziemlich kühl,[197] da in England Vorbehalte gegenüber Trott fortbestanden.

Daß aus Washington keinerlei Reaktion kam, obwohl das Memorandum gerade auch auf US-Denkschemata und gemeinsame westliche Werte eingeht, läßt sich nur mit der informellen Abkapselung der USA und im Zuge der engeren angelsächsischen Zusammenarbeit und Abstimmung erklären. Denn thematisch erweitert Trott die US-Autonomieformel aus den Erfahrungen Mittel- und Osteuropas heraus im Verständnis eines in solidarischer europäischer Kooperation gebildeten kulturellen Volksgruppenrechts. Selbst die paradox klingende, aber historisch stichhaltige Aussage in Trotts Memorandum von 1939 zeitigte keinen Denkanstoß in den USA, daß der Nationalismus in Europa bereits seinen Zenit längst überschritten habe und im Abstieg begriffen sei, was konkret an Hitlers Krieg „durch die Hintertür" und dem anfangs geringen Kriegsenthusiasmus aller beteiligten Nationen belegt wird.

Diese Argumentation mit ihrer unideologischen Analyse in aller Distanz zu Nationalismen blieb daher in den USA unverstanden und ist auch Beleg für die damals dort noch im rein nationalen Denken verhaftete Vorstellungswelt der Regierenden.[198]

David Astor schrieb über das Dokument, das Churchill „sehr ermutigend" gefunden hatte: „Es war ein glänzendes Memorandum, das eines Tages zu den prophetischen Dokumenten gezählt werden wird,

---

197 Rothfels, Zwei außenpol. Memos d. dt. Opp., VfZ 5/1957, S. 392 u. ders., Dt. Opp...., S. 168; Hoffmann, Widerstand..., S. 267; Blasius, in: Lill/O., AvT, S. 331; vgl. a. Gerstenmaier, Der Kreisauer Kreis, S. 237: G. erwähnt ein Gespräch mit Churchill am 8.8.1950 beim Europarat in Straßburg, wo ihm dieser erklärte, er „bedauere den Verlauf der Sache". Vgl. a. Memo (Richard Crossmann), Freiherr AvT (Mai 1942) in: PRO, FO 371/30912, File C 5428.

198 Rothfels, Dt. Opp...., S. 168f u. Scheurig, Dt. Widerstand..., S. 162-68.

denn es zeigt, daß Adam Trott Qualitäten und Format eines europäischen Staatsmannes besaß."[199]

Auf seiner Schwedenreise im September 1942[200] führte Trott die von Moltke für den Kreisauer Kreis und von kirchlicher Seite durch Schönfeld im Mai initiierten Kontakte weiter. Schönfeld hatte auf der Basis des Trottschen Memorandums eine etwas geänderte Fassung ausgearbeitet, die er in Stockholm bei einem geheimen Treffen dem anglikanischen Bischof Bell übermittelte,[201] wobei Edens generell ablehnende Antwort und deren Begründung, es wäre „nicht im nationalen Interesse" für sich spricht,[202] beziehungsweise als negative Worthülse gar nichts über die tatsächliche Motivation aussagt.

In Schweden ergriffen christlich orientierte einflußreiche Persönlichkeiten die Initiative, um eine Gruppe Gleichgesinnter zu konstituieren, die die Verbindung zum deutschen Widerstand aufrechterhalten und auf eine breitere Basis stellen sollte. Ihr gehörten unter anderen Ex-Minister, Bischöfe und Journalisten an, im Kern insgesamt zehn Personen.[203]

Während seiner Schwedenreise konnte Trott die vorher bereits aufgebauten Kontakte intensivieren: Er bekam Verbindungen mit ökumenischen Gruppen, dem vorhin erwähnten Kreis und dadurch zur

---

199 Kühner-Wolfskehl, AvT, in: Der 20. Juli-..., S. 109, Zitat n. Astor, 1956.
200 CvT gibt als Datum den 19-28.9.1942 an; Winterhager, S. 230f den Zeitraum zw. 23. bis min. 26.9; Lindgren, AvT' s Reisen..., S. 275, den 18.-28.9.1942, wobei er die anderen miteinschließt, ebenso Hoffmann, Widerstand..., S. 275. Nicht korrekt kann die Angabe von I. Fleischhauer, Die Chance des Sonderfriedens, S. 102, sein, AvT sei vom 18.-21.9. in Schweden gewesen, da er sich nachweislich mit Johansson vom 25.-26.9. zu Besuch bei Bischof Brilioth in Nässjö befand, vgl. Winterhager, S. 230.
201 Unabhängig davon war Bonhoeffer kurz darauf ebenfalls bei Bell in Schweden u. erklärte inhaltl. genau das gleiche. Rothfels, Dt. Opp...., S. 162f u. Sykes, S. 317-320.
202 Rothfels, Dt. Opp... , S. 165; Roon, Neuordnung..., S. 314; Antwort Edens s. a. Scharffenorth, S. 103.
203 Lindgren, AvT' s Reisen..., S. 275 u. Winterhager, S. 157.

Regierung. Sein Bemühen galt hier nicht vornehmlich, sich der Unterstützung der neutralen oder alliierten Staaten zu versichern, sondern wie bisher, als gleichberechtigter Gesprächspartner angenommen zu werden und einen Informationskanal zu den Alliierten herzustellen.

Durch Ivar Andersons Tagebuchaufzeichnungen[204] lassen sich einige Abschnitte der Reise auch inhaltlich bestimmen: So vermerkt dieser am 23.9.1942, daß er durch die Vermittlung des Ökumenischen Instituts in Sigtuna und den Theologen Harry Johansson den Besuch Trotts erhielt und schildert zunächst seinen persönlich „außerordentlich starken Eindruck. Er schien mir ein Vertreter des Besten in der europäischen Kultur zu sein, ein Weltmann in des Wortes tiefster Bedeutung, und seine ganze Rede- und Denkweise war die eines Humanisten und Weltbürgers."[205]

Beide stimmten in der Beurteilung überein, daß „eine Zusammenarbeit auf gleichberechtigter Ebene"[206] anzustreben sei. Trott sei vor allem daran interessiert gewesen, etwas über die Pläne und Absichten Englands zu einer Nachkriegsordnung und dem Wiederaufbau Europas zu erfahren und habe gesagt, „daß er gerne glaube, daß man englischerseits nicht auf den Untergang Deutschlands hinarbeite und daß die Atlantik-Charta kein Ausdruck der wirklichen Zukunftspläne der Westmächte sei."[207]

Abschließend diskutierten sie noch die praktischen Möglichkeiten einer internationalen Zusammenarbeit und die Rolle Schwedens hierbei.

---

204 Anderson war damals Hg. des „Svenska Dagbladet" u. Mitglied d. ersten Kammer des schwed. Parlaments. Vgl. dessen Br., 6.3.1963, SvR, Bd. 1 u. v. a. Winterhager, S. 231f, Anhang F, bereits ins Deutsche übertragen.
205 Winterhager, S. 231.
206 Ebd.
207 Ebd.

Anderson war aber nicht nur von Trott beeindruckt, sondern auch von der Tatsache, daß Theodor Steltzer[208] ihm ein paar Monate zuvor in etwa die gleichen Einschätzungen der Lage und Stimmung in Deutschland vorgetragen hatte.

Dieser Begegnung schloß sich in den nächsten Tagen ein Besuch Trotts mit Johansson bei Bischof Yngve Brilioth in Nässjö an, der im November zu Bell nach England fahren wollte. Angesichts der bisherigen erfolglosen Vermittlungsversuche des englischen Bischofs wurden die Pläne der deutschen Opposition zu einem Staatsstreich und zur Nachkriegsordnung in einem „Verständnis zwischen den Westmächten und dem neuen Regime" gesehen, um eine Bolschewisierung Zentraleuropas zu verhindern. (S. Anm. 203)

Johansson berichtet in einem Gespräch später: „Ik was de contact man van Kreisau in Zweden. (...) Ik vond Schönfeld realistischer dan Bonhoeffer. Trott had ook andere contacten, o. a. met een Mrs. Karlgren, wier dochter Mrs. Kämpe (Anm.; Kempe) veel interesse voor deze dingen had en hem in contact bracht met Zweden uit gegoede kringen.[209]

Und Anderson zum Inhalt diverser Treffen seit 1942 mit Mitgliedern des Kreisauer Kreises: „Several times my Swedish friends (...) and I met Mr. Adam von Trott zu Solz... The principle subject for our discussions was how to inform British authorities about the sentiments in Germany, the strenght of the resistance-movement and the necessity to let the German people know that the policy of the Western powers was to crush the Hitler rule, not to destroy Germany[210].

---

208 Steltzer, Mitglied des Kreisauer Kreises, war als höherer Offizier in Norwegen stationiert.
209 Gespr. Johansson m. Roon, Sigtuna, 13.7.1963, SvR, Bd. 4, S. 3.
210 Br. Anderson, 6.3.1963, SvR, Bd. 1, S.

Über die Gespräche mit den Mitgliedern des Kreisauer Kreises wurde der schwedische Außenminister John Günther von Anderson unterrichtet.[211]

Die Kontakte Trotts nach Holland gründeten auf Schönfelds Vorbereitungen; dort wurde Trott Anfang Dezember 1942 zu offiziellen Gesprächen mit deutschen Instanzen in der „Deutschen Zeitung in den Niederlanden" angekündigt.[212] Er traf sich in seinem inoffiziellen Teil der Reise beim Direktor der Abteilung des Außenministeriums für Internationale Angelegenheiten Patijin mit drei weiteren Personen des öffentlichen Lebens.[213] Sein Ziel war, gute Beziehungen und Vertrauen im Hinblick auf eine mögliche Regierungsübernahme zu schaffen. Dazu trat er bei den deutschen Behörden für holländische Gefangene ein und skizzierte dem dortigen Widerstand die Lage in Deutschland.

Die Aktionen dienten noch zwei weiteren Zwecken: Die westlichen Alliierten sollten dadurch überzeugt werden, daß sie nicht nur aus Deutschland selbst, sondern auch aus den neutralen und besetzten Staaten gleichlautende Nachrichten erhielten, was die Möglichkeiten und den Willen der Opposition zum Handeln eindrücklicher darstellen würde und als weiteres, um Unterstützung der dortigen Widerstandsgruppen durch Kooperation bei den angelsächsischen Ländern zu gewinnen.[214]

In diesem umfassenden Rahmen seines Netzwerkes der Verbindungen zu zahlreichen europäischen Widerstandsgruppen setzte Trott einen Ausgleich zu den unergiebigen regierungsamtlichen Kontakten

---

211 Roon, Neuordnung..., S. 313.

212 Ebd., S. 330, Reise vom 5.-9.12.1942.

213 Van Asbeck, Prof. f. Völkerrecht; G. J. Scholten, den AvT schon von e. Konferenz christl. Studenten her kannte u. m. dem größten Einfluß van Roijen, von d. dt. Verwaltung entlassener Direktor der Abtlg. Diplomat. Angelegenheiten im holl. AA, im Widerstand tätig u. nach dem Krieg Außenminister u. Botschafter in London. S. Anm. 212 u. Winterhager, S. 170f.

214 Ebd.

und erweiterte den Begriff und Inhalt bisheriger internationaler Beziehungen.

Daß diese konspirativen Tätigkeiten nicht ohne Gefahr waren, führt vor Augen und bestätigt deutlich die Aufdeckung der Widerstandsgruppe „Rote Kapelle" im Luftfahrtministerium Görings im August 1942, der Massenhinrichtungen folgten und was Untersuchungen auch in den übrigen Ministerien nach sich zog.

Schon vorher hatte der Sicherheitsdienst (SD) der Geheimpolizei im Sommer Verdacht gegen Trotts Mitarbeiter Furtwängler geschöpft. Trott ging der Sache nach und stellte fest, daß dieser „aus dem Weg geräumt" werden sollte. Daraufhin sei er „direkt in die Raubtierhöhle", das Hauptquartier des SD gegangen und habe deswegen verhandelt.[215] Furtwängler erklärte später, bei seiner Rückkehr aus dem ihm von Trott verordneten Urlaub, dieser habe den Gestapochef herumgekriegt und seine Akte sei erledigt.[216]

Man muß sich vergegenwärtigen, daß Trott in Anbetracht dieser ständigen Gefährdung seine Auslandsbeziehungen unterhielt. Kurz vor seinen Schweizreisen im März und April hatte es wegen eines Dokuments des Indienreferates eine Affäre gegeben, die Trott in seiner Position hätte gefährden können, wäre sie dem Außenminister zur Kenntnis gebracht worden.[217]

---

215 Sykes, S. 324.

216 Ebd., Br. an Ricarda Huch.

217 Ebd., S. 323: Der indische Freiheitskämpfer Bose hatte ein amtliches Papier zu Augen bekommen, das er nicht hätte sehen sollen. (Viell., da es ihn über seine prekäre Lage als „Gast" des NS-Regimes informierte.).

5.2 Intensivierung der Verbindungen in der Schweiz, Schweden, Holland, Belgien und Fühlungnahme in der Türkei und Wien – 1943

Anfang 1943 hatte Trott über Visser' t Hooft indirekten Kontakt zu Allen Dulles vom OSS in Bern aufnehmen können.[218] In Genf führte er auch Gespräche mit ökumenischen Gruppen und verschiedenen Vertretern der britischen Seite.

Die Botschaft Trotts an Dulles drückte allem voran die Enttäuschung der deutschen Widerstandsbewegung über die generell ablehnende Haltung der westlichen Alliierten aus, die im Kontrast zur Sowjetunion keine Unterscheidung zwischen Regime und Bevölkerung vornahmen.

Dulles schreibt über die Kontakte zu Trott 1943: „Ungefähr zur gleichen Zeit, in der ich Gisevius kennenlernte, wurde ich auch mit Adam von Trott zu Solz vom Auswärtigen Amt, einer der führenden Erscheinungen des Kreisaukreises, in Verbindung gebracht. Aus Sicherheitsgründen habe ich ihn nie persönlich kennengelernt. (...) Während seines Besuches im Januar 1943 berichtete er, daß seine Mitverschworenen in Deutschland tief enttäuscht (...) waren."[219]

Im folgenden führt er Trotts Argumentation aus, daß die Westmächte nicht verstünden, daß die Deutschen selbst ein unterdrücktes Volk seien, die in einem besetzten Land lebten, und daß die Widerstandsbewegung unendlich viel riskiere, worauf die Reaktion kleinbürgerlicher Vorurteile und pharisäischen Theoretisierens zu gering sei. Unter Hinweis auf Ideen und konstruktive Vorschläge von östlicher Seite, habe er angeführt, Russen und Deutsche hätten mit der bürgerlichen Ideologie gebrochen, beide wünschten eine radikale

---

218 Malone, S. 224; üb. die Kontaktpersonen von Dulles, ders., Verschwörung, S. 181; Winterhager, S. 154; Roon, Neuordnung..., S. 311 u. Rothfels, Dt. Opp...., S. 172f.

219 Dulles, S. 177.

Lösung der sozialen Probleme, die über nationale Grenzen hinaus-
gingen. Und nach Dulles weiter:

„Die Opposition ist der Ansicht, daß sich die entscheidende Entwicklung auf sozialem und nicht auf militärischem Gebiet abspielen
wird."[220]

Nahezu wie eine direkte Antwort auf Trotts Ausführungen für Dulles
in seinem Papier, das am 11. Januar ausgehändigt worden war, ver-
kündeten die Alliierten in Casablanca am 24. Januar 1943 die Parole
des „unconditional surrender".[221]

Diese Forderung nach „bedingungsloser Kapitulation" hatte sechs
Jahre Aufbauarbeit der Opposition „in Frage gestellt, wenn nicht
vernichtet",[222] wie Albrecht von Kessel später über die Einschätzung
unter den Verschwörern urteilt.

Abgesehen von inhaltlicher und psychologischer Kritik, bemerkt
selbst ein Mitarbeiter General Eisenhowers die technische Absurdität
dieser Forderung: „Schließlich hat noch keine Übergabe bedin-
gungslos stattgefunden", und er fügt hinzu: „Man kann sich des Ge-
fühls nicht erwehren, daß (...) in Casablanca General Grants be-
rühmte Formel aufgegriffen (...) (wurde), ohne der vollen Bedeutung
gewahr zu sein..."[223]

Psychologisch waren die Auswirkungen auf den deutschen Widerstand verhängnisvoll, da sich die verantwortlichen Generäle noch
weniger in der Lage fühlten, ihren Teil zu einem Staatsstreich beizu-
tragen; die Inhalte wurden von den Alliierten im Laufe des Jahres

---

220 Ebd., S. 178.
221 Malone, S. 224; Roon, Neuordnung..., S. 311; Sykes, S. 327 u. Hoffmann,
Widerstand..., S. 275.
222 Tagebuchaufzeichnung A. v. Kessel, 1945; zit. n. Dulles, S. 179; Sykes,
S. 329.
223 Tagebuchaufzeichnung v. Kapitän H. C. Butcher vom 12.8.1943 u.
14.4.1944, in: ders., My Three Years with Eisenhower, S. 386 u. 518.

bei den Konferenzen von Moskau im Oktober bis Teheran im Dezember konkretisiert.[224]

Warum aber Roosevelt, „vom Gespenst Woodrow Wilsons gehetzt", gerade aufs neue dessen Fehler einer definitiven Festlegung machte, die paradoxerweise von der Atlantik-Charta über die Erklärung von Casablanca bis zu extremistischen Ideen eines Morgenthau-Plans führen konnte, blieb ihm im nachhinein selbst völlig unklar.[225] Wenn dieses Eingeständnis auch für ihn spricht, bleibt doch die Frage der Verantwortlichkeit der Regierenden gegenüber der von ihnen vertretenen und praktizierten Politik bestehen. Diese postulierten Kriegsstrategien waren nach Meinung des Historikers Hans Rothfels zwar dazu gedacht, „die diktatorische Gewalt der Sieger von jedweder Verpflichtung freizuhalten",[226] also nicht einmal eine deutsche Opposition als Gesprächspartner anzuerkennen, andererseits wurde dadurch ein macht- und wertemäßiges Vakuum geschaffen, so daß ihm zufolge eine „unbedingte Verantwortung" als moralische Verpflichtung auf die Alliierten überging.

Mit der Entscheidung für eine rein militärische Lösung wurde die Chance vertan, den Krieg abzukürzen, der forciert geführt, nach dem Attentat des 20. Juli 1944 mehr Opfer in den knapp zehn Monaten forderte, als im bisherigen jahrelangen Kriegsgeschehen seit September 1939.

In der Totalität ihrer Ziele setzten sich die Alliierten damit auf die gleiche Stufe mit Hitler, dessen Propagandaminister Goebbels die Formel der „bedingungslosen Kapitulation" als „ein Geschenk des

---

224 Robert E. Sherwood, Roosevelt and Hopkins, S. 360, Zitat Hopkins
225 Nach seiner Unterschrift im Sept. 1944 gestand Roosevelt in e. Gespr. m. dem Secretary of War, daß „er nicht wisse, wie er dazu gekommen sei, jene besondere Sprache des Übereinkommens von Quebec mit seinen Initialen zu versehen." Es müsse „ohne viel Nachdenken geschehen sein."(!) Zit. n. Byrnes, Speaking frankly, S. 186
226 Rothfels, Dt. Opp..., S. 175

Himmels" bezeichnete. (Vgl. Dok.film „Hitlers Helfer", anläßl. e. Ansprache.)

Wie weit die von Trott befürchtete und im Memorandum von 1939 angesprochene „Emotionalisierung des Krieges" Anfang 1943 fortgeschritten war, zeigt eine Debatte im englischen Oberhaus, in der sich Bischof Bell eindringlich für die Anerkennung des „anderen Deutschlands" einsetzte, worauf Vansittart vom FO seine Standardbehauptung vorbrachte, zwischen Nazis und Deutschen gebe es keinen Unterschied,[227] – seine ständige Reverenz an Hitler und Goebbels.

Das waren die Grundlagen, die die Aussichten der Friedensinitiativen Trotts 1943 außenpolitisch bestimmten. Die Schwierigkeiten der Opposition im eigenen Land, unter einem totalitärem Terrorsystem Widerstandsarbeit zu leisten, gehen aus einem Brief Moltkes an seinen britischen Freund Lionel Curtis hervor, in dem er zu Beginn betont, daß die Opposition im Unverständnis der gegnerischen Geheimdienste es als notwendig betrachte, daß „man sich nur dann von einer Herrschaft befreien kann, wenn man eine Regierung vorweisen kann, die eine (personelle und inhaltliche) Alternative bietet."[228] Er führt die „Hindernisse und Einschränkungen, unter denen wir arbeiten und die sich (...) von jedem anderen der besetzten Länder unterscheiden" aus: „Die jungen Leute der Altersgruppe, die (gewöhnlich) Revolutionen machen", stünden weit jenseits der Grenzen, zurück seien fast nur alte Leute, Frauen und Kinder geblieben. Im Inland könne man ungefährdet in Angelegenheiten der Opposition weder telephonieren, die Post benutzen, noch Boten schicken, kaum mit Unbekannten sprechen, da die Gestapo überall Spitzel habe und Aussagen erpresse. Die Nachrichtensperre sei so wirksam, „daß eine in München begonnene Flüsterkampagne niemals Augsburg errei-

---

227 Debatte vom 10.3.1943, s. a. Ben-Israel, in: Schmädeke, S. 740/749

228 S. allg. Hoffmann, Widerstand..., S. 276ff, der Original-Br. ist bei Lindgren, S. 283-89 abgedruckt, hieraus (sinngemäß übersetzt u.) im folgenden zitiert.

chen würde" und daß schließlich neun Zehntel der Bevölkerung nichts von den Morden an den Juden wüßten".

Zur Opposition, „The men ˋof whom one hears so much and notices so little ´", (Anm.: Moltke zitiert eine englische Zeitungsschlagzeile), führt er aus, sie sei trotz der „quickworking guillotines" in den höchsten Stellen und Ämtern sehr aktiv, räumt aber Fehler in der Strategie ein: Vor allem, daß auf das Handeln der Generäle vertraut worden sei.

Er schließt nach verschiedenen Analysen, daß eine bilaterale Verbindung zur Opposition, nicht auf geheimdienstlicher Ebene wie bisher, bei einer Kooperation des gemeinsamen Kampfes unerläßlich sei.[229]

Auf der außenpolitischen Tagung zu Pfingsten, im Juni 1943 in Kreisau, hatte sich der Kreis im gegenseitigen Einvernehmen unter Federführung Trotts auf die gemeinsamen außenpolitischen Leitlinien geeinigt und Standpunkte zur internationalen Wirtschaftspolitik und zur Wiederherstellung des Rechts formuliert.[230]

Im gleichen Monat fuhr Trott in die Türkei, deren Regierung sich seit Anfang des Jahres der Position der Alliierten angenähert hatte. Von diesen Sondierungen erhoffte sich der Kreisauer Kreis greifbarere Ergebnisse als bisher.

Darüberhinaus lebten dort viele deutsche Emigranten und Trott sollte als erster die Möglichkeiten erkunden.[231]

So schrieb er am 16.6.1943 an eine Freundin: „Morgen fahre ich nun (zum erstenmal) in die Türkei und freue mich sehr – übermorgen hoffe ich schon am Bosporus zu sein. Ein Freund, der eben zurückkam, gab die herrlichsten Beschreibungen und ich glaube ich werde so etwas wie den ersten fernsten Pendelausschlag meiner alten chinesischen Wahlheimat wiederfinden."[232]

---

229 Ebd.
230 Roon, Neuordnung..., S. 309
231 Ebd., S. 317f u. Winterhager, S. 162
232 Br. an Barbara v. Borsig, a. im Kreisauer Kreis, in: SvR, Bd. 1

Er reiste in offiziellem Auftrag,[233] hatte Besprechungen mit Mitgliedern der deutschen Botschaft und Papen, wie ein Bekannter Trotts bestätigt: „He had contacts with several persons in the German Embassy. We participated in some meetings (...). Discussed, to which degree von Papen could be used. As far as I remember, v. T. had a very open discussion with von Papen..."[234]

Bei weitem nicht alle Gespräche, die Trott in Ankara und Istanbul führte, sind bekannt.[235] Bezüglich der langfristigen Ziele der Opposition erinnert Eberhard aus Unterhaltungen speziell die Vorstellungen einer übernationalen Einheit und Europäischen Gemeinschaft: „Ideas (...) of old-fashioned nationalism were obsolete, according to him, a new concept of European Community could now be created, based upon basic values of the Christian past and community of Europe; (...) and upon social justice..." (S. Anm. 234)

Die Reise war trotz der geringen erhaltenen Informationen so positiv verlaufen, daß Moltke darauf aufbauend, noch zweimal dort sondierte; allerdings erhielt auch er keine ernst zu nehmenden Kontakte zu den Alliierten.[236]

In der zweiten Jahreshälfte fuhr Trott zu einem Treffen mit Prälat Rudolf nach Wien,[237] um sich dort über die Tätigkeit der kirchlichen Widerstandskreise zu informieren.

Im August und Dezember war er je zweimal in den Niederlanden und Belgien. In Den Haag fanden die Begegnungen im Büro des

---

233 Am 30.1.1943 hatte in Adana an der türk.-syrischen Grenze eine geheime Unterredung d. türk. Reg. m. Churchill stattgefunden, weshalb alle Informationen von dort von großem Interesse waren.

234 Wolfram Eberhard, Sinologe, hatte AvT in den USA u. zeitweise in China 1937/38 begleitet; seitdem in Ankara, später USA; Br. 17.9.1962, in: SvR, Bd. 3

235 Ebd. u. Roon, Neuordnung..., S. 318

236 Winterhager, S. 162

237 Br. Anton Böhm 7.1.1963, in: SvR, Bd. 1, S. 1; s. a. Roon, Neuordnung. Ansonsten gibt es für das Treffen, bei dem AvT nicht alleine gewesen sein soll, keine weiteren Zeugen. Zeitpkt. nicht rekonstruierbar.

Kontaktmannes von Görschen statt, der auch in Berlin öfter mit Moltke und Trott zusammentraf und als Kurier zwischen Dulles in Bern und den holländischen Widerstandskreisen fungierte.[238]

Eine größere außenpolitische Initiative war Trotts zweite Schwedenreise Ende Oktober 1943,[239] bei der er Kontakte zu den USA, England und zur schwedischen Regierung direkt über Außenminister Günther bekam. Dort bestand sein Bestreben vor allem darin, wie ein Zeuge schildert,[240] seine „Gesprächspartner davon zu überzeugen, daß die Parole der bedingungslosen Kapitulation das schwerste Hindernis für eine Beendigung des Kriegszustandes bilden mußte."

Die im Interview mit Johansson bereits erwähnte Frau Kempe, die „veel interesse voor deze dingen had",[241] vermittelte Trott Kontakte zu zwei Mitgliedern der Stockholmer britischen Botschaft, tatsächlich für das „Political Intelligence Department" tätig. Über diese konnte er Mitteilungen nach England und in die USA senden.[242]

Darüber hinaus hatte er auch direkte Verbindungen zu den USA; Frau Kempe erwähnt, daß die Reaktion der Engländer positiv gewesen sei, daß aber die US-Amerikaner dagegen gewesen seien, die Forderung nach „unconditional surrender" aufzugeben und zusammenzuarbeiten.[243]

Anderson vermittelte nicht nur eine Unterredung mit dem schwedischen Außenminister, der Trott „gewisse Auskünfte" geben konnte,[244] sondern auch mit dem englischen Kabinettsmitglied Monckton,

---

238 Roon, Neuordnung..., S. 131f u. 335; s. a. Winterhager, S. 170 u. allg., Sykes, S. 338f; Görschen wurde nach dem 20. Juli ermordet.

239 27.10.-3.11.1943, CvT u. Hoffmann, Widerstand..., S. 283; sehr allg, aber auch das Umfeld der anderen dt. Friedensfühler berücksichtigend, Fleischhauer, S. 203

240 Br. Werner Dankwort, damals Gesandtschaftsrat in Stockholm, 10.4.1962, SvR, Bd. 2

241 Gespr. Johansson m. Roon, Sigtuna, 13.7.1963, SvR, Bd. 4., S. 3

242 CvT, S. 243 u. a. in SvR, Bd. 8, T. 1; s. a. Hoffmann , Widerstand, S. 284f

243 Roon, Neuordnung..., S. 317 u. CvT, S. 245f

244 Ebd., S. 316

dem Informationsminister der Regierung Churchill. Lord Monckton „promised to concider the possibility of directing another call to the German people to counteract (...) Goebbels´ propaganda"[245],aber das blieb ohne konkretes Ergebnis.

Mit dem Vermittler Anderson besprach Trott aktuelle Fragen, da jener in Schweden internationale Kontakte hatte. Demnach warnte Trott vor dem wachsenden russischen Einfluß auf ein zerstörtes, sozial zerrüttetes und geteiltes Deutschland. Er habe aber nicht an die Möglichkeit eines Separatfriedens mit der Sowjetunion geglaubt.

Über Trotts Besuch sprach Anderson mit Außenminister Günther, „who had formed a very favourable impression of him, and he had given him at least one piece of information which Herr v. T. regarded as being very favourable." [246]

Ohne irgendwelche konkreten Zusagen zwar enttäuscht, aber nicht entmutigt und ohne Hoffnung, diese Beziehungen später ausbauen zu können, kehrte Trott Anfang November nach Berlin zurück.

Moltke schrieb an seine Frau: „Adam (ist) mit Mitteilungen zurückgekommen, die er erst mit mir besprechen will..." und in einem anderen Brief vom nächsten Tag: „Nachmittags kam Adam. Er hat interessante Tage in Stockholm verlebt und auch manches erreicht."[247]

5.3 Letzte Bemühungen zwischen Ende 1943 und Juli 1944 in der Schweiz, Holland, Schweden und Italien – Kontaktversuch zur Sowjetunion

In die Zeit Ende 1943, datiert mit November, fällt die Ausarbeitung der „Bemerkungen zum Friedensprogramm der amerikanischen Kirchen", eine Antwort auf die im April vom „Federal Council of the Churches of Christ in America" veröffentlichten „Six Pillars of Peace"

---

245 Tagebuch Anderson, SvR, Bd. 1, 25.1.1943
246 Ebd.
247 Br. Moltkes vom 6. u. 7.11.1943

und zugleich eine neue Denkschrift Trotts, die auch die Kreisauer Gedanken der außenpolitischen Tagung im Juni des Jahres zusammenfaßt:[248]

Konkreter als das amerikanische Papier formuliert und an der realen europäisch-deutschen Wirklichkeit orientiert, wird auf den Erfahrungsgehalt der historischen Entwicklung seit Versailles Bezug genommen. Die Hervorhebung des Recht- statt des Machtgedankens als grundlegendes Prinzip supranationaler Ordnung und multilateraler Beziehungen ist mit der Sorge um innerstaatlichen sozialen Ausgleich und davon abhängig auch der international sozialen Gerechtigkeit Leitmotiv aller Ausführungen, was in der Erkenntnis zusammengefaßt wird, „...daß die Entwicklung, insbesondere in Europa, die Unzulänglichkeit des souveränen Nationalstaates als letzter internationaler Instanz erweist und auf größere Zusammenfassung der einzelnen Völker hindrängt."[249]

Ergänzend vertritt Trott unter Einschränkung der staatlichen Souveränität die Verwirklichung kultureller Autonomie und dezentraler Selbstverwaltung als Mittel, um zwischen Völkern und Volksgruppen auszugleichen oder Konflikte zu befrieden.

Die Idealisierung des Freihandels, vorgeschoben, um machtpolitische Interessen zu tarnen (vgl. Entwurf der Atlantik-Charta), bedinge zum Schutz wirtschaftlich weniger entwickelter und mächtiger Staaten und Regionen, daß imperiale Gebietsmonopole und die Monopolbildung an Ressourcen und Industrien eingegrenzt werden.

Neben der pragmatischen Sichtweise, – entgegen rein idealistischen und damit ideologischen Vorstellungen der wirtschaftlichen Verteilung und internationalen Zusammenarbeit –, fällt insbesondere die sozialethische Grundströmung der Argumentation auf:

---

248 Dok(ument) in: Rothfels, AvT u. d. Außenpol...., s. a. ders., Dt. Opp...., S. 168; Memo Okt. 1943
249 Ebd., Pkt. 3 des Memos, alle weiteren Zitate ebd.

Angefangen mit dem „Ziel der Befreiung der Massen von wirtschaftlicher Not und der Hebung des Lebensstandards auf breitester
Grundlage", über die „gleichberechtigte Zusammenarbeit der Nationen und Föderationen" unter der Prämisse und dem Statut, daß „der
Machtgedanke dem des Rechts eindeutig untergeordnet werde", zur
„Überwindung der Massenexistenz durch eine christliche soziale
Ordnung" mittels sozialer und wirtschaftlicher Kooperation, (S. Anm.
249), sind diese „Bemerkungen" wegweisende Maximen der modernen westlichen Gesellschaftsauffassung geworden, wenn sie auch in
weiten Bereichen Utopie geblieben sind.

Das Memorandum gelangte über Schönfeld an Visser't Hooft und den
ÖRK in Genf und wurde seit November in mehreren Sprachen verbreitet.[250]

Mitte März des folgenden Jahres reiste Trott ein weiteres Mal nach
Schweden.[251] Die Opposition war durch die Verhaftung Moltkes im
Januar 1944 geschwächt, da jener auch nach England, Norwegen, in
die Türkei und die besetzten westlichen Länder wichtige Verbindungen unterhalten hatte. So mußte Trott alleine die Kontakte zu den
anderen Ländern aufrechterhalten und gleichzeitig die Arbeit des
Kreisauer Kreises mit Yorck und das mit Stauffenberg projektierte
Attentat zum Staatsstreich innen- und außenpolitisch koordinieren.[252]

---

250 Hoffmann, Widerstand..., S. 285; Rothfels, AvT u. d. Außenpol...., S. 300-
322, Dok. S. 318-322; allg. Roon, Neuordnung..., S. 309f.
251 14.3.-18.3.1944. Kurz vorher war AvT v. d. Gestapo mehrfach vernommen
worden, da vor dem Auffliegen des Solf-Kreises alle Beteiligten observiert
worden waren u. AvT noch zusätzlich wg. e. ausgestellten Visums in Verdacht geriet, was er gerade noch abwehren konnte; nach Sykes, S. 349f
habe die Affäre den Kreisauer Kreis in seinen Aktivitäten sehr gefährdet.
252 Nach dem gescheiterten Attentatsversuch Schlabrendorffs, Tresckows und
Osters auf Hitler während des Fluges von Smolensk nach Rastenburg/Ostpr.
am 13.3.1943, s. Schlabrendorff, Offiziere..., S. 88-99, erfolgten die weiteren Planungen mit Stauffenberg, wobei einige Attentatsprojekte wg. d. Abwesenheit anderer NS-Größen oder wg. des Ausfalls maßgebl. Oppositio-

Kurz zuvor hatte Trott bei einem Treffen in Stuttgart mit dem schon erwähnten Schweizer Mittelsmann Mottu diesem eine Botschaft für die USA und Ausführungen über die vorgesehenen Attentatspläne mitgegeben. Im State Department und dem OSS fand dieser aber keine günstige Aufnahme, vielmehr stieß er auf feindliche Reaktionen bei seiner Mission, nur Vizepräsident Henry Wallace hatte lebhaftes Interesse, aber keinen Einfluß.[253]

In Schweden konferierte Trott mit Anderson und verdeutlichte ihm, daß die forcierten massiven alliierten Luftangriffe die Bevölkerung zum NS-System zwingen würden und die rapide zunehmende Proletarisierung durch die immensen Zerstörungen die Deutschen in die Arme des Kommunismus treiben werde.

Anderson notierte über Trotts Anliegen in seinem Tagebuch: „His main problem was now: How could he let the English know that the greatest menace thereafter would be the continued aircraft bombing-operations against Germany, even after a change of regime. This would mean (...) that England was not fighting the war only against Hitler but against Germany as such, and that the objective was to destroy Germany completely."[254]

Vor allem verlangten die Alliierten Vorleistungen, ohne dagegen garantieren zu wollen, daß eine neue Regierung anders behandelt werden würde als das aktuelle Regime, dabei war zu kalkulieren, wie Trott schon im Oktober gegenüber Anderson sinngemäß geäußert hatte: „The risk of a counter-action, maybe a civil war is too great. Our own power is so weak that we can hope to carry through our

---

neller nicht mehr durchgeführt werden konnten; ebd., S. 132ff; s. a. Hoffmann, Widerstand..., S. 738; Malone, S. 225 u. 300, Interview Mottu; allg. Sykes, S. 264.

253 S. Anm. 87, Interview Mottu.

254 Tagebuch Anderson, 18.3.1944, SvR, Bd. 1; vgl. allg. Friederich, J., Der Brand. Deutschland im Bombenkrieg 1940-45; darin die aktuelle Forschung zu diesem wissenschaftlich bisher vernachlässigten Tatbestand.

aim only if the course of events is favourable and we get help from abroad."[255]

Dies bestätigte ein deutscher Sozialdemokrat und vormaliger Gewerkschaftsführer[256] gegenüber Anderson: „He had given voice to the same opinion and to the same fear about a psychologically wrong British treatment of a possible new regime in Germany."[257]

Einerseits wurden durch die systematischen und flächendeckenden Städtebombardements die Militärs nicht gerade ermutigt, mit der zivilen Opposition im Widerstand zusammenzuarbeiten; andererseits wurde dadurch die ohnehin begrenzte Handlungsmöglichkeit der zivilen Widerstandsgruppen gänzlich eingeschränkt. So brach die Kommunikation im Land zusammen, da etwa der Außenposten des Kreisauer Kreises in München abgeschnitten und dessen Arbeit dadurch lahmgelegt war[258] und die Opposition sich im Zentrum auf sich gestellt fand.

Seit dem Spätherbst 1943 führte Trott mehrfach Gespräche mit Vertretern der britischen Gesandtschaft und dem Geheimdienst MI 5.

Im Februar 1944 wurde er von englischer Seite eindringlich darum gebeten, so bald wie möglich nach Stockholm zu kommen, um dort aber nur unverbindlich vertröstet zu werden.[259]

---

255 SvR, Bd. 1, Andersons Tagebuch-Eintrag vom 30.10.1943.

256 Laut Hoffmann, Widerstand..., S. 738, handelte es sich dabei um Leber, unklar ist, ob die Besprechung in Schweden stattfand od. im Rahmen des Kreisauer Kreises, denn Anderson war erst Ende März in Dtschl. u. traf am 30.3.1944 m. AvT in Berlin zusammen.

257 S. Anm. 254.

258 Winterhager, S. 177.

259 S. Sykes, S. 350f: Einer der brit. Geheimdienstleute äußerte zu seiner Begegnung mit Trott 1943: „... (ich) traf einen der charmantesten, ehrlichsten und anständigsten Männer, die ich je das Vergnügen hatte zu treffen." Ebd., S. 342.

Der Reiseaufwand stand in keinem vernünftigen Verhältnis zu den Ergebnissen der Unterredungen, denn Trott hatte hierzu nur unter großen Schwierigkeiten eine Genehmigung erhalten können, nach Schweden zu fahren.

Auch war die persönliche Gefährdung nach seiner Rückkehr unkalkulierbar hoch in dieser exponierten Position, – es hatte einen großen Pressewirbel und öffentliche Spekulation um seine Person in Schweden gegeben – , so daß es fraglich ist, was englischerseits mit diesem dilettantischen Vorstoß und unsinnigen „Versuchsballon" bezweckt worden war, oder ob es ignorante Verkennung der realen Verhältnisse war.

Diese Verbindungen wurden bis Juli 1944 aufrechterhalten, ohne irgendwelche konkreten Resultate zu zeitigen.[260]

In Stockholm vertraute man Trott, während versucht wurde, die Mitglieder der Opposition, für die er sprach, genauer in Erfahrung zu bringen oder kennenzulernen, im FO dagegen war das Mißtrauen wegen belastendem Aktenmaterial sehr groß.[261]

Im April 1944, kurz nach Ostern, war Trott erneut in der Schweiz, wo er Dulles über Schulze-Gaevernitz kontaktierte. Diesem trug er die Besorgnis vor, daß Sowjetrußland ständig an Einfluß in Deutschland gewinne, – durch das „National-Komitee Freies Deutschland", durch die vielen ins Reich verschleppten Arbeiter und russischen Kriegsgefangenen und vor allem wegen der stets neuen, konstruktiven Ideen zu Nachkriegsplanungen. Er äußerte die Befürchtung, die Entwicklung führe nicht zu demokratischen Verhältnissen, sondern lediglich zu einer neuen Diktatur.

An die US-Regierung ließ Trott acht Punkte übermitteln, die angesichts der gerade beschriebenen Lage notwendige Begleitung eines erfolgreichen Staatsstreichs seien; die wichtigsten hiervon waren:

---

260 S. Anm. 258, S. 161.
261 Hoffmann, Widerstand..., S. 289.

Eine Definition der Deutschland zukünftig zuzugestehenden Selbstverwaltung insbesondere in den Ländern und Gemeinden nach einer alliierten Besetzung sei abzugeben und die Zusicherung, keine Marionettenregierung errichten zu wollen.

Eine am besten mit der Opposition abgefaßte psychologische Strategie mittels Flugblättern zur Information sei zu initiieren und ein intensiver Kontakt „zwischen der deutschen sozialistischen Arbeiterbewegung und den fortschrittlichen Mächten des Westens" sei zum Ausgleich und als Gegengewicht zu den Verbindungen der deutschen Kommunisten zur Sowjetunion herzustellen.

Die demokratischen Alliierten sollten ermutigende Erklärungen an die Arbeiterschaft geben; es sei nötig zu garantieren, daß westliche Wirtschaftsgruppen nicht versuchten, die Organisation und Entwicklung der deutschen Arbeiterschaft zu beeinflussen.

Schließlich seien die Bombenangriffe auf militärische und industrielle Ziele zu beschränken, um der Proletarisierung Zentraleuropas Einhalt zu gebieten.

Bei diesen Vorschlägen handelte es sich nur noch um einen letzten projektierten, realistischen Maßnahmenkatalog, die zu erwartende Vorherrschaft Sowjetrußlands in Mitteleuropa einzudämmen und ihr entgegenzusteuern.[262]

Diese Vorstellungen trug Trott auch bei seinem vorletzten Besuch in Schweden im April 1944 den britischen und US-amerikanischen Stellen vor.[263]

Der schwedische Kontaktmann Anderson schildert Trotts Befürchtungen, „... that the result of a continued war might be that the bombing and increasing destitution might throw Germany into some kind of Bolshevism, which would not need to be of the Russian type.

---

262 S. Hoffmann, S. 289f, dort auch die acht Pkte.

263 Sonst ist in der Literatur diese Schwedenreise nicht erwähnt. Andersons Tagebuch enthält am 14. Apr. 1944 den Eintrag: „Herr von T. called, being on a few days visit to Stockholm", in SvR, Bd. 1 Diary Anderson.

If a German catastrophe were to create a vacuum in Central Europe, would not M. Stalin be ready to fill it?"[264]

Ende Mai war Trott mit Kessel in Verona und Venedig, nachdem ein Zusammentreffen in Genf nicht zustandegekommen war. Neben der allgemeinen oppositionellen Absprache diente dieses Treffen der Vorbereitung der letzten Aktionen in den verbliebenen Wochen vor dem Attentat.[265]

Im Juni 1944 fanden die abschließenden Initiativen und Bemühungen Trotts in Schweden statt.[266]

Durch die Vermittlung Johanssons und bei seiner Bekannten Inga Kempe kam Trott am 21. Juni endlich mit dem britischen Diplomaten und Geheimdienstbeamten David Mc Evan und einem Verbindungsmann der US-Gesandtschaft zusammen.[267]

Aber die Positionen klafften zu weit auseinander, die Logik war zu verschieden: Mc Evan wollte in Erfahrung bringen, ob die Opposition den Alliierten zu einer rascheren Beendigung des Krieges würde verhelfen können, – damit diese um noch weitreichendere Bombardements der deutschen Industrien herumkämem,[268] die nicht im alliierten Interesse seien – . (!)

Im Gegensatz hierzu hatte Trott ja nicht um Einstellung der Bombardierung der Industieanlagen gebeten, sondern im erfolgreichen

---

264 Ebd.

265 Bericht A. v. Kessel, in: Rothfels, AvT u. d. Außenpol...., S. 322f; s. a. CvT, S. 264 u. Sykes, S. 361.

266 Die BBC kündigte seinen Besuch vom 19.6.-3.7.1944 an; es sei ein „deutscher Rhodes-Stipendiat als Friedensfühler" nach Stockholm unterwegs, s. Malone, S. 225. Ebenso war schon vorher ein schwed. Journalist auf die Trottgeschichte gestoßen, was zieml. Wirbel auslöste, v. a. da er Trott namentlich erwähnte und ausführlich Klatsch und Mutmaßungen verbreitet wurden; s. Sykes, S. 355.

267 S. Winterhager, S. 161; Hoffmann, Widerstand..., S. 290; in CvT, S. 244 wird erwähnt, daß die bisherigen brit. Verhandlungspartner durch Mc Evan ersetzt wurden, da AvT nach e. Vorfall um zuverlässigere Unterhändler gebeten hatte; ebenso bei Lindgren, S. 281 u. allg. Fleischhauer, S. 235.

268 Hoffmann, Widerstand..., S. 291 u. Sykes, S. 351.

Falle des Umsturzes um eine Beendigung der absurden Städtebombardements, wenigstens Berlin betreffend und als symbolische richtungweisende Geste.

Ohne selbst irgendwelche Zusagen zu erhalten oder eine Vertrauensbasis installiert zu haben, wollte und konnte Trott keine zusätzlichen, die Opposition gefährdenden Einzelinformationen geben und war auch nicht bereit, sich von den Kriegsgegnern instrumentalisieren zu lassen, da er, – abgesehen von der moralischen Seite -, keine Trümpfe vor Verhandlungen preisgegeben hätte, da anschließend nichts mehr zu verhandeln geblieben wäre.

Schließlich formulierte Trott eine schriftliche Positionsbestimmung in Form einer Denkschrift, datiert mit Juni 1944, in der er eine erfolgversprechende Zusammenarbeit zwischen der deutschen Opposition und den Alliierten von der Rücknahme der Forderung nach bedingungsloser Kapitulation abhängig machte. Alles andere sei politisch und in noch größerem Maße psychologisch unrealistisch und undurchführbar.

Für die Opposition sei es nicht möglich, im Bewußtsein, nach dem Zusammenbruch statt der Willkür des NS-Regimes genauso den Alliierten ausgeliefert zu sein, mit diesen zusammenzuarbeiten.

Der deutschen Bevölkerung kein Selbstbestimmungsrecht zuzugestehen, ihr Territorium an die Nachbarländer aufzuteilen und eine Umsetzung des Morgenthau-Planes auch nur zu erwägen, entspreche nicht einer vertrauenswürdigen völkerrechtlichen Position: „.... there are political tendencies among the Western allies to discredit and if possible to destroy every, even an anti-nazi nucleus of German political integration as a political danger for the future."[269]

Und er verdeutlicht, daß man gerade bestimmte führende Persönlichkeiten der Exekutive, der politischen Gruppierungen und Gewerk-

---

269 Memo Juni 1944, in: Lindgren, S. 289-91; allg. Hoffmann, Widerstand..., S. 290f.

schaften benötige, um in Deutschland die Regierung übernehmen zu können.

In diesem Memorandum konstatiert Trott die sichere Teilung Deutschlands zwischen Ost und West: „The country would inevitably split into a nationalist and a communist camp (...) and find support from the respective great powers in the east and west. The emergence of two opposing post-nazi Germanies would become irresistable."[270]

Das Papier hatte darüber hinaus viele konstruktive Vorstellungen und Vorschläge anzubieten: Eine zivile und demokratische Regierung enthielte alle wirklichen Nazi-Gegner und könnte vielfältige gesellschaftliche Kräfte und Bereiche repräsentieren. Die Namen und Funktionen der Führungsgruppen und -persönlichkeiten seien in England und den USA schon lange bekannt, weitere Interna könnten aber gefährdend sein, da sie nur propagandistischen Zwecken und denen des militärischen Nachrichtendienstes dienten.

Die Widerstandsbewegung erkenne an, daß sie zuerst handeln müsse und anschließend die Lösung praktischer politischer Fragen aufgegriffen werden sollte, – sofern die Casablanca-Forderung eingeschränkt werde.

Man sei auch zu weiteren Auskünften bereit, falls dadurch eine Änderung erfolge, dies allerdings nur bei größerer Diskretion als bisher geübt, um die Koordination der Opposition in Deutschland nicht zu zerstören.[271]

Da von seiten der Westmächte nur enttäuschend geringe Antworten auf die unzähligen Kontakte zurückkamen, versuchte Trott, vor allem als Druckmittel, bei der sowjetischen Seite das außenpolitische Terrain zu sondieren.

Der bereits vorher zitierte Wolfram Eberhard glaubte sich zu erinnern, anläßlich ihres Zusammentreffens in der Türkei 1943, daß

---

270 Ebd.
271 Ebd.

„discussions (...) had once taken place in Stockholm with a Soviet diplomat (... the lady who was embassador, ...)"[272], was aber unwahrscheinlich sein dürfte, da noch nicht einmal gesichert ist, ob dieser Kontakt im Juni 1944 zustandekam.[273]

Die sowjetrussische Botschafterin wurde aber auf jeden Fall von ihrem Posten abberufen, bevor diese Kanäle hätten genutzt werden können.[274]

Ein potentieller Vermittler zur russischen Seite war Willy Brandt, den Trott über kirchliche Kreise kennengelernt hatte; dessen unterstützende Tätigkeit wurde aber hinfällig. Aufgrund seiner ausführlichen Besprechungen mit Trott verfaßte er anonym einen Artikel, der am 12. September als Reaktion auf die Meldung von der Verurteilung Trotts in der schwedischen Zeitung „Dayens Nyheter" erschien. Darin berichtete Brandt, nachdem die deutsche Presse bereits Trotts Schwedenreisen enthüllt hatte, über dessen wirkliche Ziele und warb im Ausland für die demokratische Gesinnung und Glaubwürdigkeit der Verschwörer des 20. Juli 1944. Insbesondere schilderte er die Widerstandsgruppe, die Trott vertreten habe als bedeutende Kraft innerhalb der Opposition und führte zentrale Grundgedanken des Kreisauer Kreises als Beweis an.[275]

Der Artikel erregte erhebliches Aufsehen und korrigierte die anfängliche propagandistische alliierte Reaktion, es handele sich bei dem Putschversuch des 20. Juli „lediglich um Ausrottungskämpfe unter den Würdenträgern"[276] des Staates, wie Churchill wider besseres Wissen erklärt hatte.

---

272 Br. W. Eberhard, 17.9.1962, SvR, Bd. 3, S. 2.

273 Sykes, S. 235-50/65; Fleischhauer, S. 239f.

274 CvT, S. 248 u. Roon, S. 317: „Frau v. Trott gelooft niet, dat hij met Mme Kollontai gesproken heeft."

275 S. Winterhager, S. 193f.

276 Rothfels, Dt. Opp...., S. 176; Churchills Rede am 2.8.1944 im Unterhaus entsprach exakt den Parolen der NS-Propaganda. Das ausländische Presseecho läßt sich auch an e. Artikel der „Neue Zürcher Ztg." vom 13.9.1944

Gleichsam als (zu) späte Bestätigung und Rehabilitierung von ungerechtfertigten Verdächten forderten die englischen Gesprächspartner nach Trotts letztem Schwedenbesuch: „The German negotiator had to be Adam and Adam alone"[277] und wiesen damit Bemühungen Alexander Werths zurück, der im Auftrage Trotts im Juli noch mal dort sondieren sollte, da er selbst keine Reisegenehmigung mehr hatte erhalten können.[278]

Eine letzte Auslandsreise nach Holland Anfang Juli 1944 diente dazu, die dortige Widerstandsbewegung, ebenso wie zuvor bereits die Alliierten, über das kurz bevorstehende Attentat zu informieren.

Auf die Erkundigungen seiner Gesprächspartner zu den Erfolgsaussichten des Umsturzversuches, erklärte Trott, die Chancen stünden nur zu 25 Prozent auf Erfolg.[279]

Eine Bekannte beschreibt ihre Eindrücke bei Trotts Aufenthalt im Juli in Schweden: „Ich erinnere mich an einen Abend, an dem er geistig und körperlich erschöpft war und ich ihn bat, zurück in sein Hotel zu gehen und zu schlafen. Er sah mich an und sagte: „Warum sollte ich schlafen, wenn noch so viel zu tun ist ..." Und später: „Ich denke, ich habe getan, was ich vermutlich in meinem Leben zu tun hatte, was immer man von mir zu tun verlangte."

Am Tage bevor er abfuhr, erzählte er mir, er sei von den Briten und Amerikanern gebeten worden, nicht zurückzukehren, weil er in jenem Augenblick mehr Gutes außerhalb als in seinem Land tun könne."[280]

---

ablesen, die den ausführlichen Bericht d. schwed. Ztg. widergab, in: SvR, Bd. 12, S. 152f. Zur dt. Presse s. Ausschnitt aus d. „Dt. Allg. Ztg.", vom 11.9.1944, in: Winterhager, S. 201, üb. Trotts Schwedenreisen als Stauffenbergs „außenpol. Berater".

277 Rothfels, Dt. Opp..., S. 180, dort wird auch erwähnt, AvT sei mehrmals angeboten worden, in London m. Churchill zu konferieren, unter d. Bedingung, in England zu bleiben, s. a. Sykes, S. 363f.

278 S. Hoffmann, Widerstand, S. 295.

279 Roon, Neuordnung..., S. 332; Winterhager, S. 179-82.

280 Br. v. Fr. Almstrom an CvT, ebd., S. 277; auch bei Sykes, S. 367.

131

Dieses Ansinnen lehnte er aber entschieden und überzeugt ab, da er seinen Mitverschworenen gegenüber Verantwortung habe.

Schließlich war er die treibende Kraft, das Attentat auch ohne jedwede äußere Zusicherung auszuführen, wovon er Stauffenberg überzeugen konnte, der Maxime Henning von Tresckows folgend, „es komme nicht mehr auf den praktischen Zweck an, sondern darauf, daß die deutsche Widerstandsbewegung vor der Welt und der Geschichte unter Einsatz des Lebens den entscheidenden Wurf gewagt habe. Alles andere sei daneben gleichgültig."[281]

Am Abend des 19. Juli 1944 suchte Stauffenberg zuletzt Trott auf, bevor er tags darauf nach Ostpreußen fuhr. Adam von Trott erläutert in einem Brief an seine Frau: „Daß ich Dir in letzter Zeit so wenig schrieb, liegt nicht daran, daß ich Dir zuwenig, sondern zuviel zu erzählen hätte" und im Bewußtsein der folgenden dramatischen und das weitere Leben entscheidenden Tage ergänzend: „Du wirst in den nächsten Wochen vielleicht lange nichts mehr von mir hören."[282]

---

281 Winterhager, S. 182.
282 Ebd.

6 Chancen und Grenzen der Möglichkeiten des deutschen außenpolitischen Widerstandes im internationalen System

Wie die Aufstellung und Rekonstruktion der Friedensinitiativen von Adam von Trott zeigt, ist deren Bewertung, von der individuellen und nationalen Sichtweise abhängig, sehr unterschiedlich gewesen. Das betrifft insbesondere die angenommene Intention und vermutete Zielvorstellung. Trott selbst differenzierte den Standpunkt seiner Gesprächspartner nach ebendiesen Kriterien sehr genau und machte sich auch keine Illusionen über die Flexibilität ihrer Interessenlage und Positionen im Verhältnis zu Herkommen, Erfahrung und Beurteilung, machtpolitischen Zielen und vorgeblichen Beweggründen.

Zu berücksichtigen bleibt, daß sich gerade „hinter dem hohen Anspruch einer ideologisch begründeten Außenpolitik regelmäßig die nüchterne Realität nationalstaatlicher Machtpolitik verbirgt,"[283] somit zu dem postulierten >Primat der Außenpolitik< exakt diametral und nach der innenpolitischen Interessenlage ausgerichtet ist, oder, wie es Trott formulierte, „daß vielleicht die kapitalistische und imperialistische Demokratie die Freiheit als Rauchschleier benutzt, um eine echte Politik des Zwanges zu verdecken. (...) Der Konflikt der Ideologien könnte die wahre Natur des Konflikts verbergen, statt sie dar-

---

283 E. Häckel, Ideologie und Außenpolitik, in: Handwörterbuch Internationale Politik, Hg. W. Woyke, S. 181, dort weiter: „Den USA geriet jeder Krieg zu einem Kreuzzug für Freiheit und Demokratie, der Sowjetunion jeder Einsatz der Roten Armee zu einer Befreiungstat des proletarischen Internationalismus." Allg. zur außenpol. Perzeption am Bsp. Englands der 30er u. 40er Jahre: Ben-Israel, in Schmädeke (Hg.), Widerstand geg. den NS, S. 733ff.

zustellen: denn ihr Grund könnte in zwar rivalisierenden, aber keineswegs verschiedenartigen Ambitionen bestehen."[284]

Die Einschätzung der großen weltpolitischen Bedeutung der USA durch Trott war, wie zuvor beschrieben und die Kriegs- und Nachkriegsentwicklung deutlich belegt, keineswegs zu hoch gegriffen; nichtsdestoweniger werden in der Literatur seinen USA-Initiativen geringere Bedeutung beigemessen und oftmals nur am Rande vermerkt. Dieser Art der Geschichtsinterpretation scheint vor allem die Vorstellung größtmöglicher Effizienz, was die Gespräche und selbstverständlich deren Ergebnisse betrifft, zugrunde zu liegen.

Wie sehr die überkommenen Strukturen damals im Wandel waren, im innergesellschaftlichen Bereich durch den Wechsel der Führungsschichten und global durch die grundlegende Verlagerung des weltpolitischen Machtzentrums von den europäischen Ländern zu den USA, auch für Europa selbst, belegen einmal die Unwägbarkeiten der Entwicklung, andererseits die Notwendigkeit, im Denken verkrustete Strukturen zu überwinden, weil jedes etablierte System den status quo (ante) zu fixieren versucht.

Während Trott die künftige Weltmachtstellung der USA seiner Zeit voraus realistisch einschätzte, war es eine Illusion, darauf zu vertrauen oder zu hoffen, die imperialen, postkolonialen Bestrebungen und nationalistischen Ideologien sowohl in England, als auch in den USA, könnten, (da sie demokratische Länder seien,) ohne ihre eigenen Strukturen zu verändern, gegensätzliche Positionen bei einem Konkurrenten zu einer in beiderseitigem Interesse evolutionären Entwicklung akzeptieren.

Indem er an gemeinsame Werte, Traditionen und geschichtliche Bindungen appellierte, suchte Trott das Verbindende mit den USA in seinen Memoranden zu betonen, umso klarer waren die Antworten

---

284 Brief AvT an Shiela Grant Duff, Peking, 6.10.1938, in: Boveri, Variationen..., S. 766; vgl. allg. a., D. Junker, Kampf um die Weltmacht – Die USA u. d. Dritte Reich, v. a. S. 28-49, 117-26, 153-56.

als rein machtpolitisch motiviert zu interpretieren, – der deutsche außenpolitische Widerstand war entweder in der Einschätzung der westlichen Alliierten gesellschaftlich und von der potentiellen Einflußnahme nicht relevant (- dagegen sprechen die teils hochrangigen Gesprächspartner Trotts -), oder der zu erwartende Machtfaktor der Oppositionsgruppen wurde als hinderlich erachtet, eigene Interessen bei einer Neuordnung nach dem Krieg durchzusetzen.

6.1 Innersystemische Voraussetzungen und Kooperation in der Opposition. Fehleinschätzung und Illusion?

Neben den außenpolitischen Initiativen wurde, soweit für den logischen und chronologischen Zusammenhang von Bedeutung, die Kooperation im Widerstand oder unabhängige Aktionen und Faktoren angeführt, die Staatsstreich- oder Attentatspläne nicht zur Ausführung kommen oder scheitern ließen. Diese sind nicht explizit thematischer Gegenstand, würden aber in ihrer Gesamtheit, was die tatsächlichen Chancen und damaligen potentiellen Erfolgsaussichten eines Umsturzes betrifft, einen weniger subjektiven Standpunkt vermitteln. Da es sich aber aus heutiger Sicht in der Fülle der zugänglichen historischen Informationen und im Abstand über eines halben Jahrhunderts Forschung leichter urteilen läßt, als es den damals Beteiligten möglich war, muß fairerweise der mögliche Informationsstand und die Sichtweise des jeweils Handelnden miteinbezogen werden; genau so entstand der Entschluß, Widerstand zu leisten auf ebendieser Basis, ausschließlich aus individuellen, also subjektiven Gründen und Erfahrungen motiviert.

Es ist vorrangig keine Frage der heutigen Sichtweise – und so nicht abschließend zu beurteilen -, ob es realistisch war, 1939 auf eine zweite, erfolgreichere Neuauflage der Halder-Witzleben-Verschwörung zu rechnen, denn die Informationen, die Trott darüber von maßgeblichen Persönlichkeiten erhalten hatte, berechtigten dazu, diese Strategie zu verfolgen:

Somit bestand die zweifache Chance, falls die Bedingungen noch nicht dafür ausreichend seien, daß erst durch diese Aktion die Voraussetzung zu einem Putsch geschaffen würde.

Die entscheidenden realen Probleme in den europäischen Staaten, zu einer Zusammenarbeit und einem ideologischen Ausgleich zu gelangen, sah Trott gerade in den eklatanten sozialen Differenzen, und er thematisierte seine gesellschaftspolitischen Vorstellungen auf den Punkt gebracht, es gelte „das Personalprinzip des Westens mit dem Realprinzip des Ostens"[285] zu vereinen; er verstand darunter die Bewahrung der westlichen Werte der Freiheit und der Menschenrechte, der Rationalität und Individualität, in Auseinandersetzung mit der kollektiv orientierten kommunistischen Ideenwelt und fernab jeder dogmatisch ideologischen Schematisierung.

Die Nachkriegsentwicklung mit den dominierend christlich-konservativen Parteien im westlichen Europa und kommunistisch-sozialistischen Modellen im östlichen Teil widerspiegelt diese lange zementierte ideologische Teilung.[286]

Eine große Bedeutung und entscheidende Auswirkungen hatten die Mißverständnisse und sozialen Vor-Urteile im Ausland, mit denen Trott und seine Mitstreiter konfrontiert wurden, wenngleich ihre Situation auch sehr exponiert und ungewöhnlich war; diese vornehmlich interkulturellen, psychologisch begründeten Diskrepanzen pendelten unwägbar zwischen Entgegenkommen und völliger Ignorierung der vorgebrachten Argumente und Vorschläge, – trotz signalisierten vorherigen Interesses.

---

285 Vgl. Rothfels´ Vorwort in: (AvT), Hegels Staatsphilosophie..., XIII; ursprüngl. in Trotts Schrift „Deutschland zw. Ost und West"; s. a. Kaltenbrunner-Berichte, 29.7. u. 8.8.1944, (IfZ-Mikrofilmkopien).
286 Winterhager, S. 208f.

136

6.2 Psychologische Handicaps des deutschen außenpolitischen Widerstandes im Ausland: „Interkulturelle und soziale Vorbehalte", Wechselbad der Hoffnungen und Avancen

Auf die inflationäre Tätigkeit der verschiedensten deutschen Friedensfühler im Ausland wurde bereits im Kontext eingegangen; da die Kriegsgegner über ihre Geheimdienste oder Bürgen genauestens über die jeweilige Bedeutung der oppositionellen Persönlichkeiten informiert waren,[287] stellte es kein Problem dar, sich weitergehend legitimieren zu müssen.

In seiner Einführung zu „The Challenge of the Third Reich" meint Hedley Bull zur Bedeutung und öffentlichen Beachtung Trotts, daß die Autoren der Vorträge 1986 zu diesem Buch „had in mind the challenge presented to the young Adam von Trott of how to respond to the regime (...) without significant (...) support or encouragement from outside Germany..."[288], und dies gerade, weil (Anm.: bis dahin) „Trott is by no means universally honoured as a martyr of anti-Nazi resistance either in Britain or, until recently, in Germany, but has been the subject of persistant controversy."[289]

So ergab sich die paradoxe Situation, daß Adam von Trott, obwohl eine Zentralfigur des deutschen Widerstandes, selbst in Deutschland nicht soweit bekannt ist wie Moltke, Yorck oder sogar weniger aktiv involvierte Verschwörer. Das außenpolitische Spektrum liegt nicht so sehr im allgemeinen Interesse, wie etwa die innenpolitischen Planungen im Kreisauer Kreis. Andererseits wurde Trott als einer von wenigen des deutschen Widerstandes in der russischen Geschichts-

---

287 In: Bracher (et al.), Stehle, S. 509ff u. Klemperer, S. 1140 in: Schmädeke.

288 Bull, The Challenge..., S. 3; hg. 1986 (!)

289 Ebd., S. 4. Vgl. a. bes. das dokumentarische Szenarium, von Henric Wuermeling, Netzwerk. Adam von Trott – Botschafter des Widerstandes, Erstausstrahlung 6.7.1994, ARD (zur Hauptsendezeit 20.15 Uhr, 90 Min.).

schreibung von allem Anfang an als integer eingestuft, was sukzessive auch die westlichen Kollegen restlos bestätigt haben.[290]

David Astor betont in seinem Beitrag zu den Vorträgen, daß die außenpolitischen Aktionen, etwa des militärischen Widerstandes durch Schwerin 1939 in London, nicht ihrer tatsächlich außerordentlichen Bedeutung entsprechend bewertet wurden und daß überhaupt viele britische Historiker als Teil des militärischen und propagandistischen Apparates während des Krieges in ihrer Sichtweise voreingenommen und parteiisch seien.[291]

Ein weit größeres Problem stellten die einmal vorgenommenen Einteilungen und Vorverurteilungen dar: Angefangen bei den bis Mitte der 80er Jahre existenten Ressentiments vor allem der etablierten Historikergeneration in den angelsächsischen Ländern gegen Trott wegen philosophischer Mißverständnisse,[292] bis zu der dort mangels Erfahrung fehlenden Einsicht, was die mögliche Widerstandsarbeit in einer totalitären Diktatur betrifft, die ein Doppelleben zur Tarnung und zum Überleben bedingt, um erst dadurch das Regime erfolgreich von innen bekämpfen zu können.

Ebenso fehlte es an Vorstellungvermögen und Phantasie, daß eine totalitäre Regierung eines Staates dieser Qualität vor allem im Kriegszustand nicht mehr alleine vom Inland heraus umgestürzt

---

290 Als Bsp. d. östl. Geschichtschreibung: D. Melnikow, Der 20. Juli 1944, v. a. S. 146f, 151, 160f, 166-71 üb. die Trottschen Memos positiv anerkennend. S. 167: „überaus nüchterne realistische Einschätzungen..."; u. dies trotz kritischer Sicht der „bolschewistischen Gefahr aus dem Osten". Ebenso K. Finker, Graf Moltke u. d. Kreisauer Kreis, mit positiver Würdigung Trotts im gesamten Buch. (DDR-Veröffentlichung).

291 Astor, S. 32, in: H. Bull, The Challenge...; Wheeler-Bennett war bspw. brit. Militärhistoriker, insofern nicht unbefangen in der Interpretationsfähigkeit der historischen Abläufe.

292 Vgl. Sykes als Biograph, der AvT zwar als integer, aber undurchsichtig ambivalent, unter dem Einfluß des Dämons Hegel sieht; allg. Boveri, Variationen..., S. 657ff.

werden kann, sondern es zumindest bestimmter äußerer Unterstützung bedarf.

Dieses Nichtverstehen resultierte nicht nur aus der Unkenntnis eines Terror- und Unterdrückungssystems, sondern vor allem einer anderen Erwartungshaltung zur Beurteilung von Loyalität; diese wird zur zynischen Ignoranz, sobald von britischer Seite ernsthaft vom Widerstand gefordert wird, sich „offen zu zeigen".[293]

Diese interne Aussage erweist wiederum, sicher auch in Abhängigkeit von der aktuellen Kriegssituation und individueller Präferenzen, daß einige führende Persönlichkeiten auf seiten der westlichen Alliierten gar nicht gewillt oder daran interessiert waren, „zusammenzuarbeiten", sondern lediglich selbstaufopfernde Mithilfe zur schnelleren Kriegsbeendigung wollten, die aber Verrat impliziert hätte, was in merkwürdigem Kontrast zur Loyalitätserwartung an die deutsche Opposition steht.

Die weitreichenden und umfassenden Pläne des außenpolitischen Widerstandes überforderten sicherlich nicht die Alliierten, wie Rothfels in seinen ersten Forschungen zu ihren Gunsten meinte,[294] da diese selbst mit globalen Planungen beschäftigt waren.

Die Vorschläge der Opposition dienten in erster Linie dazu, eine gemeinsame (Werte-) Grundlage zu definieren und stellten kein Programm an absoluten Forderungen dar; dies wurde auch genauso von alliierter Seite verstanden, aber es bestand kein wirkliches Interesse daran.

Die Eigenständigkeit solcher Gruppen mit ihren dezidierten Aussagen zur Zusammenarbeit in den internationalen Beziehungen mußte den

---

293 PRO, FO/C. 5428/416/6, 18.6.1942; Außenmin. Eden schrieb an seinen Kabinettskollegen Cripps, „(that) he did not intend to respond to"these people". (...) until they come out into the open (...) to assist in the overthrow of the(...) régime, they can be little use to us...", s. a. Astor, S. 33 in: H. Bull.
294 Rothfels, Dt. Opp...., S. 170.

weitgespannten Planungen und zum eigenen Nutzen festgelegten Kriegszielen der Alliierten im Wege stehen.

Die Rolle Trotts im Ausland war mißverständlich; aber erstaunlicherweise war er bei jeder Gelegenheit, – abgesehen vom Falle Frankfurters, wo er erst im Nachhinein überzeugte -, in der Lage, jegliche individuelle Zweifel an seiner persönlichen Integrität auszuräumen und von seiner lauteren Absicht zu überzeugen.

Seine Gesprächspartner, das belegen die schon zitierten Aussagen von Chamberlain über Messersmith bis zu den Geheimdienstleuten Englands und der USA, äußerten ihre Hochachtung gegenüber Trott und seinen sehr realitätsbezogenen Ansichten.[295]

Bei diesen erfolgreichen Gesprächen anzuknüpfen, geschaffenes Vertrauen umzumünzen, den Gesprächsfaden an die nächsthöhere Stelle im Außenamt oder an den jeweiligen Minister, Premier oder Präsidenten weiterzuleiten, wurde zumeist unmöglich und von unteren Chargen abgeblockt, da auf dem Amtsweg eifrig gesammelte, aber ungenügend oder schlicht falsch ausgewertete Informationen der geheimen Nachrichtendienste einen Hemmfaktor und schließlich eine unüberwindliche Barriere bildeten.

Hierbei wirkte sich psychologisch am nachhaltigsten verdächtigend die frühe Betätigung im England des politischen Umbruchs von der Appeasement- zur Kriegspolitik aus, ebenso wie die zwielichtigen Berichte der Geheimdienste über Trotts Weltreise. Somit war er durch seine guten Beziehungen zum „ancien régime" bei allen weiteren Gesprächsversuchen vorbelastet.[296]

Inwieweit die Blockade auf dem Amtsweg System oder Ergebnis der innersystemischen hierarchischen und sozialen Strukturen war, ist

---

295 Vgl. a. Kap. 3, Bericht Douglas-Home u. Churchills Randbemerkung zu Trotts Memo („very encouraging"); s. a. das Telegramm des US-Gesandten in Stockholm üb. Trotts letzte Mission dort an C. Hull, in: Kettenacker, Das Andere Dtschl., S. 232-34.
296 Ben-Israel, in: Schmädeke, S. 736.

wegen der widersprüchlichen Äußerungen vieler führender Persönlichkeiten nicht zu klären. Es ist deshalb davon auszugehen, daß abgesehen von den nachweislichen Unterstützern Trotts in den jeweiligen Regierungssystemen, die durch die Bürokratie daran gehindert wurden weiteres zu erreichen, die übrigen distanziert oder negativ den Initiativen gegenüberstanden, viele auch selbst ein Doppelspiel nach utilitaristischen Überlegungen spielten.

Nur war es eben zu wenig, Avancen zu machen, ohne irgendwelche konkreten Aussagen machen zu wollen. Allerdings war in der Kriegsplanung der westlichen Alliierten der deutsche außenpolitische Widerstand nur ein kleiner, marginaler Bereich, die hauptsächliche Interessenkonzentration galt dem militärischen Geschehen.

Umgekehrt war für den deutschen Widerstand und Trott gerade diese indifferente Haltung auch ihm selbst gegenüber irritierend: Persönlich stets überzeugend und gewinnend, war die Reaktion auf jedweden Vorschlag ernüchternd, sofern sie überhaupt erfolgte. Die propagierten und projektierten Pläne zur Teilung beziehungsweise restlosen Zerstückelung Deutschlands,[297] die Weigerung, auch eine andere deutsche Regierung zuvorkommender zu behandeln und das Völkerrecht ignorierende Vorhaben kolonial-wirtschaftlicher Ausbeutung Deutschlands und seiner Bevölkerung, sowie die angekündigte, langandauernde Verweigerung staatlicher Souveränität, lähmten nicht nur die Opposition, sondern machten aus einer Bedingung für einen erfolgreichen Staatsstreich – die Beteiligung der militärischen Führung zu gewinnen -, ein unüberwindliches Hindernis.

---

297 Vgl. FO-Memo vom 11.9.1944 (!): (sig.) G. W. Harrison: „If we are going to break up the Junkers a. the General Staff, abolish the army, cut off East Prussia, shackle the Ruhr, so that no generals or industrialists are left as leaders, it may well be that what we shall get in Germany is an advanced State Socialism, indistinguishable from Marxist Communism. That need not worry us. What must worry us is Germany going over to Russian Communism...'" FO. 371/39211/C 14245, s. a. in Kettenacker, Das Andere..., S. 71 u. 217.

Eine Politik der „absolute silence" war antikommunikativ und kontra-produktiv, die Forderung des „unconditional surrender" destruktiv, da sie selbst die Alliierten in ihren Möglichkeiten zu handeln und auf neue Entwicklungen einzugehen einschränkte und der Entstehung einer sowjetischen Vormachtstellung in Ost-, Südost- und Mitteleuropa durch die Rote Armee faktisch Vorschub leistete.

Ein Kritikpunkt in der Beurteilung Trotts durch die angelsächsischen Mächte bestand in dessen sozialen Ansichten; neben – für deren Politikverständnis in dieser Zeit – idealistisch anmutenden Ideen und Vorstellungen, die den Egoismus der Nationalstaaten nicht mehr als Zentrum allen Denkens und Planens akzeptierten und pragmatisch (wie in seinen Memoranden erwähnt) vorsahen, die nationale Souveränität freiwillig einzuschränken, war auch seine antikoloniale und antiimperiale Anschauung den britischen und US-Politikern und Staatsbeamten zu avantgardistisch und suspekt, da sie noch in diesen Kategorien zu denken gewohnt waren.

Trott war nach Margret Boveri ungewöhnlich empfindlich für das zahlreichen Völkern von den Großmächten angetane Unrecht und sah im Verlust der deutschen Kolonien einen Vorzug.[298]

Im AA war er, den Alliierten bekannt, im Referat für das britische Empire und Indien mit eben diesen Fragen beschäftigt und durch die Förderung des indischen Freiheitskampfes und ihrer Führer Bose und Nambiar an der beschleunigten Loslösung von britischer Abhängigkeit indirekt beteiligt.[299]

Daß all die angesprochenen psychologischen Aspekte und strittigen Punkte auch noch ein Vierteljahrhundert nach Kriegsende höchst brisant und weiterhin ungeklärt waren, beweist eine Leserbriefserie im „Encounter"[300], nach dem Erscheinen der Sykes´schen Biographie

---

298 Boveri, Variationen..., S. 765.
299 Allg, Sykes, S. 294-301 u. Schnabel, Tiger u. Schakal, S. 25-37.
300 Encounter, Dec. 1968 – Dec. 1969, Bde. 31-32; Autoren u. a. Sykes, Astor, Wheeler-Bennett, Visser't Hooft, Harold Deutsch (et al.), Calvocoressi u. Trevor-Roper.

Trotts, in der die ambivalenten und unterschiedlichen Ansichten (der größtenteils damals Beteiligten) vorgebracht wurden.

Selbst nach vier Jahrzehnten gab es, (dies war der Anlaß zu Hedley Bulls Autorensammlung) die erwähnte Kontroverse um Adam von Trott. (Vgl. Anm. 288 u. 289).

Es ist den vorangehenden empirisch analysierenden und argumentierenden Kapiteln (2. bis 5.) der außenpolitischen Initiativen unschwer zu entnehmen, daß Trott eine gewisse Begabung besaß, wichtige und einflußreiche Bekanntschaften zu machen, berücksichtigt man all die Persönlichkeiten, mit denen er im Laufe einer knapp begrenzten Zeit zu tun hatte. So ist zuletzt, wenn auch nicht rational nachprüfbar, die Wirkung Trotts auf andere in Erwägung zu ziehen, die bei persönlichen Kontakten ungewöhnlich positiv beschrieben ist, aber in seiner gefährdeten und unbestimmten Lage auch andere Reaktionen erzeugen konnte; ein Freund Trotts, Isaiah Berlin, sagte über dessen Zusammentreffen (gemeint ist wohl 1937) mit Frankfurter in den USA: „Die Begegnung war eine der glücklichsten, die Adam in Boston hatte, obwohl Felix Frankfurters Entzücken über den jungen Mann nicht durchaus von seiner Frau geteilt wurde. Sie sagte nachher, daß sie Adam lieber gehabt hätte, wenn er `nicht so verdammt gut aussähe´. Es ist möglich, daß ihre Verdächte auf ihren Mann von Einfluß waren und ihn bestimmten, seinen ersten günstigen Eindruck zu revidieren."[301]

Dies impliziert, daß auch nicht objektiv nachweisbare Bereiche zumindest zur Ergänzung des gesamten Eindruckes durchaus ihre Berechtigung haben und für individuelle Entscheidungen gegebenfalls eine nicht unerhebliche Wirkung gehabt haben können.

---

301 Boveri, Variationen..., S. 664.

6.2.1 Das Weiße Haus, das State Department und Trott

Die Bemühungen Trotts 1939/40, die noch neutralen USA für seine Ideen zu gewinnen, konnten kein positives Ergebnis zeitigen, da die USA Deutschland und Japan als beherrschende Mächte der „östlichen Hemisphäre" in Konkurrenz zu ihren Interessen sahen.[302]

Roosevelt äußerte, „dem deutschen Nationalsozialismus, dem italienischen Faschismus und dem japanischen Imperialismus dürfe es nicht gelingen, `Neue Ordnungen´ in Europa, Asien und Afrika zu begründen",[303] da er klar erkannte, daß dies einen Erfolg im Streben seines Landes nach einer weltpolitischen und -ökonomischen Vormachtstellung beeinträchtigt hätte.

Die Nachkriegsordnung sollte nach US-Interessen und unter deren Führung im Entwurf einer `Pax Americana´ geformt werden, ihrer eigenen „Neuen Weltordnung", die bereits an der vorexerzierten offensiven Machtpolitik abgelesen werden konnte: noch offiziell `neutral´ ließ Roosevelt am 7. Juli 1941 das damals dänische Island besetzen und bezog im Nordatlantik das bereits direkte Kriegsgebiet in die panamerikanische Sicherheitszone, im Westen die Azoren, mit ein.[304]

In den USA wurde zuversichtlich der Kollaps der Sowjetunion als unmittelbar bevorstehend erwartet, so daß man sich auf eine Westoffensive Deutschlands einstellte und durch den Schießbefehl gegen Schiffe der Achsenmächte seit dem 11. September 1941 einen (nicht selbst erklärten) Kriegseintritt provozieren wollte, was aber nicht gelang.

Erst über die Maßnahmen, das rohstoffabhängige Japan wirtschaftlich einzukreisen und durch ein Total-Embargo von Lieferungen ab-

---

302 Bracher (et al.), NS-Diktatur, S. 446-48 u. Schwabe, in: Der 20. Juli -, S. 62.

303 Junker, Kampf um die Weltmacht; vgl. Einbandtext.

304 Bracher, s. Anm. 302, S. 448f.

zuschnüren, hatten die USA nach dem japanischen Angriff auf Pearl Harbour die angestrebte Kriegsbeteiligung über den pazifischen Raum erreicht.[305]

Schon seit dem 14. August 1941 offenbarten die USA ihre nicht neutrale Stellung mit der gemeinsamen Erklärung der Atlantik-Charta Roosevelts und Churchills, die in ihrer Logik bezeichnenderweise die Sowjetunion gar nicht mehr als europäisch-asiatischen Machtfaktor miteinbezog.

Die Verhandlungen zeigten allerdings, daß die USA auch England nicht als gleichrangige Macht betrachteten, indem beispielsweise die US-Vorstellungen einer wirtschaftlichen Nachkriegsordnung wesentlich durchgesetzt wurden, wobei dies explizit bedingte, daß die relativ autarken großen Wirtschaftsregionen Deutschlands, Japans und des britischen Commonwealth´ aufgehoben würden.[306]

Seit Herbst 1939 hatten die USA England mit Waffen ausgerüstet, ab März 1941 mit dem Lend-Lease-Programm sogar ohne Bezahlung und inklusive Geleitschutz für Transporte nach Europa.[307]

Im Lichte dieser Entwicklung muß man die vergeblichen Bemühungen Trotts sehen, die USA vor einer Forcierung des Krieges zu warnen und den Appell, eine konstruktive Haltung zu einer Begrenzung des Konflikts einzunehmen und ihre Autorität für einen gerechten und dauerhaften Frieden einzusetzen; dahingegen suchten die USA ihre Kriegsanleihen zu sichern und eine Rückerstattung von den europäischen Ländern künftig zu gewährleisten.

Erschwerend wirkten sich die Meldungen aus England und Asien über die Verdächtigungen gegen ihn aus, genauso die schließlich verhin-

---

305 Ebd., S. 449 u. Hoffmann, Widerstand..., S. 224ff.
306 Bracher, S. 451 u. Hoffmann, Widerstand, S. 223: Roosevelt hatte schon im Okt. 1937 in seiner „Quarantäne-Rede" geg. japan. u. ital. Aggressionen gewettert u. den Rhein als Verteidigungslinie Amerikas u. d. freien Welt bezeichnet.
307 Hoffmann, S. 224.

derte direkte Kommunikation mit Roosevelt, der allerdings mit seinen wissend ironischen Andeutungen politisch und persönlich undurchschaubar bleibt.[308]

Man kann mit Sicherheit annehmen, da die Geheimdienste von Trotts Besuch wußten, – er war offiziell eingeladen -, und da er vom FBI für `Deutschlands Meisterspion´ gehalten wurde, daß die scheinbar geglückte Überwindung der britisch-französischen Seeblockade nur ein abgekartetes Spiel war, um von seinem Aufenthalt und Verhalten Aufschlüsse über die Ziele der deutschen Regierung zu erhalten,[309] für Trott eine Erfahrung von desillusionierend surrealer Qualität.

Die folgenden Jahre beschränkten sich auf indirekte Kontakte durch die Übermittlung von Botschaften und Memoranden über Genf und London, beziehungsweise die direkteren Gesprächen mit Vertretern des OSS in Bern oder Geheimdienstleuten und Diplomaten in Stockholm.

Die enttäuschende Haltung der US-Regierung nach Trotts Besuch im Februar 1940 wurde schon angesprochen, als der Unterstaatssekretär Welles vom State Department bei seinem Besuch in Deutschland

---

308 Sykes, S. 241f üb. Bowras Einfluß, allg., S. 255ff, S. 261f; Korrespondenz Roosevelt m. Frankfurter vom 17.1.1940, ebd., S. 268f; vgl. Kap. 3, S. 76/Anm. 69, dort bereits zitiert. Allg. Rothfels, Dt. Opp., S. 157; Trott formulierte seine Ziele für die USA so: Die angelsächs. Welt müsse einerseits ein festes `self-confident bulwark against war´ bilden, andererseits aber auch `an attitude of solidarity to the desperate ferment in Germany´ zeigen. Vgl. Graml, Dt. Widerstand, in: Merkur, S. 768.

309 Sykes, S. 226f berichtet aus Casparis Schilderung v. d. geglückten `Durchbrechung´ d. Blockade; allerdings lassen die Beschreibung u. die bekannten Umstände den Schluß zu, es könne fingiert gewesen sein. Zur FBI-Tätigkeit, Rothfels, Dt. Opp., S. 159f/230: Der Aktenfaszikel im State Dep. trägt den Vermerk: „Subject, Espionage Activities, AvT in US". Trott spricht in einem Brief an Astor von der Verdächtigung seiner Absichten durch bestimmte Kreise „of passionate destructiveness" u. „Felix u. seine Freunde" (Anm., Felix Frankfurter).

die Opposition durch Nichtbeachtung brüskierte und die NS-Regierung diplomatisch aufwertete, ohne daß irgendwelche „Fortschritte" absehbar oder zu erwarten gewesen wären.

Freunde und Bekannte aus dem journalistischen Bereich versuchten eine direkte Verbindung mit den USA aufrechtzuerhalten, neben dem offiziellen Kanal über den US-Geschäftsträger Kirk in Berlin. So sei der Deutschlandkorrespondent Louis Lochner mit einem Geheimcode ausgestattet gewesen, der direkte Funkverbindung zwischen dem US-Präsidenten und den Verschwörern ermöglichen sollte,[310] was in der Realität dann allerdings nicht funktionierte.

Gleich nach Kriegsausbruch interniert, kehrte er im Juni 1942 nach Washington zurück und wollte gemäß der Absprache mit dem Widerstand Roosevelt über die innerdeutsche Situation in Kenntnis setzen, da er an geheimen Treffen der ehemaligen Parteien, des militärischen Widerstandes, der Kirchen und Gewerkschaften teilgenommen hatte.[311]

Seine schriftliche Bitte um Kenntnisnahme verursachte „größte Verlegenheit" und eine abschlägige Antwort.[312]

Die Bemühungen des englischen Bischofs Bell erreichten bestätigtermaßen ihre Adressaten, auch die Memoranden Trotts 1942 und 1944 England und die USA; nur Churchills Reaktion auf die erste Denkschrift ist bekannt, der intern das Papier als „höchst ermutigend" bezeichnete, ansonsten war die Antwort „absolute silence".

Die Kontakte über die neutrale Schweiz und das OSS waren ziemlich rege, so daß Dulles über die inneroppositionelle Lage in Deutschland sehr genau nach Washington berichten konnte.

---

310 Rothfels, Dt. Opp., S. 161.
311 Ebd.
312 Ebd., S. 162, Ende 1942 machte Lochner als Kriegsberichterstatter in Paris die gleiche Erfahrung: Roosevelt habe als Oberkommandierender „jede Erwähnung eines deutschen Widerstandes" untersagt.

Anfang April 1944 erklärte dieser: „Die Situation in Deutschland spitzt sich rapide zu. Das Ende des Krieges in Europa ist klar abzusehen. (...) (die) Widerstandsbewegung (erklärt) bereit und fähig zu sein, eine Aktion für die Beseitigung Hitlers und den Sturz der Nazi einzuleiten.

Diese Gruppe ist die einzige in Deutschland, die über genügend Autorität beim Heer und unter gewissen aktiven militärischen Führern verfügt, um einen Umsturz zu ermöglichen."[313]

In Washington wurden aus diesen Meldungen keine unmittelbar neuen Schlußfolgerungen gezogen; der Krieg war noch längst nicht beendet und forderte in seiner Endphase mehr Opfer, als in all den Kriegsjahren zuvor. Eine erfolgreiche Aktion und Absprache, wie von Dulles in Aussicht gestellt, hätte viele weitere Opfer und Zerstörungen vermieden. Die Kriegspolitik aller beteiligten Staaten hatte eine gewisse Eigendynamik erreicht, von einmal beschlossenen oder möglichen maximalen Kriegszielen wollte niemand mehr absehen. Die Goebbelsche Propaganda war nicht spur- und erfolglos an ihren Adressaten im In- und Ausland vorbeigegangen, wie ein Ausspruch General Eisenhowers zeigt, der die ganze deutsche Bevölkerung als „a synthetic paranoid"[314] bezeichnete.

Um die Kriegsmoral der eigenen Bevölkerung in den Vereinigten Staaten zu stärken, wurde sogar eine Neuauflage des Rassedünkels aus den Indianerkriegen bemüht und reanimiert, mit der Formulierung, „es gebe keine `guten Deutschen´, mit Ausnahme der To-

---

313 Dulles, S. 188; vgl. a. Hoffmann, Widerstand, S. 297.

314 Dies zitierte Morgenthau in der New York Post, 24.11.1947, zur Rechtfertigung seiner obskuren Ansichten, in Rothfels, Dt. Opp., S. 30/202. Siehe auch Anm. 323 üb. die alliierten Propagandafilme, „Feindbilder im Zweiten Weltkrieg".

ten",[315] im Geiste ganz ähnlich den rassistischen Vansittartschen Anschauungen und Äußerungen aus England.

Aber während diesem von der britischen Presse vorgeworfen wurde, selbst ein Nazi zu sein,[316] mit seinen pseudo sozialdarwinistischen Thesen, spielte in den USA die aufkommende Kreuzzugmentalität, die der vorherigen `isolationistischen Welle´ folgte,[317] eine zunehmende Rolle in ihrem Einfluß auf die Regierungspolitik.

6.2.2 Downing Street, Whitehall, der britische Führungszirkel und Trott

Die Sondierungen im Sommer 1939 in London, teils im offiziellen Auftrag, besitzen das schon erwähnte psychologische Manko, daß die eigentliche britische Kriegspolitik von einer gänzlich umstrukturierten Gruppe von Politikern und Diplomaten geplant und geleitet wurde, als sie Trott noch zu Gesprächen nach dem Münchner Abkommen vorgefunden hatte. Andererseits erreichte Churchill erst als der Krieg schon begonnen war, – beziehungsweise deswegen -, die Machtposition, als Premier einen ernstzunehmenden Widerpart zu Hitler darzustellen.[318]

Mit seinem handfesten und zugleich spektakulären Sinn für Machtpolitik hätte er gut die von Trott erhoffte `feste britische Haltung´ in der Vorkriegsphase gewährleisten können.

In England war, konstant auch nach Chamberlain, vor allem im FO die Vorstellung von der Kontinuität preußisch-deutscher Großmachtpolitik seit Bismarck so fest verwurzelt, daß durch all die Vor-Urteile

---

315 Ebd., S. 30; auch in diesem Zusammenhang muß man die totale Zerstörungsabsicht der deutschen Städte und Kultur sehen, allg. in: Friederich, J., Der Brand. Deutschland im Bombenkrieg 1940-45.

316 Ben-Israel, in: Schmädeke, S. 740/50.

317 Bracher, S. 450.

318 Kettenacker, in: Schmädeke, S. 714 u. allg., R. H. Keyserlingk, Die dt. Komponente in Churchills Strategie..., S. 614.

das qualitativ Neue der Hitlerschen Ambitionen völlig außer acht blieb.[319]

Wenn Kettenacker davon spricht, „daß die Verbindung von Preußentum und Nationalsozialismus, die Kollaboration der alten und neuen Elite auf der Basis partieller Zielidentität keine bloße Ausgeburt Goebbelscher Phantasie..."[320] gewesen sei, so vertauscht er leichtfertig und unzulässig Ursache und Wirkung.

Vielmehr nutzte das NS-Regime die berechtigte Unzufriedenheit nach den völkerrechtlich ernüchternden Erfahrungen von Versailles, um damit weitreichendere, expansionistische Ziele zu verschleiern, denen die „Eliten" wie auch die übrige Bevölkerung nicht so leicht gefolgt wären. Um diese Politik überhaupt durchführbar zu machen bedurfte es dieser Täuschung und Tarnung.[321]

Die Totalität der alliierten Kriegsziele kann spätestens seit Casablanca als völlige Unterwerfungsabsicht in der Nachkriegsplanung gedeutet werden, wie die NS-Propaganda dies mit der Proklamierung des `totalen Krieges´ vollzog.[322]

Dies beraubte nicht nur die angelsächsischen Alliierten der Möglichkeit, zusätzlich Mittel psychologischer Kriegsführung wirksam einzu-

---

319 Vgl. Schmädeke, S. 713; Keyserlingk, S. 616; Rothfels, Dt. Opp., S. 35 Churchill sprach noch bis 1938 voller Bewunderung vom Mut, der Beharrlichkeit u. d. vitalen Kraft, die Hitler befähigten, allen Mächten oder Widerständen, die seinen Weg versperrten, zu trotzen od. sie herauszufordern, sie zu versöhnen (?!) od. sie zu überwinden. (Äußerung von 1935; vorgeblich taktischer Natur gewesen.)

320 Rothfels, Dt. Opp., S. 35; allerdings wurde dieser Begriff, von W. Deist geprägt, von diesem als „Teilidentität der Ziele" verwendet.

321 Rothfels, Dt. Opp., S. 167ff; Kettenacker, Das Andere Dtschl., S. 50 bestätigt das. Vgl. a. die Filmreihe, Hitlers Helfer, (von Guido Knopp et al.) mit sechs Nazi-Paladinen, u. a. Heß, Göring u. Goebbels; dieser äußert sich darin explizit über die Funktion seiner Propagandamaschinerie, die verführen solle, ohne daß dies von den Adressaten auch nur bemerkt werde, da sie ständig in allen Teilen der Gesellschaft präsent und ihre Grundlage die Täuschung sei! (Zitat aus einer Ansprache).

322 „Unconditional surrender" galt als Grundlage d. angelsächs. Nachkriegsplanung, vgl. a. Kettenacker, in: Der Zweite Weltkrieg, (Hg. Michalka), S. 174-85.

setzen, sondern die westlichen Demokratien auch der Glaubwürdigkeit des moralischen Anspruchs,[323] denn in den verfolgten Methoden und machtpolitischen Zielen verwischten sich die Fronten. Darin statt der freiwilligen Preisgabe einer ausbaufähigen Plattform eine Zusammenarbeit der Alliierten mit Hitler zu sehen, ist abwegig.[324]

Stalin hielt jedenfalls nichts von der Parole von Casablanca[325] und schaffte lieber Realitäten.

Die englische Außenpolitik wurde in der Folge ganz der militärischen Strategie untergeordnet, auch aus Furcht vor einer etwaigen Invasion, nachdem im Februar 1940 von britischer Seite erstmals die Bereitschaft zu direkter Zusammenarbeit mit der deutschen Opposition kurzzeitig bekundet worden war.[326]

Mit dem Regierungsantritt Churchills Mitte 1940 bestanden keine Chancen mehr auf eine politische Beendigung des Krieges, Friedens-

---

323 Rothfels, Dt. Opp., S. 173; vgl a. den Dok.film, Feindbilder – Propaganda-filme im Zweiten Weltkrieg -, in dem sowj.russische, brit., franz. und US-amerikan. Produktionen gegenübergestellt werden, wobei man auch in den Filmen der westlichen Demokratien vergebens eine irgendwie differenzie-rende Darstellung der Sachverhalte sucht.

324 Dies interpretiert jedenfalls Kettenacker, Das Andere Dtschl., S. 49 in Rothfels sachliche Feststellung von der „Totalität d. alliierten Kriegsziele". allerdings gibt es auch (einzelne) deutl. faschistoide Parallelen, Bsp. Van-sittart: Der außenpolitische Berater Churchills im FO machte aus Vorurteilen Theorien. nach Ben-Israel übernahm er z. B. die Äußerungen Rumbolds, der 1933 (Anm.: immerhin) Botschafter in Berlin war, üb. die `Neigung d. Deutschen zur Brutalität´ od. der von Dalton, der sie `eine Rasse fleisch-fressender Schafe´ nannte; vgl. in Schmädeke, S. 739f. Obwohl der Van-sittartismus für `non british´ eigeschätzt wird (D. C. Watt), war er damals weit verbreitet. Vgl. allg., ders., Britain Looks to Germany.

325 Roon, Widerstand, S. 207 u. A. J. Nicolls, in: Kettenacker, Das Andere Dtschl., S. 77.

326 Rothfels, Dt. Opp., S. 155; im Gefolge der Trottschen Bemühungen u. Vati-kaninitiativen, Trott war noch auf dem Rückweg von der USA-Reise.

bemühungen wurden seitdem dort intern abwertend als „peace offensives" bezeichnet.[327]

Im September 1941 rechtfertigte Churchill die grundsätzliche Ablehnung aller Kontakte mit Hinweis auf die Bündnistreue zu dem neuen Alliierten, mit dem man bis vor kurzem gar nicht mehr rechnen zu müssen geglaubt hatte: „Nothing would be more disturbing to our friends in the United States or more dangerous with our new ally Russia, than the suggestion that we were entertaining such ideas."[328]

Diese Argumentation war nur taktisch vorgeschoben, denn an Informationen über die innere Situation in Deutschland und den deutschen Widerstand gab es großes Interesse, nur offiziell wurde dies nicht zugegeben. Die Aussage, „daß man sich nicht mit solchen Ideen beschäftige und abgebe", ist vielmehr der Versuch, durch unbekümmertes Ansprechen davon abzulenken, da es „in keiner Weise zweifelhaft (ist), daß die führenden Politiker und Diplomaten in England wie den Vereinigten Staaten über die Struktur und die Ziele der deutschen Widerstandsbewegung im einzelnen unterrichtet waren, daß sie um ihre Ausdehnung (...) wußten, um die führenden Persönlichkeiten aus Bürokratie und Offizierskorps, um die Teilnahme der Kirchen ebenso wie um die Gewerkschaften."[329]

Warum sich Churchill auf selbstauferlegte Einschränkungen berief, die die anderen Alliierten nicht so ernst nahmen, bleibt im dunkeln.

Ein Motiv hierzu war sicher am bedeutendsten: England war als einzige Macht existenziell auf alliierte Unterstützung angewiesen und da man offiziell nicht mit dem Widerstand sprach, konnte man die Vorteile und Informationen nehmen, ohne Verantwortung um das Mitwissen zu tragen. Daß dies bis zu den bekannten Tatsachen widersprechenden und der historischen Wahrheit entgegengesetzten Behauptungen führte, dokumentiert Churchills erste zweifelhafte Anga-

---

327 Kettenacker, Das Andere Dtschl., S. 51.
328 Ebd., S. 59 u. ders., in Schmädeke, S. 719; allg. Keyserlingk, S. 616.
329 Rothfels, Dt. Opp., S. 30.

be nach dem 20. Juli, übrigens völlig identisch mit der NS-Version von der „Verschwörung einer ehrgeizigen Clique" und des „Machtkampfes innerhalb der deutschen Führungsschicht".

Erst zwei Jahre später revidierte Churchill vollständig seine damalige Behauptung und erklärte vor dem Unterhaus: „In Deutschland lebte eine Opposition, die durch ihre Opfer und eine entnervende internationale Politik immer schwächer wurde, aber zu dem Edelsten und Größten gehört, was in der politischen Geschichte aller Völker je hervorgebracht wurde."[330]

Trotz dieser späten, der historischen Realität Genüge tuenden Grabrede und nüchternen Beschreibung der damaligen internationalen Politik gegenüber dem deutschen außenpolitischen Widerstand, war das Mißtrauen, gerichtet auf die Abgesandten und Friedensfühler, schier pathologisch irrational gewesen, bedenkt man die Antwort, die Astor als Vermittler für die beiden oppositionellen Offiziere Schwerin und Schlabrendorff bei ihrer Aktion 1939 in London erhielt.

Die offizielle Reaktion eines hohen Offiziers im Kriegsministerium war: „I know who this man is (Anm.: Schwerin) and if you want to know what I think of his coming over here... I think, it's a damned cheek."[331]

---

330 Zitat Churchill, in Winterhager, S. 201, Unterhausrede 1946. Seine erste Reaktion zwei Wochen nach dem Attentat: „The highest personalities in the German Reich are murdering one another, or trying to." Und vom 27.7.1944 datiert, die markigen Ausführungen des brit. Nachrichtendienstes: „Whatever clique is in power in Germany, Germany's fate is not being decided by her internal forces (...)(but) on the battlefields..." ; in: Kettenacker, Das Andere Dtschl., S. 69.

331 Ebd., S. 31; vgl. a. Sykes, S. 321f üb. die systemat. falsch ausgewerteten Informationen zu Trott, u. ebd., S. 352f, die völlig irrigen u. sich widersprechenden Signale an AvT im Feb. 1944: „so bald wie irgendmöglich nach Stockholm zu kommen" u. ihn dort trotz persönlicher Gefährdung wg. enthüllender Zeitungsberichte brüsk zurückzuweisen, um ihn anschließend, zurück in Berlin, als „alleinigen Unterhändler" zu fordern. („Adam and Adam alone" als zukünftigen dt. Verhandlungspartner der Alliierten) Vgl. a. Rothfels, Dt. Opp., S. 180.

Worin die „verfluchte Frechheit" genau bestehe, bleibt unklar, jedenfalls verlor jener Offizier aus sozialelitärer Verachtung seine sprachliche Kontenance.

Daß deutsche Offiziere bereit waren, für den Sturz des Regimes mit dem Ausland zusammenzuarbeiten, ohne ihr Land, wohl aber dessen verbrecherische Regierung zu verraten, paßte nicht ins vorgefaßte und verinnerlichte Bild des „peußischen Junkertums und Militarismus"[332]

Schlabrendorff, über den sein Gesprächspartner Churchill sich ganz im Gegensatz zu dem Vertreter des Kriegsministeriums äußerte, erklärte, er sei 1949, auf den Tag genau zehn Jahre nach seiner Mission in London wieder mit Churchill zusammengetroffen. Dort habe ihm jener wegen der damaligen Ablehnung erklärt: „Ich habe den Eindruck, daß ich von meinen ganzen Mitarbeitern, Eden eingeschlossen, über die Kraft der Opposition in Deutschland nicht unterrichtet worden bin, sonst hätte ich anders gehandelt."[333]

---

332 Ebd., S. 30 u. Astor in: Bull, S. 32-34.
333 Diskussionsbeitrag Schlabrendorff, 26.-28.9.1974 (Brit.-Dt. Historikerkreis), in: Kettenacker, Das Andere Dtschl., S. 95; vgl. hierzu auch Rothfels, Dt. Opp., S. 165, wonach der Spion Philby im engl. Geheimdienst im Interesse d. sowj. Auftraggeber einkommende Nachrichten üb. d. dt. Widerstand unterdrückt habe, was aber nicht entscheidend gewesen sein soll, vgl. Initiative Bells bei Eden, in: Schmädeke, S. 742.

6.3 Systembedingtes kommunikatives Mißverständnis oder Macht- und Interessendivergenz

In Anbetracht der heute vorliegenden Informationen, auch gerade der Selbstäußerungen der Beteiligten, bleibt es allerdings zu bezweifeln, ob Churchill oder eine beliebige britische Regierung bei differenzierterer, besserer Information anders gehandelt hätte:

Wie Hevda Ben-Israel ausführt, war England wegen der deutschen Außenpolitik in den Krieg gezogen, da es seine Machtposition durch einen Rivalen gefährdet sah, nicht wegen innenpolitischer Aspekte in Deutschland.

Sie führt aus, daß das große Mißverständnis auf seiten des deutschen Widerstandes gewesen sei, zu glauben, der Friede sei bei einem Regierungswechsel gesichert. Stattdessen wäre es für die britische machtpolitische Strategie unannehmbar geblieben, hätte sich die neue Regierung weiterhin auf die Generäle und vorhandene Verwaltung gestützt.[334]

So war Edens Antwort auf Friedensinitiativen des Widerstandes als „nicht im nationalen Interesse"[335] grundehrlich, wenn man das spezifisch britische Interesse an der internationalen Machtpolitik betrachtet, besiegelte aber zugleich die Endphase des Abstiegs Britanniens vom weltpolitischen Ordnungsfaktor, spätestens seit der Verkündung der Atlantik-Charta, die den status quo ante hätte konservieren sollen.

Was von dem zynischen Ausspruch eines Mitarbeiters von Eden, G. W. Harrison, im Sommer 1942 zu halten ist, der meinte, er „glaube nicht, daß es im britischen Interesse sei, Trott zu warnen, da sein Wert als Märtyrer für England wahrscheinlich größer sein würde,

---

334 Ben-Israel, in Schmädeke, S. 747.
335 Rothfels, Dt. Opp., S. 165, 169.

denn als Lebender in Nachkriegsdeutschland",[336] würde sich nach Sichtung der bisher noch verschlossenen Archive, sofern sie nicht vernichtet wurden, letztlich befriedigender untersuchen lassen.

Aber auch so hat sich der beharrliche Versuch einer verschweigenden Strategie, um die „Trott-Kontroverse" aufrecht zu erhalten, sukzessive als propagandistische Fehlkalkulation und Bumerang erwiesen. Jedenfalls ist Harrisons Annahme nicht von der Hand zu weisen, daß es die Alliierten mit Trott und den übrigen Verschwörern nicht so einfach gehabt hätten, wie in der Ära Adenauer und auch noch später, die Interessen des westlichen Teilstaates so lange und intensiv nach ihren eigenen Ambitionen zu prägen und ihre Machtpolitik durchzusetzen.

Entgegen sonst aufgestellten politischen Postulaten lassen sich eine durchaus distanzierte Haltung zum Selbstbestimmungsrecht der Völker und wiederbelebte, längst überwunden geglaubte, Vorurteile und Ängste an den anfangs energisch feindlichen, im nachhinein skurril anmutenden Versuchen der englischen Premierministerin Thatcher und des französischen Präsidenten Mitterrand im Jahre 1989/90 ablesen, das Rad der Geschichte zurückdrehen oder doch aufhalten zu wollen, als sich die deutsche Einheit anbahnte. Das beweist auch, wie fest traditionelle Vorstellungen, hier ganz im Gegensatz zu der gelassenen Reaktion der Bevölkerungen dieser Länder, bei den politischen Führungszirkeln verankert (gewesen) sind, so daß in den 40er Jahren, auch unter günstigeren Umständen, die Zeit noch nicht für einen Ausgleich und Verständigung war.

Da damals die Bevölkerungen der europäischen Länder anfangs wenig Begeisterung für den Krieg zeigten, so hat die jeweilige staatliche Propaganda und die Notlage des Kriegsfalls schließlich die Bereitschaft dazu erbracht.

Andererseits scheint es Voraussetzung für eine heutige europäische Verständigung gewesen zu sein, alle alten Werte, Traditionen und

---

336 Vgl. Hoffmann, Widerstand, S. 45.

Strukturen weitgehend zu beseitigen; nur am Rande des Kontinents, in Spanien, Portugal und Rußland vollzog sich die Entwicklung langsamer, kam der Bruch mit den überdauernden Diktaturen erst viele Jahrzehnte nach Kriegsende. So ist es Europa erst jetzt möglich, seiner weltpolitischen Bedeutung, in verschiedenen antagonistischen Großmächten organisiert, beraubt, den „eigenen Interessen" folgend, gemeinsame Zielinteressen und Verantwortung zu erkennen.

7 Außenpolitische Konzeptionen bei den westlichen Alliierten und in den Memoranden bei Adam von Trott

Der Erste Weltkrieg, der als einer der ersten in Europa die Totalität der Krisenerscheinungen in den bisherigen Mechanismen zu einem Ordnungsversuch mit Diplomatie, Völkerrecht und Politischer Philosophie verdeutlichte, bewirkte den Wunsch, Internationale Beziehungen künftig wissenschaftlich zu untersuchen.[337]

Das wissenschaftliche Erkenntnisinteresse kam aus der Einsicht heraus, daß der Friede viel zu kostbar sei und „sein Verlust zu katastrophal, als daß man ihn den Politikern und Diplomaten alleine überlassen konnte."[338]

Die weitere Entwicklung der Lehre von den Internationalen Beziehungen erweist enge Verbindungen zwischen der praktisch-pragmatischen realhistorischen Analyse der Krisen und der innerwissenschaftlichen Diskussion und Definition ontologisch begründeter Annahmen über Gegenstand und Interesse der gesuchten Erkenntnis.

Differenzen gibt es vor allem über die spezifische Sichtweise des internationalen Systems, das jeweilige Vorverständnis des Erkenntnisgegenstandes, die hauptsächlichen Akteure und die sie verbindenden Strukturen, Muster und Funktionen, die Festlegung und Eingren-

---

337 S. R. Meyers, Metatheoretische u. methodologische Betrachtungen zur Theorie der internat. Beziehungen, in: V. Rittberger (Hg.), Theorien der internat. Bez., Sonderheft 21, Politische Vierteljahresschrift 1990/31, S. 48-68. Anm.: Seit 1919, Pariser Konferenz, Gründungsbeschluß zweier solcher wiss. Institute durch die anglo-amerikan. Delegationsmitglieder. Ab 1920 die „Dt. Hochschule f. Politik/Berlin." u. das „Institut f. auswärt. Politik/Hamburg.", weitere Institutsgründungen in Paris, Genf, New York.
338 E.-O. Czempiel (Hg.), Die Lehre von den Internationalen Beziehungen, S. VIII.

zung der von dieser Forschungsrichtung zu lösenden Probleme und die Wahl der zur Verfügung stehenden Mittel.

In den 30er und 40er Jahren gab es diesbezüglich eine Debatte zwischen Idealisten und Realisten,[339] sowie als weitere Hauptkontrahenten in den 70er Jahren für ein knappes Jahrzehnt Globalisten und (Neo-) Realisten[340]

7.1 Internationale Politik und Beziehungen im jeweiligen innergesellschaftlichen Kontext – Eingrenzung und Versuch einer thematisch-begrifflichen Bestimmung

Die politische Konzeption und die gesellschaftlichen Rahmenbedingungen eines Landes manifestieren sich in den nationalen Interessenschwerpunkten mit ihren explizit postulierten Zielen, in der innenpolitischen Lage, der Strukturierung der Eliten und ihres Einflusses, der psychologischen, sozialen, ökonomischen und (staats-) rechtlichen Situation innerhalb der Gesellschaft und in den Organisationsmechanismen und -strukturen des internationalen Systems auf dieses Land bezogen.

Die jeweils wichtigsten Bezugspunkte einer solchen Annäherung unterscheiden sich in den verschiedenen Theorien zu den Internatio-

---

339 Vgl. E. H. Carr, The Twenty Year's Crisis 1919-1939, An Introduction to the Study of Internat. Relations.

340 S. allg. Magroori/Ramberg (Hg.), Globalism Versus Realism. Internat. Relations´ Third Debate. Anm.: Der Einmarsch der SU in Afghanistan beendete diese Debatte zugunsten der Realisten.

nalen Beziehungen ganz erheblich. Die einzige gemeinsame Grundlage ist der Zugang zur Problemanalyse und die Zielrichtung.[341]

Insofern lassen die Vielschichtigkeit der etablierten Ansätze und Zugangsweisen zum System der Internationalen Beziehungen und die daraus entwickelten allgemeinen oder partiellen Theorien nur schwer eine Grundlage gewinnen, die übertragbaren Wert besäße, da es sich stets um selektive Wahrnehmung und Auswertung, sowie individuelle Gewichtung der Hauptkomponenten handelt.[342]

Trotzdem bieten die verschiedenen Theorien eine interessante Ausgangsbasis, individuelle Forschungsschwerpunkte zu setzen, nur muß man sich im klaren darüber sein, daß diese Vorauswahl zu einer durchaus subjektiven Untersuchungsweise und Bewertung führen wird, eine allumfassende Analyse mit diesen Mitteln nicht möglich ist.

Anhand der Selbstauskünfte der politischen Akteure und Akteursgruppen und vor allem betrachtet an ihrem tatsächlichen, prakti-

---

341 Von den über 20 Theorien zur Internationalen Politik, die man unterschiedlichen thematischen Ausrichtungen zuordnen kann, stimmen v. a. die Grundprämissen überein, was eine Theorie leisten sollte: Das ist als erster Faktor, die komplexe Materie zu strukturieren und damit zu vereinfachen und operabel zu machen. Weiter die Vielfalt der Informationen und Daten zu systematisieren, um Entwicklungen, Prozeßabläufe und Muster erklärbar zu machen und sie ggf. für vergleichende Tests verwenden zu können und last but not least, den praktischen Gehalt herauszufiltern, um eine wissenschaftliche und praktische Verwendung in Aussicht zu nehmen, was den Ausgangspunkt zur Theoriebildung darstellte.

342 Vgl. allg. den Beitrag ´Theorie der internationalen Beziehungen´ von Helga Haftendorn, in: Woyke (Hg), Handwörterbuch Internationale Politik, S. 451ff. Der Versuch, ´alles Wesentliche´ zu berücksichtigen, insbesondere im Neorealistischen Ansatz zu beobachten, bildet die eklektische Zusammenfassung der wichtigsten partiellen Theorien der internationalen Politik zu einer beliebigen und doch wieder unvollständigen Sammlung. In Dtschl. v. a. Kindermann, Grundelemente der Weltpolitik, als Versuch, die Theorie des Realistischen Ansatzes zu vervollkommnen. Ansonsten ursprüngl. und besonders in den USA beheimatet. (Vgl. a. Anm. 340.)

schen Handeln, ist es von Interesse , eine Rekonstruktion ihrer jeweiligen Variablen und Paradigmen zu vollziehen und die Beweg-
gründe zu eruieren, die zu diesem speziellen Weltbild und der der
Zeit und gesellschaftlichen Verfassung entsprechenden theoretischen
Grundlage geführt haben; dabei ist eine vergleichende Orientierung
an den wissenschaftlichen Theorien zur internationalen Politik sy-
stematisierend hilfreich.

Wenn im folgenden von internationalen Beziehungen oder ihrer
Teilmenge internationaler Politik die Rede ist, so beinhalten diese
zusätzlich neben den Akteuren der Regierung auch den wesentlichen
Bereich der wirtschaftlichen, kulturellen und allgemein gesellschaftlich relevanten Gruppen oder Persönlichkeiten, die eine staatliche
Gemeinschaft mitprägen; dies wird heute als selbstverständlich angenommen.

Im Gegensatz hierzu steht der Begriff der internationalen Politik dafür, daß es sich hierin ausschließlich um die klassische Kommunikation zwischen Regierungen als (Stell-) Vertreter ihrer Bevölkerungen
handelt.

So lassen sich die von den jeweils beteiligten Akteursgruppen angewandten oder ihnen nahestehenden Perzeptionsweisen[343] konstatieren und auf ihren realitätsnahen, ideologischen oder idealistischen
Gehalt prüfen.

---

343 In den Theorien zur Internationalen Politik findet sich nur dieser indifferente
Terminus zur begrifflichen Bestimmung einer wie auch immer gearteten
„Wahrnehmung". Tatsächlich bedeutet Wahrnehmung (Apperzeption) aber
schon eine subjektive Auslese der vom Sinnesobjekt eintreffenden Eindrük-
ke; sie werden gefiltert durch assoziierte Vorstellungskomplexe, vorweg-
nehmende Schemata und unterschiedliche Aufmerksamkeitsverteilung. Vgl.
Philosophisches Wörterbuch, (Hg. W. Brugger), S. 451. Insofern handelt es
sich im Rahmen der Theoriebildung um eine absolutierende und dadurch
euphemistische Schematisierung, in der die erste große Unbekannte in dieser Theoriegleichung zu suchen ist.

Gerade die zweite Hälfte des 19. und das 20. Jahrhundert bis in die 90er Jahre sind grundlegend und polarisierend geprägt gewesen von politischen Mythen, inspiriert und radikal komprimiert von den politischen Denkern und Philosophen, interpretiert und instrumentalisiert als Hilfsmittel der Ideologien von den politisch Herrschenden, sowohl von Diktatoren, als auch von demokratisch legitimierten Regierungen.

Es ist so einerseits zu differenzieren zwischen den politischen Mythen, die dem französischen Sozialkritiker und Theoretiker des Syndikalismus Georges Sorel zufolge Vorstellungssysteme seien, in denen sich die tiefsten und ursprünglichen Neigungen eines Volkes widerspiegeln und die Aufforderungen an das Handeln darstellen, oftmals Antrieb und Ansporn für heroisches, altruistisches oder wertfrei, radikales Tun, bilden.[344]

Und andererseits davon abgegrenzt besteht die politische Utopie oder Ideologie; der Mythos mag beides berühren, nach Cazeneuve charakterisiere er sich vor allem durch die Tatsache, daß er der Affektivität und der differenziert intellektuellen Ausrichtung Raum belasse, durch größere Dynamik einen direkteren Ansatz zum Handeln biete,[345] was in diesem anthropologischen Forschungskontext neutral formuliert und durchaus positiv betrachtet wird; erweitert wiederum präsentiert sich die kollektive politische Utopie, die im Gegensatz zu individuell vollzogenen Vorstellungen in ideologischen Weltbildern mit ganzheitlich-totalitärem Anspruch gipfelt.

Hier liegen nicht nur begriffliche Parallelen zur psychoanalytischen Sichtweise: Freud interpretiert die Geschichte der Menschheit als eine, dem Individuum übergeordnete des kollektiven Unbewußten oder der kollektiven Vorstellung, die sich in archetypischen Mustern

---

344 Vgl. Jean Cazeneuve, Les mythologies à travers le monde, S. 8. Sorel als Autor der „Réflexions sur la violence ,, selbst stark von Marx und Bergson beeinflußt, habe mit seiner Schrift ebenso Lenin und Mussolini inspiriert. S. ebd.
345 Ebd.

und in dem Mittler der Sublimierung, dem Ausdruck des Konflikts des Unbewußten äußere. Hegels Weltseele (und -geist) bieten ebenso einen Ansatzpunkt zum Vergleich oder Bezug zum Mythos des kollektiven Unbewußten oder völkerspezifischer (-übergreifender), latenter Verbindungen und Bewußtseinsebenen, wie sich auch Nietzsches polemische Formulierung aus Zarathustras Munde „vom Übermenschen und vom letzten Menschen"[346] zwischen Mythos und Utopie bewegt, verbunden mit der Sicht der Geschichte als progressiver Entwicklungsprozeß, oder notwendig zyklisch entgegengesetzt, mythischer Untergangsphantasie.

Diese verschleiernden und manipulativen Erscheinungsformen erfordern bei einer abstrakten Untersuchung der wesentlichen Strukturen im Bereich der internationalen Beziehungen, Wahrnehmungsfelder und Handlungen der Akteure und Regierungen gerade aus distanzierter Sicht, von außerhalb des Systems zu betrachten, aus dem Blickwinkel eines nicht (nur) auf tradierte konventionelle Denkschemata vertrauenden und damit experimentierenden unbeteiligten Beobachters, was natürlich seine Grenzen findet in der allgemeinen und insbesondere wissenschaftlichen Sozialisation des innerhalb dieses Systems aufgewachsenen und damit arbeitenden Forschers.

Einen Prototyp der Wirklichkeit spiegelt dann wider, jenseits der historisch zeitgebundenen Interpretation, der Freiraum oder die Differenz zwischen den empirisch zu konstatierenden sozialen Strukturen einer Gesellschaft und den (Vorstellungs-) Mustern ihrer Mythologien.

Im Rahmen der kollektiven Mythen ist die Zusammensetzung und Organisation der Gesellschaften von ebenso großer Bedeutung, wie die sichtbaren oder latenten Herrschaftsstrukturen. Das Zeitalter der Massengesellschaft, Grundlage für ein politisches Emporkommen der großen Ideologien, die dieses Jahrhundert geprägt und so grundsätzlich verändert haben, bringt völlig neue Analysestrukturen auf:

---

346 Vgl. Vorrede, S. 9-30, in: F. Nietzsche, Also sprach Zarathustra.

Nicht mehr alleine die historische Eingruppierung der Regierungsabläufe und -regelsysteme hat geschichtlich entscheidende Bedeutung, meinungsführende Gruppen und die zwischen Information und Manipulation pendelnde Struktur der Massengesellschaft bewirken eine Eigendynamik, deren Entwicklungen zur Entstehungszeit wenig vorherzusehen oder bestimmbar sind.

Im günstigsten Falle herrscht eine (unausgesprochen) abgestimmte Handlungsweise und Übereinkunft vor, die auf den unterschiedlichsten (ökonomischen, sozialen / ethischen, kulturellen, traditionellen ...) Beweggründen beruhen kann.[347]

Vorrangig ist sicher der ökonomische Aspekt eines (wie auch immer gearteten) gesellschaftlichen Verteilungssystems oder sozialen und hierarchischen Binnenausgleichs zu nennen, der je nach politischen und sozialen Machtverhältnissen vor allem die gesellschaftlich relevanten Funktionsträger und neue Gruppen umfaßt, die beteiligt werden, was nicht deren weitergehende Legitimation oder gar die Vertretung einer mehrheitlichen Position in der Gesellschaft voraussetzt.

---

347 Vor 1933 gab es in Dtschl. zirka 7,5 Mio. Arbeitslose, mit den Familien war also ein Drittel der gesamten damaligen Bevölkerung davon existenziell betroffen; (Vgl.: Hitler – Eine Bilanz. Der Verführer) dieses unzufriedene Wählerpotential konnte sich bei der Wahl des Staatspräsidenten zwischen den Extremen Hindenburg oder Thälmann entscheiden.

Eine besonders originelle Beschäftigung mit dem Phänomen der Massengesellschaft und der ihr innewohnenden Dynamik, evolutionssozialgeschichtlich ein perfektes „menschliches Chamäleon" hervorzubringen, dokumentiert die (fiktive, aber bestechend überzeugende) filmische Biographie des `Leonard Zelig´ von Woody Allen (1982/83). Es ist ein Essay über Anpassung und die Suche nach ideologischer Sicherheit und Identität in einer unüberschaubar komplizierten Welt in den USA der 20er Jahre. Die `Dokumentation´ spielt mit dem trügerischen Gehalt und manipulativen Mitteln von Bildern. Erstaunlicherweise (oder bezeichnenderweise) ist dieser Film hierzulande und auch in den Verein. Staaten beinahe unbekannt geblieben, obwohl er technisch der raffinierteste, thematisch und schauspielerisch der anspruchsvollste Allen-Film sein dürfte.

Schlüsselbegriffe moderner Staatsmythen sind seit den Zeiten der Industrialisierung und Entstehung der Nationalstaaten Souveränität, Krieg und Produktion, die in ihrer Dreiheit den zugeordneten sozialen Funktionen entsprechen.[348]

---

348 S. J. Cazeneuve, S. 328. Diese Trias, die drei verschiedene soziale Elemente verkörpert, korrespondiert exakt mit der Funktion des Götterpantheons der germanischen Mythologie (Odin, Thor, Freyr), ebenso wie mit der der römischen (Jupiter, Mars, Quirinus) od. genauso der griechischen. Sie finden sich in allen indoeuropäischen Kulturen wieder.

In vergleichender Analyse lassen sich nach der strukturalistischen Methode des Soziologen Lévi-Strauss, die aus der Linguistik übernommen wurde, weiterführende Interpretationen vornehmen; das entgegengesetzte Zielpaar Ackerbau und Krieg entspricht dem existenziellen Grenzpaar Leben und Tod; (modernes Gegensatzpaar Krieg und Produktion). Ein zwischen diesen beiden metaphorisch vermittelndes Bindeglied stellt die Jagd dar. Das Wesen und (machtvolle) Totemtier, das beide verbindet, ist z. B. der Rabe, denn er ernährt sich, ohne selbst zu töten, befindet sich so zwischen Leben und Tod. (Ebd., S. 326.)

[Anm.: s. auch der Kolkrabe auf Odins Schulter. Das moderne Totemtier sei hier die staatliche Souveränität (der Nationalstaat u. der Freihandel), die die Vorstellung vermitteln, unabhängig produzieren zu können, sich wirtschaftlich zu entwickeln, dadurch am Welthandel teilzuhaben, nach Möglichkeit hegemoniale Strukturen aufzubauen, um so die Risiken eines Krieges zu minimieren und auf dieser Ebene davor sicher zu sein. Die wirtschaftlich legitimierte Macht, unter dem Vorwand des (positiv bewerteten) freien Welthandels (den aktuellen Mythos hierzu bildet die begriffliche Worthülse der „Globalisierung" und aller damit verbundenen Zwänge oder vorgeblichen Chancen) ist somit, im Gegensatz zur direkten Gewalt, auch moralisch integer und erlaubt ihrerseits, wirtschaftliche und militärische Zwangsmaßnahmen zu seiner Durchsetzung oder Einhaltung, zur Statuierung einer eigenen, „neuen" Weltordnung.

Lévi-Strauss, Das wilde Denken, S. 268, sieht den Totemismus an konkreten Gruppen oder Individuen haftend; seine Feststellung einer „>totemistischen Leere< im Areal der großen Zivilisationen Europas und Asiens" ergänzt er indirekt in einem Gespräch, u. a. mit Paul Ricoer, „daß – in formaler Hinsicht – nichts den Mythen der Gesellschaften, die wir exotisch oder schriftlos nennen, mehr gleicht, als die politische Ideologie unserer eigenen Gesellschaften. Vgl. ders., Mythos und Bedeutung, S. 96.]

Diese neuen Götter sind nun vom transzendent-religiösen oder moralisch-philosophischen Nexus gelöst.

Wie oben schon angeführt, kann es sich bei einer Analyse der außenpolitischen Konzeptionen der britischen Regierungen und der US-Administration im relevanten Zeitraum zwischen etwa 1937 und 1944, – dem Zeitrahmen, der im Titel gesetzt wurde -, und einer Untersuchung zur innenpolitischen und gesellschaftlichen Verfassung in beiden Ländern, jeweils insbesondere um eine selektive Sichtweise und Interpretation handeln, wenngleich sie durchaus die bezeichnenden Rahmenbedingungen heraushebt.

Am faktisch greifbaren Umfeld betrachtet und festgemacht, mit den Hauptquellen der Bewertung der Akteure aus Archivmaterial, Selbstäußerungen und den zugänglichen Geheimdienstunterlagen, wird dies nicht nur am Rande auch von Bewertungen unterschiedlicher zeitgenössischer Historiker, Politikwissenschaftler und Soziologen ergänzt; dies vor allem, um ein distanzierteres Abbild der tatsächlichen wirtschaftlichen Interessen, der psychologischen und sozialen Verfassung zu erhalten, die einer Neubewertung altbekannter Fakten und somit neuen Erkenntnissen Rechnung tragen.

Das in der Einführung gezeigte Beispiel der tarnend manipulierten Akten und Berichte erweist, daß gerade diese offiziellen (Regierungs-) Vermerke und Verlautbarungen mit Vorsicht zu genießen sind, denn sie wurden als Instrument der Herrschaft verwendet. Diese Überlieferungen der Geheimdienste, Ministerien oder polizeilicher Organe sind nur im Zeitkontext und im Wissen um ihre Entstehungsgeschichte sinnvoll auszuwerten."[349]

---

349 Vgl. Marion Gräfin Dönhoff, >Um der Ehre willen<, Erinnerungen an die Freunde vom 20. Juli, S. 151f; dort die Ausführungen von Chris Bielenberg zu Hans Mommsens Akteninterpretationen, daß sie mit Trott die offiziellen Berichte aus Gründen der Tarnung manipulieren und irreführend abfassen mußte. Dies mache sehr deutlich, daß man die Entstehungsgeschichte kennen müsse, um solche Akten überhaupt verwenden zu können.

Das beinhaltet auch die aktuelle Problematik, die Stasi-Akten zu be-
werten, wobei jeder Einzelfall geprüft werden müßte. Aber warum
sollten die Aufzeichnungen der Staatssicherheit im nachhinein einen
Wert erhalten, den die auf vielfältige und willkürliche Weise gesam-
melten Daten und Angaben nicht einmal zu ihrer Entstehung gehabt
hatten?

7.2 Außenpolitik des Widerstands – ein Novum in den Internationalen Beziehungen

Gegen die völlige Einschränkung der Freiheit und die Pervertierung
des Rechtsbegriffs in allen gesellschaftlichen Bereichen vorzugehen,
war eine individuelle Entscheidung und in erster Linie eine Frage, „in
Würde zu überleben".[350]

Dabei fühlten sich die meisten Oppositionellen keiner Gruppe oder
gar Widerstandsbewegung zugehörig,[351] sicher auch wegen der nur
konspirativen Kontakte und Verbindungen untereinander, mit Aus-
nahme derjenigen, die wie Adam von Trott die unterschiedlichsten
Kreise kannten und das Zentrum eines Netzwerkes bildeten, oder
die studentische Gruppe „Weiße Rose", die in ihren Aufrufen eine
„Widerstandsbewegung" gegen die staatliche „Bewegung" postulierte.

Durch totale Kontrolle, Organisation und vor allem Massenmanipula-
tion erreichte das NS-Regime einen erzwungenen Konsens in der
Lagermentalität der „Volkssolidarität", was eine passive Zustimmung
und Unterstützung darstellte. Dies erschwerte, sich zu widersetzen
und entzog der Opposition innerhalb des Staatssystems die in den

---

350 Klemperer, Die verlassenen Verschwörer, S. 10, Zitat Marie Luise Sarre.
351 Ebd.; Fr. Sarre meinte in einem Interview: „Wir haben uns nicht als Teil eines Widerstands betrachtet."

besetzten Gebieten dem dortigen Widerstand geleistete gesellschaftliche Unterstützung und gezollte Anerkennung.[352]

Die Umstände und Bedingungen der NS-Diktatur nannte der Sozialdemokrat Wilhelm Leuschner: „Gefangen in einem großen Zuchthaus".[353]

Einerseits mußte wegen dieser Unfreiheit der Widerstand von innen heraus, aus den Institutionen, Behörden, Interessengruppen und Kirchen kommen, die ihre Integrität verteidigen wollten, was aber notwendig Anpassung, Tarnung und taktische Verstellung bedingte, um überhaupt etwas bewirken zu können; andererseits war es gerade diese vermeintliche Bindung an Institutionen des Regimes und der alten Eliten, die im Ausland so wenig verstanden wurde.

Eine berufliche Position in Verwaltungen, Behörden, Offizierscorps oder Kirchen war in Kriegszeiten die seltene Möglichkeit, nicht wie die militarisierte Mehrheit an der Front oder in der kriegswichtigen Produktion eingebunden zu sein, überhaupt regierungsunabhängige Informationen erhalten und oppositionell tätig werden zu können, ohne in den Untergrund gehen zu müssen, der seine hauptsächliche Wirkungsmöglichkeit in der Sabotage hatte.

Der „Widerstand ohne Volk", wie es Hans Mommsen knapp formulierte, war so nur zu Teilen, wie die „Repräsentationstheorie" früherer Jahre vermutete, eine Verbindung zwischen bestimmten gesellschaftlichen Gruppen und dem Widerstand; vorrangig war es die konsequent umgesetzte persönliche Entscheidung zur Opposition,[354] die Tätigkeit in informellen und subversiven Zirkeln und Gruppen, ohne einheitliche Organisation, die die Triebfeder individuellen Handelns bildete.

---

352 Moore, B. Jr., Ungerechtigkeit. Die soz. Ursachen von Unterordnung u. Widerstand, S. 119.

353 Zeller, E., Der Geist der Freiheit, S. 95.

354 Hüttenberger, Peter, Vorüberlegungen zum Widerstandsbegriff, in: Kocka, Jürgen (Hg.), Theorien in der Praxis des Historikers, S. 118.

Auf das Gebiet der außenpolitischen Aktivitäten bezogen, bewirkte die zersplitterte und mit nur geringen Kontaktmöglichkeiten untereinander ausgestattete Opposition die vielfältigen Tätigkeiten von so zahlreichen Emissären, im Dienste von Institutionen, halbamtlich, in eigenem Auftrag, mit Duldung des politischen Establishments und offizieller Stellen oder unter Umgehung der Fronten auf ökumenischen Kanälen.

„Jene so ungewöhnliche, inoffizielle, oppositionelle Diplomatie",[355] wie David Astor die Initiativen Trotts charakterisierte, bediente sich privater Kontakte zu Vertrauenspersonen im Ausland, die wiederum Verbindung zu gesellschaftlich relevanten Personen und Regierungsstellen bildeten, oder es wurde oftmals über die neutralen Länder mit Vertretern der Geheimdienste in informellem Rahmen gesprochen.

Nachdem der jahrelange Versuch zu einem Dialog der nichtstaatlichen Akteure mit den Regierungen keine nennenswerten Fortschritte erbracht hatte (vgl. Anm. 355 u. 356), entwickelte sich über die so eindeutigen ideologischen Grenzen und militärischen Fronten hinweg ein Austausch von Vertretern der Bevölkerungen: ökumenische Gruppen bildeten das Zentrum einer moralischen Meinungsführerschaft gegen die amtliche Propaganda allerdings ohne irgendwelche Macht- oder konkrete Einflußmöglichkeiten zu erlangen: in Schweden, der Schweiz, Holland, England – vor allem Bischof George Bell und US-Bischöfe in den Vereinigten Staaten mit ihren mutigen grundlegenden Äußerungen sind hier zu erwähnen, worauf Trott die fundamentale ethische Diskussion mit seiner Antwort auf die „Six pillars of Peace" fortführte und die „Sprachlosigkeit" des alliierten „absoluten Stillschweigens" auf offiziellem internationalen Parkett mit den „Bemerkungen zum Friedensprogramm der amerikanischen Kirchen" zu überwinden suchte.[356]

---

355 Astor, David, Why the Revolt against..., Encounter June 1967, S. 7.
356 AvT Nov. 1943; in Rothfels, Trott u. die Außenpolitik..., S. 310ff.

Diese Entwicklung empfand George Kennan als „fragwürdiges, Mißverständnisse und Verstimmungen einladendes Unterfangen."[357] Es war ihm unheimlich, wenn Nicht-Regierungsvertreter versuchten, auf direktem Wege mit einer anderen Nation auf politischer Ebene in Kontakt zu kommen. Und er fürchtete um das vermeintliche staatliche Monopol der geistigen Meinungsführerschaft, insbesondere im Krieg, der Bischof Bell zufolge „seiner Natur nach ideologisch sei" und vor allem „ein Krieg zwischen rivalisierenden Lebensphilosophien"[358]

Bell hingegen verteidigte so das existierende und im Widerstand sichtbare „andere Deutschland" und rief zur Solidarität und Unterstützung gegen den „gemeinsamen Feind"[359] auf.

In diesem Sinne hatte auch Trott argumentiert, da die Fronten quer durch die Nationen verliefen, durch die enormen sozialen Diskrepanzen und ideologischen Divergenzen der europäischen Länder bedingt.

Auf diesem informellen Wege wandten sich die Oppositionellen an das Gewissen der Weltgemeinschaft, vom Nationalstaat und den traditionellen Strukturen gelöst, mit Grundpositionen zu einem europäischen Föderalismus und mit weltbürgerlichen Überzeugungen, in denen sie mehr als nationale Verantwortung für sich erkannten.

Der holländische Generalsekretär des provisorischen Ökumenischen Rates der Kirchen, Visser't Hooft, vermißte in den außenpolitischen Positionen und Handlungsmustern der Alliierten „schöpferisches staatsmännisches Handeln,"[360] das die deutsche Opposition hätte

357 Vgl. Artikel, America and the Russian Future, in: Foreign Affairs, Apr. 1951, Jg. 29, S. 369.
358 G. Bell vor dem „Upper House of the Convention of Canterbury", 15. Okt. 1942, in: Jaspers, R., George Bell, S. 273.
359 Ebd., S. 274.
360 Visser't Hooft, Willem A., The View from Geneva, in: Encounter, Bd. 33, Sept. 1969, S. 93.

ermutigen und stärken können, ohne daß diese Regierungen ihre Prinzipien hätten ändern müssen.

Seit den Beschlüssen der Teheraner Konferenz im November 1943 gab es jedenfalls feste alliierte Planungen, die darauf hinausliefen, der Politik von Annexionen den Vorzug vor einer umfassenden europäischen Ordnung zu geben.

Im Lichte dieser Absichten war es von alliierter Seite nicht anders zu erwarten, als den Widerstand nicht in die eigenen Planungen miteinzubeziehen. Denn warum sollte man sich bei diesen Zielen zusätzliche Hindernisse einbauen?

Und so gab es folglich von seiten der Alliierten weiterhin keine Differenzierung zwischen den Deutschen und der NS-Regierung, keine ernsthaften informellen Gesprächsversuche mit der Opposition neben der traditionellen Außenpolitik, keine nutzbare Verbindung zu deutschen Exilpolitikern, wie sonst teils zu französischen, tschechischen, polnischen und holländischen Widerstandsvertretern.

Dem deutschen außenpolitischen Widerstand, allen voran Trott, blieb – neben dem Aufbau der europäischen Verbindung zu Nicht-Regierungsgruppen -, innovative internationale Beziehungen in der Außenpolitik zu initiieren, die sich an den Menschenrechtsgedanken und Völkerrechtsprinzipien orientieren.

Dadurch waren sie der traditionellen Diplomatie konzeptionell und moralisch überlegen und sie enthalten im Kern den Ansatz zu einer neuartigen Form der Internationalen Beziehungen. Die vom eigenen Staate verfolgten Interessen als international kontraproduktiv und staatsverbrecherisch erkannt zu haben, stellte eine unbefangene nationale Identifikation in Frage, ebenso wurden die Handlungen der „feindlichen" Regierungen kritisch beobachtet und kommentiert, deren Regierungssystem man geistesgeschichtlich und wertemäßig so nahe stand.

7.3 Außenpolitische Konzeptionen und innenpolitische Bedingungen in England zwischen 1937 und 1944

Der komplexe Zeitabschnitt der britischen Regierungspolitik im Umbruch von spätkolonialen Strukturen zu einem modernen Staats- und Wirtschaftsytem, ohne eigenständige weltmachtpolitische Relevanz, ist in seinen Grundzügen wesentlich vom Transformationsprozeß geprägt: von anfangs gesellschaftlich und politisch in England präferierten statischen Vorstellungen, bis hin zu Entwicklungen, notwendigerweise auf vorgegebene Situationen reagieren zu müssen, pragmatisch das Günstigste der dem ancien régime aus der Hand geglittenen, als präformiert angenommenen Entwicklung abzugewinnen.

Das Gefühl für historische Kontinuität in England war ungeachtet des Schocks und der Umbrüche auf dem Kontinent nach dem Ersten Weltkrieg konserviert, als einem der wenigen Länder in Europa, vor allem das soziale Gefüge der Gesellschaft war in seinen Grundmustern nahezu unangetastet geblieben.[361] Dies läßt sich besonders im Gegensatz zu Deutschland konstatieren, das eine soziale Nivellierung und durch Umbrüche und Verarmung bei großen Bevölkerungsteilen eine Proletarisierung und Radikalisierung seit der Endphase des Ersten Weltkrieges erlebt hatte.

Die außenpolitische Orientierung des Empire war zu Beginn des Zeitpunkts dieser Untersuchung, also 1937 – und dies bis Kriegsbeginn -, insbesondere auf den Fernen Osten und den Mittelmeerraum ausgerichtet.

---

361 Neal Ascherson, Buchautor u. Kolumnist des liberalen Londoner „Independent on Sunday", schreibt im „Spiegel" 18/1997 (28.4.1997), S. 152 üb. die (1997[!] zu bildende) neue Labour-Regierung und ihren Vorsitzenden:"...(es) steht in seiner Macht, Großbritannien unwiderruflich zu verändern, ...(eine) revolutionäre Umgestaltung des archaischen Politgefüges ein(zu)leiten, welches in Teilen seit dem 17. Jahrhundert unverändert ist."

In diese Zeit fielen die Oxforder Initiativen Trotts und der informelle Kontakt zu Premier Chamberlain auf direktem Wege; nach Kriegsbeginn erfolgte der Kontakt über die Fronten hinweg und über die neutralen Länder, oft auf Geheimdienstebene.

Seit September 1939 fühlte sich England auf dem Kontinent insbesondere Frankreich taktisch verpflichtet,[362] – als Stabilitätsvorposten auf dem Kontinent und weit von den (jahrhundertealten britischen) Vorstellungen eines dortigen Machtgleichgewichts entfernt, so daß ein Interesse an den Ideen des Widerstandes geringe Priorität besaß.

Mit der Eigendynamik und Emotionalisierung des Krieges gab Churchill, nach einer kurzen Phase der Gesprächsbereitschaft der zuendegehenden Chamberlain-Regierung, einseitig die Losung „absolutes Stillschweigen" aus, was bei Kriegseintritt der USA und der Bildung der Allianz mit der Sowjetunion beibehalten wurde und im Januar 1943 in der Forderung nach „bedingungsloser Kapitulation" gipfelte und keinen Spielraum bot, sich ernsthaft mit den Ideen und Vorschlägen der deutschen Emissäre zu beschäftigen.

England hatte nach der widerspruchslosen Wiederherstellung der deutschen militärischen Souveränität 1935 im gleichen Jahr das Flottenabkommen mit Deutschland geschlossen, was die alte Versailler Ordnung endgültig aufhob. Im folgenden Jahr wurde die entmilitarisierte Zone des Rheinlandes von Deutschland wiederbesetzt.

Nach Einschätzung des späteren außenpolitischen Beraters von Churchill verfolgte die damalige Regierung Baldwin einen „Zögerungskurs"[363] zwischen Völkerbundpolitik, einer allmählichen und

---

362 In gewisser Weise waren die englisch-französischen Verhandlungen über ein Militärabkommen ein „Versuch (), die erwartete nächste deutsche Aggression nach Osten zu lenken...", vgl. E. Krippendorff, Staat u. Krieg. Die histor. Logik polit. Unvernunft. Zitat S. 134.

363 Klemperer, Die verlassenen Verschwörer, S. 82: vgl. a. Keith Middlemas, Diplomacy of Illusion: The British Government a. Germany, 1937-39, London 1972, S. 41ff.

steten Aufrüstung und Verhandlungen mit den diktatorisch regierten Staaten.

Chamberlain fixierte mit seiner Regierungsübernahme ab Mai 1937 eine Appeasementpolitik, die vor allem den Status der internationalen Position Englands widerspiegelte: die wirtschaftliche Ausrichtung und Abhängigkeit bezog sich auf das Gefüge des Commonwealth, ökonomische Notwendigkeiten und geringer Kriegsenthusiasmus der Bevölkerung selbst gaben den Rahmen der politischen Möglichkeiten vor.[364]

Die innenpolitische Debatte im England dieser Zeit um die Frage, ob eine außenpolitische Neuorientierung notwendig sei, wurde sehr erbittert zwischen „Appeasern und Anti-Appeasern" geführt.

Daß sich die Fronten trotz polarer Standpunkte zunehmend verwischten, zeigt die Haltung von Nevile Henderson, dem britischen Botschafter in Berlin, der mit der NS-Elite sympathisierte und sich auf die Seite der Appeaser schlug, was dem Ansehen dieser Gruppe im nachhinein sehr geschadet hat. Er gab an, eine an moralischen Maßstäben ausgerichtete englische Außenpolitik gegenüber den Nazis abzulehnen, andererseits ließ er sich zu skurrilen Äußerungen über Deutschland hinreißen, wo er doch gerade erst mit der NS-Ideologie geliebäugelt hatte.[365]

Gerade auch diese innenpolitischen Verwicklungen und Kontroversen in England machten es unmöglich, unbefangen auf konstruktive Vorschläge des deutschen außenpolitischen Widerstandes einzugehen.

Eine andere extreme Position in der öffentlichen Meinung und der Regierungspolitik stellt Vansittart dar. Seine teilweise extremistisch deutschfeindlichen Bekundungen wurden bereits mehrfach zitiert, von größerer negativer Wirkung – etwa für den deutschen Wider-

---

364 S. v. a. W. J. Mommsen/L. Kettenacker (Hg.), The Fascist Challenge and the Policy of Appeasement.

365 Henderson an den Secretary of State (bzgl. der Tschechischen Frage und dem Anschluß), 16.3. 1938, FO 800/313/H/XV/14.

175

stand oder jedwede Opposition -, war, daß er sich weigerte, irgend-
einen Unterschied zwischen Deutschen und Nazis vorzunehmen.[366]

Obwohl er sich zu den Antiappeasern rechnete, war aber auch er
nicht bereit, im Falle der Tschechoslowakei etwas zu tun, unterschied sich in seinem Kalkül und der außenpolitischen Beratung des
FO wenig von denen, die er so stark kritisierte.[367]

Diese Übereinstimmung in der Beurteilung der internationalen Lage
resultiert neben dem Bewußtsein und der Sozialisation der politischen Klasse vor allem aus der Ausrichtung der Interessen heraus,
das Empire zu erhalten. Kontinentaleuropa war nur insofern wichtig,
als mögliche Konkurrenten um Kolonien und Rohstoffe im Macht-
gleichgewicht gehalten werden sollten; Beistandspakte und -
erklärungen für Frankreich, Polen und die Tschecholowakei waren
deshalb auch nicht eine Frage der politischen „Moral", sondern des
Kalküls.

Bei seinen Gesprächsversuchen mit England geriet der deutsche außenpolitische Widerstand in diese kontroverse innenpolitische Debatte und zwischen alle Stühle. „Man hörte sie mit einer Mischung
von Sympathie, Mißtrauen, Erschrecken und gänzlicher Ablehnung.

Jedenfalls wurden diese Vertreter der Opposition, ob man sie nun als
Patrioten oder Verräter betrachtete, angesichts der unsicheren Lage,
in der sich Großbritannien selbst in jenen Jahren befand, zumindest
als Informationsquelle willkommen geheißen.

---

366 Vgl. Aaron Goldman, „Germans and Nazis": The controversy over „Vansit-
tartism" in Britain during the Second World War in: JCH, Jg. 14, Jan. 1979,
S. 155-191.

367 Bemerkungen Vansittarts, 10.8.1938 auf e. Br. von Henderson: „...Ich kann
die Vorstellung nicht ertragen, wegen der Sudetendeutschen oder der
Tschechen auch nur ein einziges brit. Leben zu verlieren." FO
800/314/H/XV/58.

Letztlich beeinflußten sie in einem bestimmten Maße die ... Neuorientierung der britischen Außenpolitik."[368]

Was die offizielle deutsche Politik, die Personen und ihre Zugehörigkeit zu „Extremen oder Gemäßigten" der Partei betraf, läßt sich, – trotz oder wegen der vielen widersprüchlichen Informationen, die England erreichten, konstatieren, daß „die Briten derart verschwommene Vorstellungen (hatten), daß Unterscheidungen als nahezu absurd erscheinen mußten."[369]

Nach der ersten Euphorie über die kurzzeitige Friedenserhaltung durch das Abkommen von München sah man in England die Priorität der politischen Strategie in der Aufrüstung,[370] vom außenpolitischen Widerstand vorgetragene Ideen und Befürchtungen waren dem Foreign Office zu verwirrend und wurden ignoriert.

Trotzdem blieb England das Hauptbetätigungsfeld des deutschen Widerstandes. Bei seinen Gesprächen mit Vertretern der Regierung und mit dem Premier im Juni 1939 hatte Trott diesen zwar beeindruckt,[371] Außenminister Halifax hatte in seiner Chatham House-Rede wichtige argumentative Teile der von Trott vorgetragenen Ideen übernommen,[372] gleichzeitig diskreditierten ihn in der Folge gerade seine exzellenten Verbindungen zum „Cliveden-Set" der Appeaser des ancien régime´s.

Die gegenseitigen interkulturellen Vorbehalte, Vorurteile und Mißverständnisse waren zu Teilen unüberbrückbar, wie die von Vansittart und Henderson zum Ausdruck gebrachten Vorstellungen deutlich machen. Trott hielt „den gesamten Jargon gegenseitiger nationaler Vorwürfe für überholt"[373] und wandte sich gegen Pauschalisierungen in der Charakterisierung der Deutschen, wobei er sich insbesondere

---

368 Klemperer, Die verlassenen Verschwörer, S. 84.
369 Ebd., S. 85.
370 Ebd., S. 113.
371 Sykes, Troubled Loyalty, S. 251.
372 CvT, AvT, S. 116ff.
373 Br. AvT, Shanghai 6.10.1938, in: Klemperer, A Noble Combat, S. 330.

über die „Sprache der moralischen Überlegenheit" und der „Herablassung" aus England verwunderte.[374]

Der Plan der unterschiedlichen Emissäre der deutschen Opposition, sich in die Vorstellungen der englischen Politik „hineinzudenken" oder „für das britische Empire (zu) denken"[375] war nicht realistisch; durch die vorsichtigen Annäherungen waren trotz der Informationsweitergabe kaum Vorurteile abgebaut worden. Chamberlain, Lothian, Curtis, Cripps und Halifax waren den Weg eines interkulturellen Austausches gegangen, um imaginierte Nationalitätenvorstellungen abzubauen, Vansittart und Churchill fanden ihre Positionen, aus völlig unterschiedlichen Motiven, in informeller Abkapselung seit Kriegsbeginn.

Churchills selbstauferlegtes „absolutes Schweigen", ein halbes Jahr nachdem er seit Mai 1940 Premier war, kann man in der für England existenzbedrohenden ersten Phase des Krieges[376] als Versuch verstehen, sich – noch ohne Verbündete – von nichts und niemandem beirren zu lassen. Vansittarts pauschalisierend kompromißloses Feindbild, kommt in dem von diesem „Deutschlandkenner" zu Kriegsbeginn verfaßten Dokument „Das Wesen der Bestie" zum Ausdruck; die Meinung, daß es gelte, „das Wesen und den Charakter des deutschen Volkes zu bekämpfen"[377] teilte Churchill nicht, vielmehr bezeichnete er dessen Scheinargumentation als „von Haß geblendetes von Gefühlen dominiertes und törichtes"[378] Pamphlet.

---

374 Vgl. Br AvT an Astor, in: Sykes, Troubled Loyalty, S. 272f.

375 So die Kap.überschrift bzgl. der Englandkontakte der dt. Opp. bis 1939, Klemperer, Die verlassenen Verschwörer S. 77-138.

376 S. allg. J. Lukacs, Churchill und Hitler, Der Zweikampf (Die ersten 80 Tage des Krieges mit der Gefahr einer dt. Invasion).

377 „The Nature of the Beast", Vansittart 14.3.1940, FO 371/24389/C 4229/6/18; vgl. als Vorläufer der ideologischen Gegnerschaft die Gründung des MI 5 (Military Intelligence) Geheimdienstes zur Zeit des Deutschen Kaiserreiches, der ausschließlich gegen Deutschland als Konkurrenten operierte (!).

378 Churchill an Vansittart , 7.1.1941, PREM 4/23/2.

Außenminister Eden, der im Laufe des Jahres 1941 Informationen deutscher Emissäre erhalten hatte, die „ein interessantes Licht auf innere Schwierigkeiten und Tendenzen in Deutschland"[379] geworfen hätten, wollte dafür vom Premier die Genehmigung erhalten, einen neutralen Vermittler einzubeziehen, was von Churchill wegen Bündnistreue zu Rußland und den USA abgelehnt wurde.[380]

So nahm man auf Regierungsebene in England gerne alle Informationsquellen wahr, ohne dadurch weitere Verpflichtungen zu haben oder die Möglichkeit einer wie auch immer gearteten Gesprächsplattform oder Zusammenarbeit zu sehen.

Die einzigen tatsächlichen gegenseitigen Verbindungen bildeten sich im ökumenischen Dialog: Bischof Bell setzte sich in der britischen Öffentlichkeit und gegen die Regierung vehement für Differenzierungen und Zusammenarbeit mit der Opposition ein. Bischof Temple aus York hatte mit Bischöfen der verschiedenen Konfessionen und freikirchlicher Vertreter einen Zehn-Punkte-Brief veröffentlicht, der soziale Gerechtigkeit als Grundlage einer zukünftigen internationalen Ordnung forderte.[381]

Auf einer Konferenz der Church of England wurde im Januar 1941 für die Zeit nach dem Krieg „Die Vereinigung Europas als kooperatives Gemeinwesen"[382] gefordert.

Auf halbamtlicher und privater Ebene gab es noch Persönlichkeiten des öffentlichen Lebens, wie Lionel Curtis, der Oppositionelle wie Moltke und Trott als verläßliche Ansprechpartner in England zu protegieren suchte und ebenso wie auch Stafford Cripps[383] die ökumenischen Kanäle nutzte, um den Kontakt nach Deutschland aufrechtzu-

---

379 A. Eden an den Premier 10.9.1941, FO 371/26543/C 10855/610 G.

380 Geheimes Schreiben Churchills an Eden, 10.9.1941, ebd.

381 Im Leitartikel (The Times, 21.12.1940) nahm das Blatt positiv Stellung zu diesem Brief u. wies darauf hin, daß ein „Sieg allein" nicht ausreiche.

382 W. Lipgens (Hg.), Dokuments, Bd. 2, S. 718f.

383 Cripps war Anfang 1939 aus der Labour Party ausgeschlossen worden, da er für ein linkes Bündnis der Kommunisten gegen den Faschismus plädierte.

erhalten, wobei Visser´t Hooft in Holland und Johansson in Schweden die Zentralen des ökumenischen Netzwerkes bildeten und diese Kommunikation über die Fronten hinweg erst ermöglichten.

7.4 Außenpolitische Konzeptionen und innenpolitische Bedingungen in den Vereinigten Staaten zwischen 1937 und 1944

Während seines ersten Aufenthaltes 1937 hatte sich Trott von den USA faszinieren lassen und in diesem Land ein künftiges Machtzentrum, einen potentiellen „Brennpunkt" der weltpolitischen Entwicklung vermutet.[384]

Das in der Vorphase der I.P.R.-Konferenz von Scheffer und Trott Ende 1939 verfaßte Memorandum, das aus einem Gesprächskreis deutscher Exilanten hervorging,[385] fand im politischen Washington zuerst günstige Aufnahme, insbesondere Ex-Kanzler Brüning setzte sich für Trott bei einem Besuch Präsident Roosevelts ein.[386]

So gelangte die Denkschrift bis an die Spitze der Hierarchie des State Departments. Nachhaltig waren die negativen Auswirkungen der warnenden Nachrichten vor Trott aus England, die ihn in den unverdienten „Ruf eines Appeasers" brachten, der in den USA ein „weiteres München"[387] empfehlen wolle; es ist anzunehmen, daß

---

384 Vgl. den Reisebericht, Amerikan. Eindrücke, Juli 1937 u. Br. AvT (10.) Mai 1937 an Grand Duff, in: Klemperer, A Noble Combat, S. 230.

385 U. a. Brüning, Riezler, Simons u. Muhle, mit Trott als „Magneten", wie Scheffer dem Historiker Hans Rothfels in einem Br. schilderte, vgl. Klemperer, Die verlassenen Verschwörer, S. 171 u. 448.

386 Rothfels, AvT u. das State Dep., S. 329, Messersmith an den Außenminister Hull, 20.11.1939.

387 Br. AvT an Astor, 26.12.1939, S. 3; NL Astor; Kopie von GDW, Berlin: 16/1.2-TzS 40, S. 1-10, dort auch üb. die Zusammenarbeit mit Wheeler-Bennet und das von diesem nach GB gebrachte Memo für Churchill, ebd., S. 3.

Richter Frankfurter diese Berichte seinem Freund Roosevelt hinter-
bracht hat.[388]

Somit entstand über geheimdienstliche Mitteilungen und private an-
gloamerikanische Verbindungen eine ablehnende Front gegen das so
hoffnungsvoll begonnene Projekt, eine Kommunikation zwischen den
USA und der deutschen Opposition zuwege zu bringen und deren
Situation in die Planungen des Präsidenten und seines Stabes einzubeziehen. Wer dort die politisch einflußreichen, entscheidenden Fä-
den gezogen hatte, neben dem erwähnten Frankfurter, den beteiligten staatlichen Akteuren wie den Unterstaatssekretären G.
S. Messersmith, Sumner Welles und Außenminister Cordell Hull
bleibt ungewiß, wie auch die Haltung des Geheimdienstmannes Hoover. (Vgl. Anm. 391)

Für Trott war es jedenfalls reichlich enttäuschend und das Milieu des
damaligen „Ostküsten-Establishments"[389] undurchsichtig und so äußerte er seine gemischten Gefühle im Dankesschreiben und der Ab-
schiedsnotiz an Messersmith: „...I also feel that I am leaving America with a somewhat clearer knowledge of the power and substance
inherent in the position that you made clear to me in our last talk. It
seems to me that the fateful uncertainties of our present international situation resolve to an enormous degree in the judgement and
conscience of a few key figures in control of the great powers con-
cerned. And with all surface bewilderment I have no fundamental
doubts about the kind of peace which alone will satisfy the American
conscience this time.[390]

Während seines mehrmonatigen Aufenthaltes wurde Trott von mehr
als vier dutzend Agenten des FBI und gesondert von der Gestapo
beobachtet und kontrolliert, das Telefon abgehört und zu diesem

---

388 Vgl. Anm. 386 u. Br. Alexander Böker an CvT, ST/BA u. Dönhoff >Um der
Ehre willen,<, S. 155 u. 158.
389 Kaiser/Schwarz (Hg.), Weltpolitik, S. 332.
390 Vgl. Rothfels, AvT u. das State Dep., Dok. 8; Jan. 5, 1940, Trott to Messersmith.

Zweck in seinem jeweiligen Hotel das Zimmer über ihm freigehalten.[391]

Schon seit der Quarantäne-Rede Roosevelts im Oktober 1937 waren die außenpolitischen Determinanten und internationalen Interessen der USA deutlich zutage gekommen, als der Präsident den „Rhein als Verteidigungslinie Amerikas und der freien Welt" bezeichnete.[392]

Die isolationistische und internationalistische Sichtweise vereinte beide die konstante Grundüberzeugung von der historischen Einzigartigkeit und moralischen Überlegenheit der USA,[393] dies besonders ausgeprägt im 20. Jahrhundert.

Im steten zyklischen Wechsel der innenpolitischen Machtgewichtung zwischen Präsident und Kongreß ließ sich so keine konstante Linie international verläßlicher Außenpolitik formulieren: Im Ersten Weltkrieg anfangs neutral, griffen die USA militärisch entscheidend in den Kriegsverlauf ein, um neben wirtschaftlicher Vormacht aus missionarisch geäußertem Impetus Wilsons heraus, die Welt „safe for democracy" (zum nicht uneigennützigen Vorteil) zu machen.

Aber nachdem der Krieg beendet war und die idealistischen Thesen der Vierzehn Punkte ihren ideologischen Dienst getan hatten, ver-

---

391 Nur die Akten des FBI existieren noch, vgl. GDW/Berlin, Teile der FBI-Akten; Messersmith to A. Kirk (interim US-Gesandter in Berlin), Dec. 8, 1939 (2078 M 17/GDW), J. E. Hoover (Geheimdienstchef) an Berle, Assistant Secretary of State, Bericht üb. Trotts Aufenthalt seit 2. Okt. 1939 in den USA, Feb. 23, 1940, dokumentiert: „Dr Adam von Trott zu Solz, with aliases: Adam von Trott zu Solz, Adam von Tropp su Solz, Adam von Trott zu Sole." (!), Dec. 16, 1939. Dies Bsp. entspricht in etwa der generellen „Untersuchungsweise" des FBI's, da „jeder" der 46 Agenten seinen Namen anders „verstand" und diese „Deutschlandexperten"(wie sie tatsächlich hießen, obwohl sie kein Deutsch verstanden), zu aberwitzigen Schlußfolgerungen kamen, was sich begleitend sicher auch negativ auf Trotts Mission auswirkte. (Vgl. GDW, 16/1.2.-TzS 41); vgl. a. Dönhoff, >Um der Ehre willen<, S. 158f.

392 Bracher, NS-Diktatur, S. 451 u. Hoffmann, Widerstand, S. 223.

393 Kaiser/Schwarz, Weltpolitik, S. 321.

weigerten sich die Vereinigten Staaten einem System der kollektiven Sicherheit und ihrer Verantwortlichkeit. Im Zuge der isolationistischen Wende verhinderte der Kongreß, daß die langfristigen Ziele und Projekte des Präsidenten umgesetzt werden konnten.

Ähnlich waren die Vorzeichen vor dem Zweiten Weltkrieg, allerdings unterstützten die USA massiv vor allem England und Frankreich in der nationalen Aufrüstung, etwa mit dem Land-Lease-Programm auf Kredit;

So war Roosevelt indirekt in der Lage, US-Interessen zu unterstützen; diese Anleihen zu sichern, gehörte somit zu den wichtigsten Anliegen.

Erst die forcierte Kriegsführung und die emotionalisierte ideologische Atmosphäre erlaubte es Roosevelt, die innenpolitische Unterstützung zu einer Kriegsbeteiligung zu erhalten. Die „isolationistische Welle" wurde durch die aufkommende „Kreuzzugmentalität" abgelöst.[394]

Im Gegensatz dazu, aber ganz analog, führten der Ideologieexport der Sowjetunion, Annexionen und gesteuerte Volksaufstände in den entstehenden Satellitenstaaten, gegen und nach Ende des Krieges zu Empörung in der US-Öffentlichkeit, daß dies das Ergebnis des Aufwands der Kriegsbeteiligung gewesen sein solle oder jedenfalls nicht hatte verhindert werden können.[395]

Statt einer angestrebten europäischen Friedenslösung begann der „Kalte Krieg".

Ebenfalls bemerkenswert ist der bestimmende moralische Impuls, der sich positiv im Marshallplan zum Wiederaufbau Europas manifestierte, in den endlich konkret umgesetzten Planungen zu einem System der Vereinten Nationen, negativ in der Frontstellung des beginnenden Ost-West-Konflikts in Europa, in der Teilung Deutschlands

---

394 S. Anm. 392, S. 450.
395 S. Anm. 393, S. 322.

und der Spaltung der Welt in vitale Interessensphären[396] und der Konstruktion eines auf die USA ausgerichteten und von diesen dominierten Weltwirtschaftssystems.

Auf Grund der Entwicklung zu einer internationalistischen Ausrichtung in den Vereinigten Staaten, mit dem Ziel, sich verstärkt den moralisch verbrämten ideologischen Interessen in Europa zuzuwenden, bot das undurchsichtige Machtgefüge keinen konkreten Ansatzpunkt für nonkonforme Ideen nichtstaatlicher internationaler Gespräche und Zusammenarbeit. Trott vermerkte genau diesen Zustand der expandierenden, entstehenden neuen Weltmacht, die sich in ihrer missionarischen Sicherheit von der Umwelt unangreifbar abschottet, gegenüber dem Vertreter des State Departments in seinem Abschiedswort.

7.5 Vorstellungen, Konzeptionen und Initiativen Trotts zur Außenpolitik des Widerstandes in den internationalen Beziehungen

Bis auf wenige schriftliche Darlegungen, etwa aus der Zeit in Oxford oder aus Asien, finden sich vor allem in den Memoranden explizit die außenpolitischen Vorstellungen, die Konzeptionen zu einer europäischen Ordnung und die Initiativen Adam von Trotts in den internationalen Beziehungen wieder. In seiner Denkschrift, Ende 1939 in den USA für den britischen Botschafter Lord Lothian verfaßt, mahnt Trott bei seinem Freund eine konkrete Definition der britischen Kriegs- und Friedensziele und einen Paradigmenwechsel in den internationalen Beziehungen und insbesondere im Verhältnis zu Deutschland und zum deutschen Widerstand an: „Popular opinion in

---

396 Korea- u. Vietnamkrieg waren direkte Ergebnisse dieser totalen stellvertretenden Ideologisierung; nach dem Vietnamkrieg 1975 bedeutete dies das endgültige Ende der Ära des vormalig außenpolitisch bestimmenden „Ostküsten-Establishments", das durch neue Eliten u. a. politikwissenschaftlich ausgebildeter Fachleute als Präsidentenberater und im Außenamt abgelöst wurde.

Germany is still convinced that England is fighting another imperialist war. (...) (and) that the allies are guilty of the same sinister motives for which they blame Hitler." „...there is required an element in the English approach to the German mind ... that Britain, given the chance, will not fall back on the `method of Versailles´ or ... to somesthing much more terrible than Versailles."[397]

Bereits wenige Wochen nach Kriegsbeginn befürchtet Trott, „in case of an allied victory", daß ein „`National-Bolshevism´ is seen as the greatest internal peril for an ordered German future, it is still on balance being prefered to another humiliation by the allies."

Gerade aus diesen Gründen hält er es für notwendig, daß „your approach to non-nazi opinion must be deepened and intensified."[398]

Dem imperialistischen Machtgedanken und der kolonialistischen Aufteilung der Welt in Besitz- und Einflußzonen, („You can win an effective response for a `cruisade against Nazi oppression´ only if you succeed to clear it from the suspicion of `Machiavellian make-belief´") stellt Trott den erforderlichen Paradigmenwechsel („to change the present political pattern") der englischen Politik eines „change of heart" gegenüber, „a real determination to built the peace of Europe on justice and equality."[399]

Neben gleichwertiger Partnerschaft und zwischen den Völkern ausgleichender Gerechtigkeit sieht Trott gegenseitig Übereinstimmung als nötig an, gemeinsam die Zukunft Europas selbst zu bestimmen, denn es gebe hierzu „our common traditions", eine westliche Wertegemeinschaft als Grundlage.[400]

Insbesondere sei es dafür erforderlich, staatliche Souveränität teilweise zugunsten des neuen Ganzen aufzugeben, wobei Trott kon-

---

397 Memo für Lothian, Spätjahr 1939 in: Hans Rothfels, Trott u. die Außenpolitik des Widerstandes, S. 310ff, Dok. II, Pkt. 1.
398 Ebd.
399 Ebd., Pkt. 2.
400 Ebd.

statiert, daß bisher „war is generally considered to be an affair of state",[401] so daß sich viele nationalen Solidaritäten verpflichtet fühlten, auch wenn es gegen ihre existenziellen Interessen gehe. Dies sei vor allem ein Problem der kritischen deutschen Eliten in Kirche, Militär und Verwaltung, die im Gegensatz zur Basis einen Mittelweg zwischen Anpassung und Widerstand fänden, wollten sie überhaupt etwas bewirken.[402]

Zu den möglichen positiven Entwicklungen in einer westlichen Kooperation sieht Trott neben den gemeinsamen Werten und Traditionen, daß die bisherige „dauernde gegenseitige Kriegsbedrohung" der europäischen Völker, am Beispiel der USA orientiert, in einem System gebildet und überwunden werden könnte, in dem „durch gemeinsame nationale Grenze, durch Zoll- und Währungsunion prima facie die Möglichkeit innerer gewalttätiger Konflikte ausgeschaltet" sei.

„Die Vereinheitlichung von (Währung) Zoll in Europa würde auf Seiten der westlichen und kleineren Staaten auf den unüberwindlichen Einwand des Erdrücktwerdens durch den überlegenen deutschen Produktionsapparat stoßen."[403]

Die zur wirtschaftlichen Kooperation entstehenden „großen Konsortialgesellschaften" sollten den Exportmarkt erschließen und die Rüstungsindustrie schrittweise ersetzen. „Die gesinnungswandelnde Begleiterscheinung solcher Unternehmen würde Europa zu weitgehenderer Kooperation auf anderen Gebieten befähigen." Als Beispiel nennt er nach diesen vertrauenbildenden Maßnahmen eine „Magna Charta der Arbeit", einen „gemeinsamen höchsten Gerichtshof", ei-

---

401 Ebd., Pkt. . 2c.
402 Ebd.
403 Handschriftliche Notizen Trotts, USA Winter 1939/40, in: Rothfels, ebd., Dok III. Dies als Ausgleich für Englands militär. und kolonialen Machtverzicht, sozusagen als Vertrauensvorschuß, womit ein europäischer ökonomischer Ausgleich bzw. von dt. Seite ein Teilen und freiwilliger Verzicht verbunden wäre.

nen „gesamteuropäischen staatsbürgerlichen Status" und daß durch „weitere Zusammenlegung der administrativen Souveränität auf Teilgebieten" eine „Teilhabe der Einzelstaaten" bestimmt werde.[404]

Trott schwebte eine neue gemeinsame europäische Ordnung oder „eine große europäische Allianz vor", wie er in zwei Briefen äußerte.[405]

Die eingangs von Trott angemahnte Festlegung konkreter britischer Kriegsziele, (die USA waren noch offiziell `neutral´), belegt er mit Zitaten von Halifax und Chamberlain, die zu Kriegsbeginn noch so argumentiert hatten, um daraus den logischen Schluß zu ziehen, „the present struggle is a War for the Liberation of the German People, and ... the Democratic Powers have an ally within Germany itself..."

So bringt Trott die deutsche Opposition und kritische Bevölkerungsteile als gleichwertige und gleichberechtigte Partner ein: „These elements, more numerous and powerful than may be supposed, have a common aim with the Democratic Powers in destroying the Nazi régime and in restoring in Germany a Reign of Law (a Rechtstaat), which will ensure to the German People their ancient liberties."[406]

Der Appell an gemeinsame westliche Werte und Ziele sollte vor allem die soziale Desintegration der europäischen politischen Eliten überwinden helfen, indem die Gemeinsamkeiten der Interessen betont werden und nicht das Trennende der gegenwärtigen ideologischen Vorbehalte und -urteile. So sei es gerade im vitalen, eigennützigen Interesse der westlichen demokratischen Staaten, daß die-

---

404 Ebd.. Zum Vgl. die EU-Wirklichkeit mit (theoretisch) nahezu identischen Strukturen und Organisationen, abgesehen (bisher) von der zentralen Verteidigung.

405 Br. AvT aus Peking, 8.8.1938 u. Br., Berlin 5.2.1937, in Klemperer, A Noble Combat, S. 323 u. 209.

406 Memo, Dec. 28, 1939 and Note on the Restoration of a Rechtstaat in Germany, in:Rothfels, AvT u. die Außenpolitik des Widerstandes, Dok. IV, S. 310ff.

se oppositionellen Gruppierungen „should be strengthened and encouraged to the point where they themselves can take the initiative", daß „just and generous treatment" von seiten der Westmächte ein Vertrauensbeweis für die europäische Zukunft werde. „This essential preliminary assurance can only be given by a clarification and reemphasis of the aim with which the Democratic Powers began the war."[407]

Somit nimmt Trott die späteren westlichen Alliierten beim Wort, um eine Eskalation des Krieges und ein Abdriften in die Muster des Ersten Weltkrieges noch zu verhindern.

Statt eines diktatorischen und von Anbeginn instabilen Friedens sollte nach den durch Trott in seinem Memorandum zitierten Worten Chamberlains „each country have the unfettered right to choose its own form of internal government so long that government did not pursue an external policy injurious to its neighbours."[408]

In Anbetracht der Vierzehn Punkte des Papiers von Versailles und ihrer nicht nur in Deutschland als negativ empfundenen politischen Instrumentalisierung, führt Trott minimale Vorstellungen an, die die Prinzipien von Gleichheit und Gerechtigkeit in der alliierten Politik zum Ausdruck bringen sollen:

a) Keine innenpolitische Einmischung in Deutschland, sobald der Rechtstaat wiederhergestellt sei.

b) Zusammenarbeit zu einer neuen europäischen Ordnung ohne Gewaltanwendung durch friedliche Verhandlung.

c) Der Geist der neuen Ordnung solle in friedlichem Handelsaustausch, industriellen Verhandlungen und Ausgleich bestehen und gebildet werden. Ein gleichberechtigter Zugang zu den Ressourcen sei anzustreben, ein Strukturausgleich zwischen den Ländern solle ökonomische Unterschiede überbrücken helfen.

---

407 Ebd.
408 Ebd. Ansprache des brit. Premiers vom 26.11.1939.

d) Deutschland werde aktiv an der Abrüstung teilnehmen.

Diese minimalen Übereinstimmungen zu fixieren sei nötig, da es Pläne gebe, Deutschland als Ganzes zu zerschlagen und aufzuteilen und vor allem, um die Opposition in ihrem Versuch zu einer Selbstbefreiung zu stärken und schließlich, um den Kriegsverlauf abzukürzen und zu verhindern, daß die Sowjetunion in Mitteleuropa Macht gewönne oder dort ein Marionettenregime entstünde.[409]

Zuletzt erklärt Trott in seiner Denkschrift die Prinzipien und Maßnahmen, „um dem Recht in Deutschland wieder Geltung zu verschaffen" und den Rechtstaat wiederherzustellen.[410]

Die „Sechs Säulen des Friedens" im Friedensprogramms der US-amerikanischen Kirchen von 1943 waren insofern ein bemerkenswertes Papier, als es die durch Adam von Trott beschrittenen (ökumenischen) Pfade einer informellen Außenpolitik und nichtstaatlicher internationaler Beziehungen betrat und eine Debatte aufnahm, um die aktuellen Einwirkungsmöglichkeiten und Zukunftsaussichten einer Neuen Weltpolitik zu bestimmen, Übereinstimmungen und Gegensätze im Gespräch festzustellen, um gemeinsame westliche Werte und christliche Interessen gegen anachronistische staatlich monopole Bevormundung voranzubringen.[411]

Da in den präzisierenden und ergänzenden Antworten Trotts die Grundzüge der „Six Pillars of Peace" indirekt deutlich werden, soll es hier genügen, die in ebenfalls sechs Abschnitte unterteilte Denkschrift von Adam von Trott anzuführen,[412] vor allem da sich dieses Kapitel mit dessen Vorstellungen beschäftigt, einen Ansatz zu fin-

---

409 Ebd. Pkt. 1-4 und 1-3.

410 Note on the Restoration of a Rechtstaat in Germany, ebd.

411 „Six Pillars of Peace", 1943; vgl. a. Klemperer, Die verlassenen Verschwörer, 5. Kap., Ökumenischer Dialog..., S. 226-267.

412 Die folgenden Argumente sind zitiert aus: Rothfels, Trott u. die Außenpolitik des Widerstandes, Dok. 5, Bemerkungen zum Friedensprogramm der amerik. Kirchen, Nov. 1943, Pkt. 1-6.

den, die Probleme der bi- und multilateralen Beziehungen künftig befriedigender zu lösen.

1) Nach den Erfahrungen mit dem Völkerbund „sollte das Statut der künftigen internationalen Organisation wirklich auf dem Boden der sittlichen und sachlichen Erfordernisse einer gleichberechtigten Zusammenarbeit der Nationen und Föderationen errichtet werden."

Machtpolitische Erwägungen sollten eindeutig in den internationalen Beziehungen dem Prinzip des Rechtes untergeordnet werden. Dies mahnt Trott nach einer Beendigung des Krieges gerade bei den USA an. Auf dem „Grundprinzip der Selbstverwaltung" aufbauend betont Trott, daß es gerade in Europa wichtig sei, daß Föderationen ohne Gewalt oder Zwang von außen gebildet würden, um dauerhaft eine friedliche Zukunft zu sichern.

2) Der wirtschaftliche Aufbau und künftige Ausgleich bedürfe internationaler Abmachungen in diesem Bereich, der willkürlich instrumentalisierte Freihandel sei durch Konzentration und Monopolbildung gegen wirkliche Freiheit gerichtet, auch im Zugang zu Ressourcen zu fairen Konditionen, so daß wirtschaftlich stärkere oder dominierende Staaten auf ökonomische Monopole verzichten müßten, insbesondere was imperiale Gebietsmonopole betreffe.

Diese Funktionen zu regeln und auszugleichen sei Aufgabe der internationalen Organisation.

3) Neben der Teilung wirtschaftlicher Macht sei es nötig, die staatliche Souveränität freiwillig einzuschränken, um die neue Instanz mit diesen Befugnissen auszustatten, denn wie die historische Erfahrung lehre, sei klar, daß sich „insbesondere in Europa die Unzulänglichkeit des souveränen Nationalstaates als letzter internationaler Instanz erweist und auf größere Zusammenfassung der einzelnen Völker hindrängt."

4) An diesem Punkt wirft Trott vor allem einen Blick auf nationale Minderheiten und plädiert besonders in Mittel- und Osteuropa neben „territorialer auch für personale Autonomie" zur vollkommenen Gleichberechtigung in allen gesellschaftlichen Bereichen.

5) Rüstungsbeschränkungen oder Abrüstung, die nur auf moralischer Unterstützung basieren, hält Adam von Trott „nach den Erfahrungen des 20. Jahrhunderts (für) kaum vorstellbar"; eine internationale Instanz müsse dies sicherstellen und dazu sei es nötig, nationalstaatliche Souveränitäten abzugeben. Es sei wichtig, daß es eine wirkliche „gleichberechtigte Beteiligung" der internationalen Staatengemeinschaft gebe und die Organisation ein verbindliches „Rechtsstatut" habe, was „die innere Voraussetzung für eine konstruktive Zusammenarbeit" sei.

Der Globalistischen Weltsicht in den Internationalen Beziehungen entsprechend und nahestehend sieht Trott die Mittel positiver Sanktionen als „auf lange Sicht" den nur restriktiven, negativen Sanktionen überlegen. (Ausführlicher hierzu Kap. 8.2)

6) Die Diskrepanz zwischen grundsätzlichem Anspruch und realer Umsetzung der Ideen zu einer künftigen internationalen Zusammenarbeit und neuen Ordnung versteht Trott als Ansporn, nach Verbesserungen der existenten Wirklichkeit zu streben und sie an die politische Utopie anzunähern, aber: „Reiner Idealismus auf dem Gebiet der internationalen Zusammenarbeit birgt die große Gefahr, gegebene Wirklichkeiten nationaler, geographischer, kultureller und konfessioneller Art zu übersehen... Wir dürfen nicht so sehr von einem Wunschbild aus(gehen), sondern ... die schwere Aufgabe unserer Generation zu erfüllen suchen."

Im Schlußteil spricht sich Trott dafür aus, daß es notwendig sei, „die Massenexistenz und ihre negativen Begleiterscheinungen und Dämonen zu überwinden."[413]

Zur Zeit des zweiten USA-Aufenthaltes im Winter 1939/40, erarbeitete Trott mit Scheffer ein Memorandum,[414] das letzterer bereits größtenteils verfaßt hatte, als Deutscher in den USA aber nicht ver-

---

413 Vgl. Anm. 412.
414 Rothfels, AvT u. das State Dep., S. 318-22, Memo Ende 1939.

öffentlichen durfte, so daß Trott es in Teilen überarbeitete und präzisierte.

Dies geschah auch vor dem Hintergrund und in der Diskussion mit der deutschen Exilgemeinde in Washington und New York.

Da viele der Thesen und Argumente schon bekannt sind, soll nur noch der Anteil Trotts in den wichtigsten Punkten skizziert angeführt werden:

Mit den Worten Wilsons führt Trott auf die gegebene Zusage zur Mitverantwortlichkeit der USA für das internationale System hin, daß es nach dem Krieg „no victors and no vanquished" geben werde und drängt auf eine eindeutige und verbindliche Aussage zu den Kriegszielen, „whichever way hostilities may come to an end, it will prove of inestimable value if the Allies – even at this early stage – have put on public record, in clear and unmistakable terms, the kind of peace for which they are fighting."[415]

Daran anschließend werden verschiedene Thesen zu einer neuen internationalen und europäischen Ordnung dialektisch diskutiert. Wichtig sei vor allem die tatsächliche Definition und öffentliche Erklärung der alliierten Kriegsziele und Friedensbedingungen, um:

1) den Krieg so schnell wie möglich zu beenden

2) jetzige und mögliche Spannungen in Europa durch Verhandlungen auszugleichen oder zu lösen

3) eine europäische Kooperation in Gang zu setzen.

Der Schluß des Memorandums betont die Chance, daß die USA als noch nicht im Krieg befindliche Macht „may find herself in a better position than any of the belligerents in the task of defining the fundamentals of a lasting peace."

Und den USA eine vorbildhafte Rolle zusprechend, sucht Trott dort das friedliche missionarische Selbstbewußtsein und -verständnis zu

---

415 Ebd., Einführung des Memos durch Trott.

aktivieren: „America, not divided as we are by social and national bounderies, may well raise the standard of all peace discussions above our complex prejudices of the past, provide a foundation for personal contact, mutual information and confidence, and extend her sympathy to the constructive elements..."[416]

Zwei weitere Denkschriften Adam von Trotts entstanden im Jahr 1942, im Zusammenhang mit einer außenpolitischen Tagung der Kreisauer, datiert mit Ende April und seine letzte an die alliierten Regierungen im Juni 1944, anläßlich seiner Reise nach Schweden.

Das Memorandum vom April 1942 gliedert sich in fünf Abschnitte, deren wichtigste Gedanken und Argumentation kurz zusammengefaßt beinhalten:

1) Der gegenwärtige Zustand sei durch „intensified mass destruction of life and economic substance"[417] gekennzeichnet und es gebe in allen Staaten durch den erbittert geführten Krieg „increasingly totalitarian control of national life everywhere" und in Mittel-, Ost-, Südost- und Nordosteuropa einen „trend toward anarchical dissolution" durch „Soviet methods ... (which) do not justify the belief that bolshevism has as yet changed into a form of government adapted to western standards."

Diese Warnung dient dazu, Deutschlands Funktion, gerade auch in der alliierten Planung, als Puffer gegen die Sowjetunion zu betonen.

2) Die Verantwortlichkeit Deutschlands wird betont, ebenso wie die notwendige Unterstützung der Opposition im gemeinsamen Kampf gegen den Nihilismus und seine nationalsozialistische Ausprägung. Es folgt ein Appell an das Gewissen der Weltgemeinschaft um verbale Solidarität.

---

416 Ebd., Schluß des Memos.
417 Memo AvT (Ende Apr. 1942), in: Rothfels, Zwei außenpolitische Memoranden der dt. Opp., Dok. 1, S. 392ff, Pkt. 1-5; ebenso die folgenden Zitate.

3) In Deutschland bestehe nach einem Umsturz die Möglichkeit, daß sich eine Regierung etabliere, „which would return to the standards of civilized Europe", im ungünstigsten Falle könne es auch zum Bürgerkrieg und zur staatlichen Auflösung kommen. Damit dies nicht geschehe, sei von außerhalb des Landes Unterstützung vonnöten, gerade um einen geordneten Rechtstaat wiedererrichten zu können

Hierbei gebe es etliche unbekannte Variablen:

a) Der benötigte Schutz vor einem sowjetischen Einmarsch in Mitteleuropa

b) Die totale staatliche Kontrolle durch Partei und Gestapo, so daß nach einem Umsturz ein zeitweises Machtvakuum entstehen würde

c) Die völlige Unklarheit über das britische und US-amerikanische Verhalten bei einem Umsturz

d) Der geordnete Abzug aus den von Deutschland besetzten Gebieten

   Die beiden zuletzt genannten Punkte bedürften einer internationalen Kooperation, um Chaos und Gewalt zu vermeiden.

4) An diesem Punkt zählt Trott die wichtigsten Widerstandsgruppen und Organisationen auf und erwähnt deren Zielsetzungen:

a) Eine unabhängige Regierung und föderale Strukturen

b) Eine föderative europäische Union („including Britain") mit enger internationaler Zusammenarbeit über die Kontinente hinweg

c) Freiwilliger Verzicht auf ökonomische Autarkie zugunsten eines freien Zugangs zu Rohstoffen

d) Politischer und wirtschaftlicher Wiederaufbau Europas, frei von Konzepten des „status quo" und „status quo ante" und unter Betonung der Aspekte der sozialen und politischen Sicherheit

e) Deutschland würde in internationaler Zusammenarbeit jeder Lösung der jüdischen Frage zustimmen.

f) Deutschland würde mit allen Nationen zusammenarbeiten, um den Zustand des Unrechts und der Not zu überwinden, der in den besetzten Ländern durch die Naziherrschaft entstanden ist.

So essentiell etwa Abschnitt 4e war und durch Trott bereits früh offen angesprochen wurde, so kompliziert war die Verantwortlichkeit der Kolonialmächte im Nahen Osten, wo diese ganz andere Planungen und Interessen verfolgten. Allerdings erwog Trott bei diesem Passus vor allem Fragen der möglichen Reintegration und Wiedergutmachung.

5) Der Schlußabschnitt betont, daß diese Denkschrift eine erste Basis für weitere Gespräche sei, die allerdings nicht einseitig geführt werden dürfen. „An exchange of ideas seems us hopeless only as long as we are faced with a one-sided tendency to blame and to judge. There is a definite difference between active crime and criminal negligence. But, whatever the responsibilities are, there should be a common recognition of our failure to deal in a Christian manner ... which (has) brought the world to the present situation." Trott appelliert an die Solidarität der Weltgemeinschaft und die gemeinsame Verantwortlichkeit, die Zukunft zu gestalten, wobei er betont, daß die deutsche Opposition vorrangig handeln und mehr tun müsse. „We sincerely hope that our still unadequate attempt to do so will be met with frank co-operation in the practical task to face a common future beyond the catastrophe now confronting us all."[418]

In Schweden und England[419] beeindruckte damals, daß Pastor Schönfeld ganz analog zu Trotts Memorandum argumentierte, was

---

418 Ebd.
419 Memo des Bischofs Bell, Juni 1943, in: Scheurig (Hg.), Dt. Widerstand, S. 162ff, darin auch Außenmin. Edens ablehnende Antwort an Bell.

dadurch erklärbar ist, daß jener in Kontakt zum Kreisauer Kreis stand und die außenpolitischen Ausführungen Trotts von dort kannte.[420]

Das letzte Memorandum, das Trott im Juni 1944[421] aus Schweden an die westlichen Alliierten offiziell übermitteln ließ, zieht eine Bilanz der bisherigen Gesprächsversuche und stellt noch einmal die essentiellen minimalen Grundpositionen des deutschen Widerstandes für die Opposition zu einer Gesprächsplattform oder Zusammenarbeit dar.

Ohne irgendwelche Zusicherungen und künftig größere Diskretion von seiten der westlichen Alliierten zu erhalten, erklärt Trott, nicht bereit zu sein, gefährdende Interna und Details aus den deutschen Oppositionskreisen weitergeben zu können, vor allem da sogar eine neue Antinaziregierung mit den gleichen Forderungen nach bedingungsloser Kapitulation konfrontiert werde.

Er erwähnt die (den Alliierten bereits lange bekannten) Grundstrukturen der Widerstandsgruppen und die Gefährlichkeit jeglicher oppositioneller Tätigkeit, und daß man auf die Unterstützung von extra für den Widerstand im Amt verbliebenen Funktionsträgern angewiesen sei, um das nach einem Putsch entstehende politische Machtvakuum sogleich auszufüllen und Chaos und Bürgerkrieg zu verhindern.

Er betont, daß eine unabhängige Selbstverwaltung und innere Integrität die Grundvoraussetzung sei, die jetzige Rechtlosigkeit in der Tyrannei zu überwinden und einen rudimentären Sinn für nationalen Eigenrespekt zurückzugewinnen.

Im Falle, daß die westlichen Alliierten weiter auf ihrer Strategie des bedingungslosen Sieges bestünden, sagt Trott die sichere Aufteilung Deutschlands in zwei entgegengesetzte Lager voraus, die von den

---

420 Vgl. Anm. 417, Dok. 2, Statement by a German pastor at Stockholm, 31st May 1942.
421 Lindgren, AvT´s Reisen nach Schweden, Anlage 2, Memo, S. 289ff.

sich bildenden großen Mächten in Ost und West Unterstützung erhielten:

„The emergence of two opposing post-nazi Germanies would become irresistable" und er kritisiert westliche Pläne einer völligen staatlichen Zerschlagung Deutschlands.

Den militärischen Aspekt vor anderen wichtigen Fragen zu betonen, bedeute für den deutschen Widerstand, daß es umso nötiger und dringender sei, mit einem Umsturzversuch ein Zeichen gegen Gewalt und Terror zu setzen und wenn möglich ein demokratisches politisches System zu etablieren, bevor die westlichen Alliierten eine Diktatur durch neue diktatorische Willkür ersetzten.

Die politischen Persönlichkeiten des Widerstandes aus Verwaltung, Kirchen und Gewerkschaften seien in England und den USA größtenteils bereits lange namentlich und programmatisch bekannt, gerade durch die jahrelangen Kontakte über die neutralen Länder, der Führungszirkel müsse aber vor der indifferenten Haltung der Alliierten geschützt werden. Eine konkrete Einschätzung der Erfolgschancen bei einem Putsch sei nicht abzugeben, es hänge sehr von unterstützenden Umständen ab „... that a practical advance seems only possible by the mutual dispatch of reliable agents who are personally aquainted with the men, plans and measures the coordination of which is likely to become necessary in this matter."[422]

Nach seiner Abreise von diesem unergiebigen Gesprächsversuch in Schweden erhielt Trott aus England die Nachricht mit der dringenden Bitte, wieder nach Schweden zu kommen; aber dafür konnte er keine Reisegenehmigung mehr erlangen. Sein `Vertreter´ Alexander Werth wurde mit den Worten zurückgewiesen, man wünsche von seiten der westlichen Alliierten für künftige Verhandlungen mit Deutschland „Adam and Adam alone"[423], wofür es jetzt zu spät war, da in wenigen Wochen das Attentat und der Putschversuch am 20.

---

422 Vgl. Anm. 421.
423 S.: Sykes, Eine dt. Tragödie, S. 363f u. Rothfels, Dt. Opp., S. 180.

197

Juli 1944 durchgeführt werden sollten, die Trott organisierend und logistisch vorbereiten half.

7.6 Exkurs: Der deutsche außenpolitische Widerstand und die europäische Komponente – Vorbereitung der europäischen Integration?

Die Vorstellungen zu einer neuen Ordnung und Integration Europas bestimmten seit den Erfahrungen des Ersten Weltkrieges die politischen Debatten. Zu dieser kosmopolitischen Ausrichtung standen die anachronistischen nationalsozialistischen Vorstellungen im polaren Gegensatz, was ein prägendes Element dieser Zeit der Umbrüche bestehender Weltbilder war.[424]

Die Kontakte der deutschen Opposition und des außenpolitischen Widerstandes zu den Widerstandsgruppen in den besetzten Ländern und zu ökumenischen Kreisen in den alliierten Staaten begannen einen Dialog über die Fronten und Grenzen hinweg zu initiieren, der „zu einer Übereinstimmung der Vorstellungen und einer rudimentären Koordination der Bemühungen (führte), daß wir von einem gemeinsamen Erbe des europäischen Widerstands sprechen können, das, obschon es 1945 seine Verwirklichung nicht erlebte, gleichwohl zur Begründung der Tradition der europäischen Bewegung in der Nachkriegszeit beitrug."[425]

Diese Ideen und Vorstellungen hatten auch die Debatten der frühen Weimarer Jahre geprägt, gerade auch in bezug auf eine Erneuerung des Völkerbunds und eine europäische Integration nach vorsichtiger

---

424 Exemplarisch für seine Zeit in ihrer inneren Zerissenheit und Vielfalt das Bsp. des liberalen und kosmopolitischen Schöngeists Walter Rathenau, als innovativer Großindustrieller und Außenminister, der das Feindbild der faschistischen Tendenzen darstellte. Vgl. a. die Ausstellung im Zeughaus Berlin 1993 und den Ausstellungskatalog, Walter Rathenau, 1867-1922 – Die Extreme berühren sich.

425 Klemperer, Die verlassenen Verschwörer, S. 22.

und erfolgreicher Annäherung zwischen Frankreich und Deutschland, was in den 30er Jahren wieder zunichte gemacht wurde.

Der Widerstand gegen die totalitären Systeme und Ideologien und insbesondere der außenpolitische Widerstand Trotts, der in einem Paradigmenwechsel von der erfolglosen und ernüchternden Erfahrung als nicht-staatlicher Akteur zu einer gleichberechtigten Zusammenarbeit mit anderen Widerstandsgruppen und nicht-staatlichen Akteuren und informellen Gruppen der internationalen Beziehungen aus ganz Europa fand.[426]

Im Gegensatz dazu fanden die Alliierten ihre Kontakte mit den legitimen staatlichen Vertretern der besetzten Staaten, die in Exilregierungen zusammengefaßt trotz ihres halboffiziellen Charakters fast ohne jeden Einfluß waren.[427]

Das Dilemma des deutschen außenpolitischen Widerstandes bestand in der exponierten Lage: Innenpolitisch subversiv und dissident und auf konspirative Organisationsformen angewiesen, außenpolitisch im „Mühlespiel zwischen Ost und West"[428]

Während sich die Westmächte nicht auf die deutsche Opposition zubewegen mochten, kamen aus dem Osten vergleichsweise konstruktive Vorschläge.

Für Moltke, Trott, die anderen Kreisauer, die Militärs, Oppositionelle in den Kirchen und der Beamtenschaft war das keine realistische Option, höchstens ein Druckmittel der außenpolitischen Opposition für die von allen bevorzugte westliche Gesprächslösung auf gemeinsamer Werte- und Traditionsgrundlage, was dazu eine notwendige

---

426 Vgl. allg. Roon, Der Kreisauer Kreis, üb. diese informellen Kontakte in ganz Europa, ebenso s. Anm. 425, S. 309ff, (Kontakte mit alliierten Widerstandsbewegungen).

427 Ebd., v. a. Roon, Der Kreisauer Kreis.

428 So nach U. v. Hassell, vgl. seine Aufzeichnungen, Das Andere Deutschland u. Klemperer, Die verlassenen Verschwörer, S. 328.

künftige friedliche Zusammenarbeit mit Rußland, nach einer Befriedung Europas, besonders hervorhob.[429]

Der größte Teil des deutschen Widerstandes erlebte nur eine europäische Zusammenarbeit nicht mehr, während zahlreiche Oppositionelle aus den besetzten Gebieten später zur politischen Elite ihrer Länder gehörten, wie etwa Trotts Gesprächspartner in Holland, Belgien, Frankreich und Schweden.[430]

---

429 Trotts Memo Mai 1942 in Schweden u. Pastor Schönfelds analoge Äußerungen.

430 Vgl. Roon, Der Kreisauer Kreis, darin Kontaktpersonen Trotts und ihre Biographien; (Vgl. Kap. 2 bis 5).

8 TRADITIONELLE STRUKTUREN IN DEN INTERNATIONALEN BEZIEHUNGEN ODER NEUE AUSPRÄGUNGEN, STRUKTUREN UND IMPULSE?

Der Zusammenbruch der alten eurozentrischen imperialen Machtpolitik nach den Erfahrungen des Ersten Weltkrieges beförderte die idealistische Sicht in den internationalen Beziehungen; das bisherige vergebliche Streben nach einem Ausgleich und „Gleichgewicht der Mächte", die Betonung der jeweiligen nationalen Interessen, durchgesetzt mit Hilfe der Geheimdiplomatie, – nicht demokratisch legitimierter autokratischer Systeme -, hatte für Ernüchterung gesorgt.

Dagegen wurde im Modell des Idealismus auf Ideen der Völker- und kosmopolitischen Weltgesellschaft gesetzt, auf Kooperation und Zusammenschluß vernunftmäßig handelnder Individuen, die ethische Normen und Grundsätze verfolgen.

Ein Netz internationaler Organisationen und Abhängigkeiten sollte kollektive Sicherheit in friedlichem Ausgleich bieten, Abrüstung die Voraussetzungen zu Vertrauensbildung sein, internationale Schiedsgerichtsbarkeit dies kontrollieren und konventionelle Machtpolitik ausschalten oder besser obsolet machen.

Die vernunftbegründeten und -geleiteten Interessen der Individuen sollten so automatisch und unbewußt diejenigen der sozialen Staatengemeinschaft fördern, so daß die Nationen „in serving themselves serve humanity".[431]

Ein existenzielles Problem bildeten die in diesen Theorien vernachlässigten, sich nicht an diese Normen gebunden fühlenden autoritären Regime in Europa, in der Sowjetunion und in Japan. Die vom Idealismus propagierten Netzwerke und Organisationsstrukturen

---

431 E. H. Carr, The Twenty Years´ Crisis, S. 74.

beruhen in erster Linie auf ausgeglichenen Interessen und Freiwillig-keit, die negativen Sanktionsmittel gegen abweichende nationale Akteure waren international nicht anerkannt und somit auch nicht durchsetzbar.

Gegen expansionistische Machtpolitik hatte diese Interpretation der internationalen Organisation und Kommunikation, insbesondere in den 30er Jahren, keine Chancen. So fand auch die hiervon inspi-rierte Appeasement-Politik ihre Grenzen und ihr Ende. Aus diesen Erfahrungen der politischen Ohnmacht wurde dem idealistischen Konstrukt einer Weltgemeinschaft das ältere Realistische Modell ent-gegengestellt.[432]

Diese Theorie zu den Internationalen Beziehungen vertritt die Vor-stellung eines offenen multipolaren Staatensystems ohne zentrale Sanktionsgewalt. Die Hauptdeterminanten sind vor allem neben den (Schlüssel-) Begriffen der Macht und der nationalen Akteursinteres-sen, der souveräne Territorial- und Nationalstaat als Grundeinheit internationaler Politik, die Absicherung der eigenen Existenz und Integrität als Grundziel staatlichen Handelns, die Selbsthilfe mit mi-litärischer Macht als legitimes (ultima ratio) Mittel internationaler Politik und Bündnisse in einem fragmentierten Milieu[433] der dezentral ohne übergeordnete Organisationsstruktur agierenden nationalen Akteure.

Dabei bedient sich der Realistische Ansatz historischer, interessen- und konstellationsanalytischer, synoptischer und topischer Verfah-rensweisen und Methoden, um Ausdrucksformen, treibende Kräfte

---

432 Vgl. v. a. Hans J. Morgenthau, (Anm.: Keine Verbindung zum Namensvetter des sog.-plans), Macht und Frieden. Grundlegung einer Theorie der internat. Politik, S. 63ff.
433 Vgl. Stanley Hoffmann, Guliver´s Troubles od. die Zukunft des internat. Sy-stems, S. 28.

und Ursachen des internationalen Verhaltens nationaler Akteure zu ermitteln.[434]

Skizziert kann man dies als Neuorientierung sehen, weg von Reformversuchen internationaler Institutionen und dem (dort als vergebliche Mühe verstandenen) Unterfangen, internationale Probleme lösen zu wollen, hin zu einer beschreibenden Analyse von Entwicklungsprozessen und Ursachen internationaler Verhaltensweisen.

Die systematische Suche nach Vergleichbarem, typologisch Entsprechendem innerhalb der Vielfalt der Erscheinungen und Prozeßabläufe der internationalen Politik ist prägendes Merkmal dieser Weltsicht und dieses Denkens „in terms of configurations of events rather than grand single causes."[435]

In den 50er Jahren bildete der Realismus, gerade nach den Erfahrungen des Zweiten Weltkrieges und dem Beginn des sogenannten Kalten Krieges die vorherrschende Theorie in den Internationalen Beziehungen.[436]

Die folgenden 60er und frühen 70er Jahre waren von der weitgehend konstruierten Kontroverse zwischen Traditionalismus und

---

434 S. Anm. 432, allg: Woyke (Hg.), Handlexikon Internationale Politik u. Mickel (Hg.) Handlexikon zur Politikwissenschaft.

435 F. S. Dunn, The Present Course of International Relations Research, in: World Politics, 2 (1940/50), S. 82.

436 Die reine Betonung der traditionellen Kategorien von Macht u. nationalen Interessen, der erneuten Stilisierung des Nationalstaates zum wichtigsten Bezugspunkt u. Agens in der Weltgeschichte betrachtet E. Krippendorff kritisch in seinem Beitrag: vgl., The Dominance of American Approaches in International Relations, in: Dyer/ Mangasarian (Hg.), The study of Internat. Relations, The State of the Art, S. 28-39.

Scientismus geprägt,[437] denn die vorgeblichen Unterschiede scheinen geringer als die Gemeinsamkeiten gewesen zu sein.[438]

8.1 Zwischen Staatsmythos, Idealismus-, Realismus- und Globalismusdiskussion

War das Idealistische Modell in den Internationalen Beziehungen eine Antwort auf das klassische einer Konkurrenz der Staaten, so wurde dessen Weltbild von der Idee einer kosmopolitischen Gesellschaft oder Völkergemeinschaft getragen, die aus sich zusammenschließenden und kooperierend vernunftmäßig handelnden Individuen bestehe und für die Einzelstaaten gemeinsame ethische Normen verwirkliche.

Das Prinzip der übergeordneten – internationalen – Schiedsgerichtsbarkeit sollte durch (Völker-) Recht Frieden erhalten oder schaffen, im Gegensatz zu einem Gleichgewicht der Macht oder des Schreckens in den Konzeptionen der Realisten und auch abgemildert als normative Triebkraft die Furcht vor (un)berechenbaren Gefahren bei den Globalisten.

In der idealistischen Übergangsphase nach dem Ersten Weltkrieg überwog der völkerrechtliche Ansatz und damit eine deskriptive Methode, die insbesondere auf Institutionen und ihre Analyse orientierte Fragestellungen untersuchte.

Dabei gerieten andere wichtige Faktoren vollständig in den Hintergrund, so beispielsweise das faktische Akteursverhalten interpretierend zu untersuchen.

---

437 Vgl. allg. Knorr/Rosenau (Hg.) Contending Approaches to Internat. Politics; vgl. a. D. Singer, Die szientistische Methode. 1./2. Teil in: Pol. Vierteljahresschrift, 14/1973, S. 471-98 u. 15/1974, S. 3-32; s. a. J. Falter, Der „Positivismusstreit" in der amerik. Politikwissenschaft, (1982).

438 Vgl. R. Meyers, The laying of ghosts – od.: unzeitgemäße Betrachtungen zur behavioristischen Politikwissenschaft, in: Neue Politische Literatur, 1985/30, S. 72-88.

In seinen Memoranden trat Trott in diesem Sinne vor allem dafür ein, ein Konstrukt internationaler völkerrechtlicher Abmachungen unter „gleichberechtigter Beteiligung" und durch den „Rechtscharakter der Organisation" aufzubauen,[439] mit denen Menschenrechtsfragen dann rechtlich fixiert und als Garantie einforderbar seien, andererseits erkannte er die Schwächen des idealistischen Weltbildes in bezug auf abweichende nationale Akteure, denen nur mit negativen Sanktionsmöglichkeiten beizukommen sei, „daß man (Anm.: aber) die negativen Mittel der Friedenssicherung ... in ihrer Bedeutung nicht überschätzen darf, ...(sie) stehen auf lange Sicht weit hinter den positiven Mitteln zurück, die die ständige Betätigung praktischer und konstruktiver Zusammenarbeit zwischen den Nationen darbietet."[440] Und später: „Reiner Idealismus auf dem Gebiete der internationalen Zusammenarbeit birgt die große Gefahr, gegebene Wirklichkeiten nationaler, geschichtlicher, geographischer, kultureller und konfessioneller Art zu übersehen."[441]

Im internationalen multipolaren (National-) Staatensystem erkannte er die wichtigste Konstante von Machtpolitik; um mit diesem, wie es die Realisten auffassen, fragmentierten Milieu umzugehen, bedarf es durchaus adäquater Methoden als Antwort auf internationale Gewaltpolitik, Hegemoniestreben und innenpolitische Unterdrückung.

Vor allem die innenpolitische Verfassung der souveränen National- und Territorialstaaten wird in vielen Theorien zur Internationalen Politik vernachlässigt.

In seinen außenpolitischen Konzeptionen sprach Trott explizit drei Problembereiche an, die auch insbesondere wissenschaftliche Kritik- und Erweiterungspunkte am „traditionell" ausgerichteten Realistischen Ansatz und Weltbild sind:

---

439 Vgl. Rothfels, Trott u. die Außenpolitik des Widerstandes, S. 310-323, Memo AvT Nov. 1943, „Bemerkungen zum Friedensprogramm der amerikan. Kirchen", Pkt. 5.
440 Ebd.
441 Ebd. Pkt. 6.

a) Die Rolle des Staates als dominanten internationalen Akteur

b) Die klassische Trennung zwischen Innen- und Außenpolitik

c) Die zunehmende (wirtschaftliche) Verflechtung insbesondere der (westlichen) Industriegesellschaften.

Zu a.: Trott initiierte selbst eine Erweiterung der klassischen internationalen Politik, so wie bereits seit langem wirtschaftliche und kulturelle Interessengruppen unabhängig von staatlichen Akteuren ihre Positionen in die internationalen Beziehungen einbrachten; in Krisen- und Kriegszeiten kamen nichtstaatliche Akteure der politischen Opposition, des Widerstandes, nationaler Befreiungsbewegungen und von Bürgerkriegsparteien hinzu.

Die Formulierung dieser „neuen Außenpolitik des Widerstandes in Deutschland" stellt die Avantgarde der heutigen Normalität in den internationalen Beziehungen dar.

Die klassische Trennung der Sphären von Innen-, Außen- und internationaler Politik, verknüpft mit der kapitalistisch-feudal geprägten Idee des Staates als eines monolithischen Akteurs, im Inneren mit dem Monopol legitimer physischer Gewalt ausgestattet und in den Außenbeziehungen keinerlei übergeordneter Kontrolle unterworfen, war nicht erst nur durch die Erfahrung des staatlichen Totalitarismus und der Massengesellschaft ein Anachronismus;[442] bereits früher fand eine Ausweitung staatlichen Handelns über traditionelle Bereiche hinaus statt:

Neben militärischer und rechtlicher wurde auch die wirtschaftliche Sicherheit und soziale Wohlfahrt zum Staatsziel, indem außenwirtschaftliche Interessenpolitik zur binnenwirtschaftlichen Entwicklung vertreten wurde und im Gefolge der Industrialisierung und des Modernisierungsprozesses die gesellschaftliche Forderung erhoben wurde, nationale Interessen im internationalen System auf inner-

---

442 Ebd.: „Den wesentlichsten und unmittelbaren Beitrag zur Friedensgestaltung ... sehen wir ... in der Überwindung der Massenexistenz durch eine christliche soziale Ordnung."

staatlichen Konsens politischer und sozialer Gemeinschaftsinteressen zu gründen.

(Die Grenzen dieser Definitionen finden sich in der Pervertierung der großen ideologischen Strömungen dieses Jahrhunderts, die aus dem Streben nach Gemeinschaft die zwangsweise „Volksgemeinschaft" und aus der Idee der sozialen Gerechtigkeit neue willkürliche politische und ökonomisch dominierte Unterdrückung „produzierte.")

Die elementaren transformatorischen Prozesse in den Gesellschaften „have affected all the major dimensions of international politics in dramatic...ways, ...have served to undermine the stability upon which international politics previously relied... ...the norms of international behavior have expanded considerably beyond a focus on the use of force to question of the most equitable distribution of welfare and the expansion of economic well-being."[443]

Zu b.: Wie Klemens von Klemperer es für die Außenpolitik Trotts formulierte, war der erste Beweggrund, in die internationale Politik einzutreten, die „Innenpolitik mit anderen Mitteln fortzusetzen",[444] also ein pragmatisch-praktischer Antrieb ohne theoretisierend-idealistische Ambitionen.

Mit den außenpolitischen Initiativen Trotts wurde die traditionelle Vorstellung, daß Außenpolitik per se dem originären Machtanspruch des (National-) Staates unterstehe und in der exklusiven Interpretation des „Primats der Außenpolitik" anhand der praktischen Erfahrung utilitaristisch relativiert. Vorher vernachlässigte Interdependenzen zwischen Innen- und Außenpolitik für den Ausgleich in der „Weltinnenpolitik" sind somit deutlich geworden.

---

443 E. L. Morse, Modernization and the Transformation of International Relations, S. XV und 2.
444 Vgl. Klemperer, Die verlassenen Verschwörer, S. 18f u. ders., Nationale od. internationale Außenpolitik..., S. 642, in: Schmädeke, Widerstand geg. den NS.

Zu c.: Die zunehmende Verflechtung der Industriestaaten verlangt eine globale, nicht mehr nur auf augenfällige, naheliegende Bereiche ausgerichtete Betrachtungsweise; Transformationen der gesellschaftlichen und internationalen Realität schaffen Fakten, die in eigene staatliche Planungen einzubeziehen sind. Im Kontrast dazu sind die ideologischen Interpretationen und Weltbilder und traditionelle Positionen zur internationalen Politik versucht, den status quo ante zu fixieren, was nicht einmal mehr einer zweckgerichteten mythischen Verklärung dient, denn wenn die Realität dem gewünschten Weltbild widerspricht und nicht angenähert werden kann, ist es selbstbetrügerische Ideologie, an der Illusion festzuhalten.

Während Trott die philosophischen Thesen Hegels mit Interesse an der Wirklichkeit studierte, kritisierte und aktualisierte er dessen überkommene, an viel geringeren internationalen Bindungen orientierte Vorstellung von wirtschaftlicher Zusammenarbeit, zwischenstaatlicher Abhängigkeit und Verflechtung.[445]

So steht Trott mit seinen Thesen und Konzeptionen der globalistischen Theorie in der Vorstellung nahe, Staaten seien nicht die einzigen bedeutenden Akteure der internationalen Beziehungen, deren vorrangiger Austragungsmodus die volontaristische Kooperation vernunftmäßig agierender Individuen und Gruppen sei.

Als wissenschaftliche Theorie etablierte sich die Global(istisch)e Weltsicht (s. Anm. 446, dort auch zu Thesen und Vertretern des Ansatzes) in der Lehre der Internationalen Beziehungen allerdings erst in den 70er Jahren, mehr als 30 Jahre später, so daß man in der damaligen Diskussion mit größerem Recht von einer Vorwegnahme in der theoretischen und praktischen Sphäre sprechen kann.

Im direkten Vergleich sind die Positionen dieses Ansatzes den expliziten Vorstellungen in den Thesen Trotts am ehesten verwandt, betrachtet man die beteiligten möglichen Akteure und Gruppen, die angewendeten Methoden, die Art der vor allem positiven Sanktionen

---

445 Vgl. allg. AvT's Abhandlung üb. Hegel u. das Vorwort von Hans Rothfels.

als Teilhabe und Teilnahmemöglichkeit, in der Sichtweise der philosophischen Ausrichtung und im optimistisch kritischen Menschenbild: Internationaler Einfluß resultiert aus dem gekonnten Umgang mit gemeinsamen zwischenstaatlichen Abhängigkeiten des internationalen Systems. Andere zu überzeugen dient dazu, selbst Einfluß zu erreichen.

Das Weltbild ist nicht `idealistisch´, es entspricht einer elaborierten Vorstellung der individuellen und gesellschaftlichen Verantwortlichkeit, wobei auf produktive Antriebskräfte und kooperierende Beweggründe vertraut und destruktive Ambitionen und Tendenzen durch utilitaristische Anreize und Sachzwänge kompensiert, umgewandelt oder zumindest neutralisiert werden.

Demgegenüber vertritt der Realismus ein archaisches Welt- und Menschenbild. In gewisser Weise ist der Globalismus eine Weiterentwicklung des Idealismus, vergleicht man deren Positionen; allerdings unterscheiden sich die Mittel ganz erheblich und sind insofern bei ersterem „realistischer": Der Globalistische Ansatz setzt auf die langfristige Wirkung der ökonomischen, ökologischen, sozialen und funktionalen Verbindungen und Zwänge zur Integration und Kooperation, quasi über institutionalisierte Rahmenbedingungen und bürokratisches Regelwerk, ebenso wie auch auf die gemeinsame Furcht vor drohender unberechenbarer, nicht abgestimmter Entwicklung gesetzt wird und die Vorteile des Systems für sich sprechen und steten Anreiz bieten sollen.[446]

---

446 S. Anm. 434.

8.2 Aktuelle Rezeption und Neubewertung in der angloamerikanischen und europäischen Geschichtsforschung und Politikwissenschaft

Seit Mitte der 80er, Anfang der 90er Jahre des 20sten Jahrhunderts ist es zu einer Neuinterpretation geschichtlicher Fakten durch eine neue Forschergeneration gekommen.[447]

Verstärkt wurden diese Tendenzen durch weltpolitische Umwälzungen, dem Ende der bipolaren Weltstruktur nach dem Fall der Mauer in Berlin und Deutschland, in der bundesrepublikanischen Diskussion selbst durch das faktische Ende des Historikerstreits, da er durch die Deutsche Einheit auch an streitbarer Substanz eingebüßt hatte, eine Historisierung mit dem Abschluß des weltpolitischen Kapitels des sogenannten Kalten Krieges stattgefunden hatte.

In der Folge wird in den Geschichtswissenschaften die Politik der europäischen Länder und der USA während der Zeit des `Dritten Reiches´ in diesem Kontext auch auf ihre Handlungen und ihren Einfluß auf die internationale Politik, wirtschaftliche Zusammenarbeit und Verfolgung eigener Minderheiten hin untersucht.[448]

Durch die weltpolitischen Umbrüche waren diese Themen seit 1989 etwa auch in der damaligen Tschechoslowakei Anlaß emotionaler Diskussionen gewesen, im übrigen ehemaligen Ostblock überwiegen

---

447 Vgl. die Diskussionen in der Schweiz, Schweden, Holland, Norwegen, Italien, Frankreich, Tschechien, USA, England u. in Dänemark. Als Bsp.: GB: Hedley Bull, The Challenge of the Third Reich, Konferenz an der Uni Leeds, 1986; vorbereitet in der kontroversen Diskussion bereits von Sykes, Troubled Loyality, 1968, 1969; alle Themen entzündeten sich an der Kontroverse (vgl. Encounter-) um die vermeintliche Rolle Trotts; ebenso MacDonogh, A Good German, London, N. Y. 1989 USA: Malone mit seiner Biographie Trotts 1980 (dt. 1986) u. Klemperer mit verschiedenen Veröffentlichungen zum deutschen Widerstand, The Search for Allies Abroad, 1992 USA (dt. 1994, Die verlassenen Verschwörer); schon vorher mit ihren Beiträgen auf der Konferenz der Deutschen Historischen Kommission zu Berlin, vgl. Schmädeke (Hg.), Sammelband mit internationaler Beteiligung.
448 Vgl. Anm. 447.

wegen wirtschaftlicher Probleme und Umstrukturierungen die alten Geschichtsbilder. Dort wird es Aufgabe der Forschung sein, diese dem aktuellen Stand der Wissenschaft anzunähern.

Auch in Deutschland findet in der historischen und politikwissenschaftlichen Analyse nach über einem halben Jahrhundert eine mehr qualitative Materialauswertung statt.[449]

Die Totalitarismusforschung[450] untersucht das 20ste Jahrhundert der ideologischen Auseinandersetzungen zwischen demokratischen und totalitären Staats- und Weltanschauungssystemen als abgeschlossenes Kapitel einer Entwicklungsgeschichte, so daß Nationalsozialismus und Stalinismus jeweilige politische Ausprägungen der „Idee von der Formung eines neuen Menschen" darstellen, wobei alle positiven Werte (wie Gemeinschaft und soziale Gerechtigkeit) durch den vollkommenen Machtanspruch und die gewählten Mittel pervertiert und diskreditiert wurden.

Dabei stellt sich manchen Forschern die Frage der Vergleichbarkeit der totalitären Systemausprägungen oder des zeitlichen und ideologischen Zusammenhangs. Den gesamten Zeitraum zwischen 1917 und 1989 als „Weltbürgerkrieg" zu bezeichnen, wenn auch mit Fragezeichen versehen, wie das Ernst Nolte in einem Artikel tat,[451] ist wohl doch gewagt.

Die Definition der Fortsetzung eines Kriegs der Ideen und Ideologien, wie das der Philosoph Sloterdijk[452] in einem Gespräch mit diesem in Bezug auf Nietzsche und Marx tat, würde auch hier besser passen.

---

449 Vgl. z. B. Bracher (et al.), Deutschland 1933-1945. Neue Studien zur nationalsozialistischen Herrschaft, 1992 (Sammelband mit Beiträgen der verschiedensten Autoren).

450 Vgl. Eckhard Jesse (Hg.), Totalitarismus im 20. Jahrhundert. Eine Bilanz der internat. Forschung, Kap. 2, S. 135-222.

451 E. Nolte, Weltbürgerkrieg 1917-1989?, in: Jesse (Hg.), Totalitarismus.

452 SFB 3, 6.10.1994; Diskussion zw. Sloterdijk u. Nolte, der auch den Historikerstreit durch seine polemischen Thesen mitauslöste.

Außerhalb Europas gilt der Erste Weltkrieg um kolonialwirtschaftliche Besitzstände als Europäischer Bürgerkrieg. Betrachtet man die ideologischen Verwicklungen, wirtschaftlichen und internationalen Verflechtungen und Abhängigkeiten, die in der Folge der ungelösten Fragen eines neuen, geordneten, friedlichen Zusammenlebens in Europa den Aufstieg so vieler extremer Ideologien und totalitärer Staaten begünstigte, so ist der Zweite Weltkrieg, begonnen als Eroberungs-, Modernisierungs- und Raubkrieg, eine verschärfte und erweiterte Fortsetzung des aufgetretenen Konflikts zwischen antagonistischen Kraftfeldern in der Mitte Europas (mit faschistischen Regimen und nationalsozialistischer Diktatur) und den westlichen (Wilsonismus) und östlichen „Nachbarregionen" (Bolschewismus) und Interessensphären.

8.3 Entwicklung außerhalb der Forschung in den Medien und der Öffentlichkeit

Gerade in den letzten Jahren ist bei historischen Themen ein Trend festzustellen, daß aus der wissenschaftlichen Forschung heraus oder unabhängig von dieser, eine im besten Sinne populäre oder allgemeine Information der Bevölkerung mit neuesten Fakten, Forschungsergebnissen und Neuinterpretationen von tradierten Geschichtsbildern besorgt und die innergesellschaftliche Diskussion anregt wird.

Im Gegensatz zu den Debatten früherer Jahrzehnte, die immer zum Ziel hatten, eine offiziell gültige Version zu etablieren, ist jetzt gerade die Vielfalt der Aspekte das faszinierend Neue, die differenzierende Auslegung der früher als eindeutig empfundenen „Fakten".

Im Dokumentarfilmbereich gibt es seit einigen Jahren sehr umfangreiche und innovative nationale Projekte, die jeweilige Vergangenheit im Lichte neuester Forschung der Allgemeinheit zu präsentieren.[453]

---

453 Vgl. die Dok.filme: Als Soldaten Mörder wurden, Die Schweiz im Schatten des Dritten Reiches, Hitler – Eine Bilanz, Hitlers Helfer, etc., s. Literaturverzeichnis.

Durch das gewachsene Interesse an der historischen Einordnung und den guten allgemeinen Informationsstand in vielen europäischen Ländern zu Fragen der jüngeren (Noch-) Zeitgeschichte verlagert sich die Diskussion nun auf eine breitere Ebene.

Ein weiterer Grund hierfür liegt auch in der Empörung der Bevölkerungen darüber begründet, daß regierende überkommene Eliten (wie in England, Frankreich, Italien, Schweiz und Schweden) bevormundend versuchten, ihre geschönte Sicht der historischen Ereignisse zu verewigen und für alle verbindlich zu machen, so daß von innerhalb und außerhalb der „Schulwissenschaften" nun Fakten gegen die Mythen der damals Beteiligten (und da überlebend, letztlich geschichtlich Erfolgreichen) stehen, die sich damit in ihrer Sicht und Interpretation der Geschichte unangreifbar machen zu können glaubten.[454]

---

454 Vgl. auch die Diskussion in Deutschland über die Wehrmacht, initiiert durch die (inzwischen wissenschaftlich überarbeitete) Wanderausstellung des Hamburger Instituts für Sozialforschung seit 1995 u. den Artikel von Alt-Bundespräsident Richard von Weizsäcker im Spiegel 35/97, 25.8.1997, S. 64-75 „Notwendige Einsichten", als Vorabdruck seiner Memoiren, ders., Berlin 1997.

9 ZUSAMMENFASSENDE SKIZZE

Der erste empirische Teil beschäftigt sich mit der vollständigen Rekonstruktion der Initiativen Trotts als Schlüsselfigur des gesamten außenpolitischen Widerstandes, wobei ein großer Anteil an Primärquellen größtmögliche kritische Authentizität gewährt, während der weitere Teil die Struktur, die theoretischen Grundlagen und die betreffende wissenschaftliche Theoriebildung thematisiert und diese vergleicht.

Die Rekonstruktion der außenpolitischen Initiativen ist insofern `neu´, da es bisher keine Trott betreffende umfassende Darstellung gibt, die diese Aktivitäten in den internationalen Kontext stellte.

Bis heute wurde die außenpolitische Dimension des deutschen zivilen Widerstandes vergleichsweise geringer Untersuchung und Kritik unterzogen.

Die Materiallage war sehr lange schwierig, da Archive und Geheimdienstunterlagen gesperrt waren, taktische Desinformation von Teilen des westalliierten militärhistorischen Propagandaapparates statt Tatsachen die Diskussion mitbestimmten. (Vgl. 1968/69 die Encounter-Kontroverse und 1986 die Diskussion an der Univ. Leeds bezüglich Trott.)

Erst seit Anfang der 90er Jahre, als gesperrte Unterlagen und Archive freigegeben waren und bedingt durch den Umbruch der vormaligen bipolaren weltpolitischen Struktur, läßt die unbefangene Sicht und distanzierte Bewertung bisher wenig diskutierte Fragen zu.

Die unterschiedlichen Argumentationen und Standpunkte (zwischen denen der Alliierten und Trotts Vorschlägen) in der internationalen Politik werden gegenübergestellt und ihr Umfeld analysiert.

Die gegenseitigen Vorstellungen der nationalen politischen Eliten waren, was Loyalitätserwartung, vermeintliche soziale und hegemoniale Strukturen sowie ihr tatsächliches `nationales Interesse´ betrafen, unüberbrückbar gegensätzlich.

Die traditionellen Eliten in England und auch in den USA, deren imperiale Weltsicht auf das Kolonialreich und deren Streben auf die alleinige Vormachtstellung in der Weltpolitik gerichtet waren, erblickten in den Ideen und Vorstellungen Trotts und seiner Mitstreiter einen ihnen hinderlichen potentiellen Machtfaktor für die Nachkriegszeit.

Die Analyse der innenpolitischen, sozialen und wirtschaftlichen Bedingungen in den westalliierten Staaten umreißt gerade diese Divergenz der politischen Klassen Europas und der USA, die sich wie die gesamte weltpolitische Struktur in Transformation befanden, in Auflösung und dem Zerfall der bisherigen machtpolitischen Konstellation, bezogen auf Europa und seine Interessenssphären.

Im Gegensatz zum innenpolitischen hatte der außenpolitische Widerstand gegen mehrere Gegner anzukämpfen; im Ausland mußte er gegen die staatlichen, vermeintlich nationalen Interessen tätig werden und konnte dort nur im Schutze einer `offiziellen´ Aufgabe für die Opposition arbeiten.

Die existenzielle Notwendigkeit dieser Doppelrolle und Camouflage wurde mangels Erfahrung einer totalitären Diktatur im Ausland nicht verstanden und war den nationalen `Interessenvertretern´ suspekt.

Allerdings gab es auch gerade von britischer Seite den Versuch Einzelner, tradierte Vorurteile abzubauen und zu einer, die politischen Klassen übergreifenden, `interkulturellen Kommunikation´ zu gelangen, was ohne wirklichen Erfolg blieb.

Die außenpolitischen Vorstellungen der verschiedenen Akteursgruppen werden mit den damals wichtigen Theorien zu den Internationalen Beziehungen verglichen und der jeweiligen Forschungsrichtung zugeordnet.

Dies erweist einerseits die Aktualität dieser Diskussion, andererseits wird auch Außenpolitik in ihrer zwischenstaatlichen Abhängigkeit generell besprochen, so wie außenpolitische Parameter und Orientierungsmaßstäbe für eine internationale Politik jenseits der reinen nationalstaatlichen Egoismen durch Trott in seinen Memoranden an die Westalliierten explizit formuliert wurden.

Analog zur Komplexität des Themas dieser Untersuchung sind auch die wissenschaftlichen Ansatzpunkte unterteilt:

Die Zentralperspektive auf eine exponierte Persönlichkeit bricht den klassischen Blickwinkel gleichwohl, indem ein Akteur aus einem (nichtstaatlichen) Bereich betrachtet wird, der somit aus einer Gruppe hervorgeht, die bisher nicht als geschichtsentscheidend beurteilt wurde.

Diese Sicht der Untersuchung folgt der Analyse der Sozialgeschichte des Terrors, festgemacht an einer neuen, moralisch verpflichteten, modernen internationalen Zusammenarbeit, die einem verbrecherischen Staatssystem die Loyalität aufkündigt und zu einer an Völkerrecht und Menschenrechtmoral orientierten Politik und zwischenstaatlich ausgleichenden Strategie hinführt, was Trott mit diplomatischen Geschick und integerer Haltung praktizierte.

Die gleiche differenzierende Teilung im Ansatz wird bei der außenpolitischen Analyse fortgeführt: Die faktischen Voraussetzungen internationaler Politik und die theoretischen Vorstellungen finden sich im Spiegel einer anthropologischen Geschichtsbetrachtung in der Vielfalt der Methoden auf als `selbstverständlich´ betrachtete, gleichwohl nur die Machtverhältnisse wiedergebende (Zeit-) Umstände.

Da sich viele aufgeworfene Fragen zu den zeitbedingten Rahmenbedingungen nicht abschließend diskutieren lassen, sollen sie im Exkurs des Resümees angesprochen werden:

Eine notwendige Voraussetzung für diese ideologischen Extreme, die viele positive Werte wie soziale Gleichheit und Gemeinschaft in ihr Gegenteil verkehrten, stellt die `Gesellschaft der Massen´ dar.

Inwieweit besteht in ihr ein aktiver Anteil und damit Verantwortlichkeit des individuellen Einzelnen, oder sind die Bevölkerungen durch politische Mythen, Ideologien und Utopien manipuliert worden, kollektiv so zu handeln oder stillschweigend hinzunehmen?

Wieso entluden sich Machtverlagerungen, divergente Lebensansichten, gesellschaftliche Transformationen und Umbrüche in derart extremen Formen?

Diese darüber hinausgehenden Fragestellungen und Einordnungen lassen somit auch vielfältiger und präziser die Bedeutung des untersuchten Themas der außenpolitischen Initiativen einschätzen.

In den grundsätzlichen Überlegungen, wie Gesellschaften miteinander umgehen, (sowohl innen- wie außenpolitisch), gelangt Trott zu praktischen (über-) staatlichen Grundprämissen, die einen essentiellen, nicht nur theoretisch-philosophischen Anteil zu der damaligen und heutigen Diskussion beitragen, wenngleich dem deutschen außenpolitischen Widerstand auf staatlicher Ebene kein Erfolg beschieden war.

9.1 Resümee

Bei der Beschäftigung mit den außenpolitischen Initiativen und Ideen von Adam von Trott wird man im Umfeld der Ereignisse des Zweiten Weltkriegs mit mehreren sehr komplexen Ebenen konfrontiert:

– Da ist zuerst die zeitliche Komponente durch die historische Distanz auf den abgeschlossenen Abschnitt eines dramatischen weltgeschichtlichen Vorgangs zu nennen, wie er kaum je zuvor auf staatlicher Ebene so total und umfassend Parallelen haben dürfte;

– Direkt daran gebunden ist die historische Interpretation, Gewichtung und Auswertung der zugänglichen Fakten, wobei die Motivationen, Handlungen und gewählten Methoden in historischer Angemessenheit für alle Seiten nur aus den damaligen Erfahrungs- und Wissenshorizonten heraus zu beurteilen sind.

So ist es erst dadurch möglich, Handlungsgefüge zu entwirren, Verantwortlichkeiten explizit bestimmten Gruppen, statt einem so konsequent logisch schicksalhaft erscheinenden Geschichts-"ablauf" zuzurechnen.

Denn das Ziel jeder Analyse ist, da es keine (schematisch) sich wiederholenden Strukturen gibt, die das Muster der internationalen Politik abgeben könnten, Ursachen und ihre Auswirkungen zu bestimmen, um durch möglichst wenige unbekannte Variablen das sonst unüberblickbar umfangreiche Feld der Analyse zu strukturieren, kleinere operable Einheiten zu erhalten.

Anhand einzelner Theorien ist es nicht möglich, diese komplexen Vorgänge umfassend befriedigend zu interpretieren, aber differenzierende Neubewertungen zu überkommenen Geschichtsbildern sind so zu erhalten, die zeitgebunden interpretiert erst ihre Wirkungsmächtigkeit entfalten.

Die manipulative Funktion der historischen Bewertung zur Legitimation, Identifikation und um politische Ziele durchzusetzen wird ebenso deutlich, wie die Mobilisierung und Instrumentalisierung der Massenmeinung, welches Anlaß zu hinterfragen gibt, ob das, was sich durchsetzt, dadurch seinen Wert beweise, oder ob dies nicht lediglich ein Ausdruck der Macht ist.

Viele spekulative Fragestellungen lassen sich vernachlässigen, wenn man statt ideologischer Gegensätze, in denen alle Seiten gleichermaßen befangen waren, die entscheidendere Frage nach der tatsächlichen oder potentiellen Macht stellt.

Die „Philosophische Essenz" zu den Abläufen der Internationalen Beziehungen reduziert sich auf nur wenige, eindeutige und starke Motivationen zum sozialen Handeln auf inner- oder zwischengesellschaftlich-staatlicher Ebene, die sich in Schlüsselbegriffen zusammenfassen lassen, alles weitere ist vielfach die wirklichen Ambitionen tarnendes Beiwerk.

Völlig fehlgehen muß der Versuch, Handlungen moralisch oder nach der jeweiligen Rechtslage beurteilen zu wollen.

Jede Seite wußte oder glaubte sich positiv rechtfertigen zu können, im Recht zu sein, – oder man schaffte es eben.

Die vielgestaltig und in ihrer Zielausrichtung konträr verlaufenen Entwicklungen und dadurch bedingten Entfremdungen zwischen den nationalen europäischen Eliten würden so lediglich verschleiert, wo es wichtig ist, sie zu benennen: vorgefaßte Urteile und Beurteilungen der offensichtlich gegnerischen Seite, bedingt durch jahrzehnte- oder jahrhundertelange Ignoranz gegenüber den Interessen der staatlichen und ethnischen Nachbarn, der Wunsch aller nach Sicherheit, durch eigene hegemoniale Strukturen zunichte gemacht, die fehlende Einsicht, welche grundsätzliche Wirkung eigene Entscheidungen auf Kontrahenten haben könnten, daß grundlegende gegenseitige Abhängigkeiten bestehen.

Außerhalb der westlichen Sicht Europas und der USA wird der Erste Weltkrieg als reiner Wirtschaftskrieg um kolonialpolitische Vorherrschaft interpretiert, als Europäischer Bürgerkrieg betrachtet und benannt. Mit den Bewertungen zum Zweiten Weltkrieg verhält es sich nicht viel anders: Mit dem Versuch, ideologische Unterschiede zum Vorwand zu nehmen, um die globale (Teil-) Herrschaft zu übernehmen, sind die europäischen Staaten und Regierungen unter großen Verlusten gescheitert. (In der aktuellen Situation beginnt das erweiterte System der internationalen Beziehungen, in Form von Zusammenschlüssen gigantischer supranationaler Konzerne, durch die Ideologie der zweckgerichteten Globalismusdebatte den staatlichen Akteuren den Rang abzulaufen. Das Budget einiger dieser nahezu monopolistisch agierenden Weltkonzerne übertrifft das mancher souveräner Nationalstaaten, was deren Machtmöglichkeiten beschreibt. Die Frage eines etwaigen „Gleichgewichts der Mächte" ist so völlig neu zu definieren.)

Bei der Untersuchung der „Feinstrukturen" der damaligen internationalen Politik läßt sich die divergente soziale Integration der politischen Eliten in Europa feststellen und deren fehlende organisatorische Flexibilität, dazu unterschieden sich die Erfahrungs- und Interessenhorizonte fundamental.

Allerdings läßt sich in der Endphase der Regierung Chamberlain feststellen, daß sich die britische politische Klasse und Vertreter des deutschen außenpolitischen Widerstandes über bisherige Gräben von Vorurteilen angenähert hatten.

Durch den Meinungsumschwung und die politischen Machtveränderungen in England bedingt, gab es keine Möglichkeit und Zeit, diese neue Politik umzusetzen.

Wie war es allerdings möglich, daß US-Präsident Roosevelt bei einem ausführlichen Gespräch 1942 mit dem ehemaligen polnischen

Diplomaten Jan Karski, der das Warschauer Ghetto unter Lebensgefahr selbst in Augenschein genommen hatte, auf kein „Interesse" stieß, als er die schrecklichen Zustände des Ghettos im Würgegriff der Belagerung erwähnte?

Der Präsident fragte immerhin fast eineinhalb Stunden; wollte oder konnte er nicht glauben, was er auch aus anderen Quellen schon berichtet bekommen hatte, oder war es nur weniger wichtig, da der erfolgreiche Kriegsfortgang Vorrang hatte?

So läßt sich knapp – gerade auch in Anbetracht der Initiativen und Versuche Trotts – formulieren, daß es in den 30er Jahren von allem Anfang an keine Chancen gab, gemeinsame europäische und westliche (Werte-) Interessen zu definieren, der außenpolitische Widerstand kämpfte auf verlorenem Posten, ohne jede Aussicht auf Erfolg.

Die genannten analysierten Faktoren waren zuvorderst:

- Die soziale Desintegration und Klassendivergenz der politischen Eliten Europas war enorm vorangeschritten, so daß mit imaginierten, überkommenen Feindbildern die aktuelle Politik geprägt wurde.

- Konträre Ansatzpunkte zur Konfliktbegrenzung oder -lösung bildeten extreme Positionen, die zwischen militärischer Lösung und (evolutionärer) Entwicklung der sozialen Fragestellungen, zwischen beschwichtigender und imperialistischer Politik, zwischen Nachgeben und „absolute silence" lagen.

- Die geänderte Frontstellung im internationalen System durch den Kriegsbeginn und neue Machtstrukturen in England und insbesondere in den USA brachten einen moralisch verbrämten Internationalismus zur Machtsicherung und Expansion mit sich.

Die außenpolitischen Initiativen für die deutsche Opposition konnten den ihnen zugedachten Zweck somit nicht erfüllen.

Die innenpolitischen Bemühungen erbrachten, was in der damaligen totalitären Wirklichkeit des Staates möglich war.

In Anbetracht der alliierten Reaktion, die auf diese ungewohnten Annäherungsversuche und Methoden der Zusammenarbeit in den internationalen Beziehungen nicht adäquat ansprach, änderte Trott die Ebenen der Kommunikation in einem außenpolitischen Paradigmenwechsel von sich aus:

Ignorierten ihn die Offiziellen als legitimen Gesandten in seiner Mission für den deutschen Widerstand und die Opposition, so mußten sie wenigstens seine Standpunkte zur Kenntnis nehmen und seine Erfolge in der informellen internationalen Zusammenarbeit mit den europäischen Oppositionskreisen und der ökumenischen Bewegung konstatieren.

Gegen Ende des Krieges scheinen die Westalliierten die enormen faktisch greifbaren Fortschritte von nahezu sieben Jahren Aufbauarbeit und die beachtlichen Kontakte Trotts anerkannt zu haben, denn sie forderten ihn nicht nur zum alleinigen deutschen Unterhändler, sondern dazu auf, wegen seiner Bedeutung für zukünftige Verhandlungen im Ausland zu bleiben; aber Trott war nicht nur vom informellen zum anerkannten und beinahe etablierten nichtstaatlichen Akteur der damaligen internationalen Beziehungen geworden, er war auch die treibende Kraft des zivilen Widerstandes beim Versuch des Staatsstreichs am 20. Juli 1944.

Obwohl die Teilnahme an den internationalen Beziehungen zuvorderst innenpolitisch fundiert war, gelangten die Konzeptionen Trotts, aufgrund der totalitär-diktatorischen Erfahrung im eigenen Land, zu den Grundfragen sozialer und politischer Existenz, zu einer globalen Menschenrechtspolitik mit solider theoretischer Grundlage in weiterentwickelten idealistischen Thesen der Internationalen Beziehungen, in Verbindung mit realistischen Elementen der sich transformierenden Wirklichkeit und mit Ideen zu globaler Verantwortung, die erst in den entsprechenden wissenschaftstheoretischen Ansätzen in den folgenden Jahrzehnten Bedeutung erhielten.

Während die offizielle deutsche Politik dem überkommenen Imperialismus huldigte und die postimperialen Staaten Europas im Prozeß des Machtverfalls und der Transformation zur Dekolonisierung waren, ist es sicher – von außen betrachtet – Ironie der Geschichte, daß ausgerechnet aus Deutschland die vergleichsweise modernsten Vorschläge und radikalsten Anregungen zu einer Neugestaltung des

Umgangs im internationalen System und zu einer wirklichen europäischen Neuordnung kamen; auch in den Résistancekreisen der besetzten westlichen Länder gab es durch die internationale Diskussion ähnliche Ansichten, wie die durch Trott vertretenen. (Bereits die deutsch-französische Annäherung durch Stresemann und Briand war von diesen Ideen einer europäischen Neuordnung geprägt gewesen.)

Aber wie schon eingangs erwähnt, haben nicht nur Ideen, die sich in Machtpositionen umsetzen lassen, ihre geschichtliche Berechtigung, sondern auch das potentielle Reservoir alternativer Ideen und Vorstellungen, die gerade dann ihre Chance und Bedeutung erhalten, wenn die vorherig herrschenden Strukturen umgebrochen wurden, da sie ihre Basis verloren haben; allerdings ist der Bezug zu den Urhebern nicht mehr so deutlich abzulesen.

Mit einem solchen Fall wird der Forscher hier zum Teil konfrontiert; denn obwohl die außenpolitischen Initiativen Trotts zum Zeitpunkt ihrer Entwicklung geringen meßbaren Erfolg hatten, war die Basis für die Zusammenarbeit mit einer anderen Meinungselite, gerade in den besetzten Ländern, gelegt.

Es ist das Schicksal des größten Teils und der bedeutendsten Persönlichkeiten des deutschen Widerstands, daß sie die Nachkriegszeit nicht erlebten, während die Opposition oder Résistance der besetzten Länder später einen Teil der regierenden Elite bildete und die Früchte der Diskussion dieser neuartigen außenpolitischen Zusammenarbeit und europäischen Integration nutzen konnte.

Im Ergebnis ist es heute selbstverständlich, gerade in diktatorisch regierten Staaten, daß ausländische Staatsgäste auch gegen Widerstreben der herrschenden Klasse Kontakt mit der Opposition aufnehmen, was für die Ansprech- und Gesprächspartner Trotts noch ein ungewohntes Unterfangen war.

Die von Trott pragmatisch weiterentwickelten Prinzipien zu Fragen des Völkerrechts, der sinnvoll zu begrenzenden staatlichen Souveränität und last but not least die Erkenntnis, daß den militär- oder machtpolitischen Zielen die befriedigende Lösung der „sozialen Fragen" und des ökonomischen Ausgleichs entschieden vorangestellt werden müsse, sind heute aktueller denn je und in der theoretischen Existenz (wie etwa der Sozialcharta der EU) und wirtschaftlicher Zusammen- und Aufbauarbeit (Ex-Jugoslavien, Nord-Süd-Diskussion, Missionen der Vereinten Nationen) angestrebte Realität.

Die damaligen europäischen Staaten hatten sich durch ihre konkurrierenden und antagonistischen Positionen in der Machtverteilung der damaligen Welt mit ihren politischen Eliten so weit auseinanderentwickelt, daß gemeinsame Interessen vor den Unterschieden in der Ausrichtung in den Hintergrund traten.

Der revolutionäre Impetus zur ideologischen Umgestaltung der Weltordnung ist prägendes Element dieses Jahrhunderts der Ideologien und Totalitarismen, wobei sich die Frage stellt, ob dieser Transformationsprozeß nicht auch mit langsamerer Geschwindigkeit, evolutionär und dadurch mit geringeren Verlusten möglich gewesen wäre.

Ein geschichtliches Kuriosum ist, daß die (auch) in Deutschland in den 20er und 30er Jahren versagenden Eliten in die NS-Ideologie und -Struktur integriert wurden oder in folge des „sozialrevolutionären Chics" des nun gesellschaftsfähigen aggressiven Pöbels durch dessen politische Exponenten und Vertreter ersetzt wurden. (So Ribbentrop, symptomatisch für andere NS-Aufsteiger und Opportunisten mit erkaufter Traditionsverbindung, vgl. John Hans-Werner Weitz, R.- Hitlers Diplomat.)

Jemand wie Trott, durch Tradition und Identität durchaus in Verbindung zur alten Elite, zu deren Prinzipien er früh konträre Ansichten ausbildete, hatte die „Erblast" der von der innenpolitischen Bühne und aus der militärischen Führung schwindenden politischen Akteure und Beamten des Kaiserreiches mitzutragen und damit die langlebige Vorstellung im Vor-Urteil der ausländischen politischen Klassen in Europa und den USA, mit deren vermuteten innenpolitischen und sozialhierarchischen Verhältnissen in Deutschland er konfrontiert wurde.

9.2 Exkurs

Bei der Erforschung und Abwägung von historischen Ursachen und Wirkungen setzte seit Mitte der 90er Jahre eine Diskussion in fast allen west- und mitteleuropäischen Ländern zur eigenen Rolle im Zweiten Weltkrieg und zu Kollaboration oder wirtschaftlichen Nutznießung ein; das Bild der sich selbst vom Faschismus befreienden italienischen Nation, die auf dem Balkan und in Afrika unter Mussolini den deutschen Ambitionen das Wasser reichen konnte, wird ebenso relativiert, wie bei der nüchternen Beschäftigung das der französischen Kollaboration, die gerade auch im Wirken gegen den eigenen Widerstand, die geringe Bedeutung der Résistance erweist, (de Gaulle nannte sie „einen Bluff, der Erfolg hatte"); dies bildet den Kontrast zur vielbeschworenen quasi-mythischen Identifikationsrolle, um der Vichy-Kollaboration nach dem Krieg mit angeblichem Heroismus Paroli zu bieten.

Spanien hatte nicht nur die erste Bombardierung deutscher Flugzeuge in Guernica erlebt, sondern bereits im Vorfeld die völlige ideologische Spaltung des Landes, die erst seit den 80er Jahren langgsam überwunden wird; die allmähliche „Entkolonisierung" des politischen Denkens und die Annäherung Englands an Kontinentaleuropa und somit die Beschäftigung mit dessen (gemeinsamen) konkreten historischen und zeitgeschichtlichen Problemen führt in die aktuelle weltpolitische Realität; die Kontroverse um die lukrative Zusammenarbeit der schwedischen Wirtschaft am Beispiel der Industriellenfamilie Wallenberg, die kollaborierende (sprichwörtlich gewordene) Quisling-Regierung in Norwegen und die umstrittenen politischen Ansichten und Äußerungen des „Nationalintellektuellen" im zweifachen Sinne und literarischen Denkmals Knut Hamsun zeigen Kratzer am konstruierten Image dieser Länder. Selbst Dänemark, das siebentausend jüdische Bürger auf Schiffen Richtung Schweden in Sicherheit brachte, hatte ebensoviele kollaborierende Kriegsfreiwillige bei Wehrmacht und SS.

Alle Länder haben ihre historische Mitverantwortlichkeit vor und während der Zeit des sogenannten Dritten Reiches erhalten, oder wie in Tschechien durch die Rache und Revanche der zuerst Überfallenen und von den Alliierten Geopferten nach dem Krieg.

In Ostmitteleuropa ist seit der Auflösung des Ostblocks kaum eine Diskussion zu diesem Thema in Gang gekommen (abgesehen von Tschechien), da die aktuellen Probleme und eine jahrzehntelang ideologisch verwendete Geschichtsinterpretation ihre Fortwirkung zeigen; historisch bedingt durch die Furcht vor den mächtigen Nachbarn Deutschland und Rußland sieht sich Polen ausschließlich als „erstes" Opfer im Zweiten Weltkrieg und beansprucht diese Rolle, um sich nicht ernsthaft mit der eigenen Vergangenheit beschäftigen zu müssen.

Nach dem Ersten Weltkrieg und in seiner Auswirkung beinahe nicht beachtet, schob Polen im Schutze der Grenzverschiebungen und unklaren Lage, nach den wie man unterdessen weiß, gefälschten Abstimmungen im Gebiet des Korridors, Zehntausende der in Polen unerwünschten und ghettoisierten osteuropäischen Juden – (der Mythos des idyllischen „Schtetls" entstammt heutiger volkstümlich-romantischer Sehnsucht) – über die neue Grenze hinweg ab, wobei diesen keine andere Wahl blieb, als ihre Zuflucht und Zukunft in Deutschland und Österreich zu suchen. So wurde ein soziales Problem eben an den Nachbarn weitergegeben. (Im Zuge der vorherigen Deportationen wurden nach der Reichspogromnacht alleine 17tausend polnische Juden aus Deutschland ausgewiesen; vgl. Film, Hitler – Eine Bilanz.)

Im Gegensatz zu den Neuankömmlingen war in Deutschland die jüdische Bevölkerung seit der gesellschaftlichen Liberalisierung des 18. Jahrhunderts nicht nur assimiliert und toleriert wie in Österreich, sondern gesellschaftlich integriert, wie Simon Wiesenthal in einem Interview in den 80er Jahren betonte. So bildete die ostjüdische Gemeinschaft eine fremde Welt und in den so entstandenen Ghettos der großen Städte ein soziales und durch grundsätzliche Unterschiede in Herkommen und Tradition auch ein kulturelles Sprengpotential. Rafael Seligmann, Politikwissenschaftler und Publizist, schreibt anläßlich einer Buchbesprechung im Spiegel 23/1997 über das gesellschaftliche Klima: „Doch die US-Regierung wollte keine jüdische

„Einwanderungswelle", die meisten hebräischen Möchtegernameri-
kaner wurden abgewiesen... In die ungeliebte polnische Heimat, wo
selbst nach der Nazi-Herrschaft die Judenverfolgung nicht abbrach,
wollten nur wenige Tollkühne zurück."

Verfolgt man die öffentlichen Diskussionen und die aktuellen historischen und politikwissenschaftlichen Forschungen in Westeuropa, so
fällt auf, daß seit Anfang dieses Jahrhunderts (beziehungsweise
schon seit den 90er Jahren des 20. Jahrhunderts) das Phänomen des
„Dritten Reiches" und diese Zeit allmählich als gesamteuropäische
Ent- und Verwicklung betrachtet wird und die Verantwortlichkeit für
die oben angeführten internationalen Verflechtungen angenommen
wird.

Die Erforschung und Untersuchung der Geschichte des Zweiten
Weltkriegs unter den Aspekten der Internationalen Beziehungen
stellt nur einen Teilbereich dar. Ein vermutlicher Schwerpunkt künf-
tiger Beschäftigung mit dem „Zeitalter der Massen und Ideologien",
insbesondere der 20er bis 40er Jahre, dürfte mehr die individuelle
Verantwortlichkeit des Einzelnen in den Mittelpunkt stellen, wie das
mit der Wehrmachtsdiskussion bereits geschehen ist; wieso wider-
setzte sich nur ein so geringer Teil der Menschen grundsätzlich dem
totalen Kontroll- und Vereinnahmungsversuch der staatlichen Organe, da letztendlich kein Gesetz oder Befehl die eigene Verantwortlichkeit übernehmen kann. (Vgl. den brit. Dok.film „Die Nazis" u.
„Hitler – Eine Bilanz, 2. Teil: Der Verführer")

Eine Erklärung läßt sich in letzterem Film finden: Die durch die sozialen, wertemäßigen und somit existenziellen Umbrüche orientie-
rungslos gewordenen Menschen suchten nach charismatischen und
religiösen Ersatzbildern und Sicherheit im Weltbild, um das in sich
und der Gesellschaft vorhandene Vakuum mit Werten zu füllen; viele
Zeitzeugen beschreiben gerade dies als ihre damalige Faszination,
die offene Angst vor dem internationalistischen Bolschewismus und
die Zerissenheit zwischen den Ideologien des russischen Kommunismus, des amerikanischen Wilsonismus´, der europäischen faschistischen Bewegungen in Italien, Deutschland und Spanien und des
imperialistischen Strebens in Japan und den kolonialistischen Macht-

ansprüchen Englands und Frankreichs durch eine Ordnung mit quasi religiösem Anspruch zu überwinden.

Daß sich die Politik im Dritten Reich der Mittel der Täuschung im großen Stile bediente und sich auch dazu bekannte, zeigt, wie dünn die Basis einer These des „eliminatorischen Antisemitismus" für die gesamte Bevölkerung ist.

Eher stellt sich die Frage, warum nur so wenige sich individuell oder gar kollektiv widersetzten, wie es mehrere hundert Frauen für ihre jüdischen Männer im Deportationslager in der Rosenstraße in Berlin mit Erfolg taten. Diese Unerschrockenheit bot keinen Angriffspunkt für das Regime, das sich vor allem dadurch auszeichnete, nach Einschüchterung die Schwäche der ausgemachten Gegner graduell zu instrumentalisieren. (Selbst Goebbels war anläßlich dieser Proteste in der Rosenstraße sprach- und damit machtlos, wie seinen Tagebuchnotizen zu entnehmen ist.)

Dieses gesellschaftliche Mißverständnis, worauf sich die Macht des Regimes vornehmlich stützte, nämlich die blanke Angst vor Unwägbarkeiten oder die explizite Furcht vor Repression und Terror, ließ den „organisierten" Widerstand einsam werden, zu einer individuellen sittlichen Entscheidung von vergleichsweise Wenigen. Allerdings werden auch ebenso viele neue, bisher unbeachtete „stille Helden von einst" in und für die Medien (wieder-) entdeckt, deren Widerstand sich auf private Aktionen, auf die Rettung Verfolgter bezog, für die sie ihre Existenz und ihr Leben riskierten, obwohl sie sie manchmal vorher nicht kannten. Als jüngstes Beispiel sei Polanskis sehr persönlicher Film „Der Pianist" genannt, wodurch erst öffentlich bekannt wurde, daß der deutsche Offizier Wilm Hosenfeld etwa 30 Verfolgten das Leben gerettet hatte; er selbst kam in sowjetischer Kriegsgefangenschaft in den 50er Jahren ums Leben.

An der manipulativen Wirkung äußerer Einflüsse, durch Medien, Zeitgeist und Mode, kommerzieller Interessen und sektiererischer Ideologie läßt sich ablesen, daß die schweigende und phlegmatisch staatstragend orientierte Masse der Gesellschaft nahezu so handelt, wie Leonard Zelig, der frappierend reale Prototyp des „menschlichen Chamäleons", der zwischen Anpassung und der Suche nach beruhigender Sicherheit und Identität nicht nur filmische Fiktion Woody Allens, sondern in Abstufungen, dokumentierte alltägliche Realität ist.

10 ANHANG – LITERATURVERZEICHNIS

10.1 Material aus Archiven und Sammlungen

Abegg/Gelpe-Archiv, (A/G-A), 1930-61 (Institut f. Zeitgeschichte, IfZ F 86)
- Information von Gen. v. Hammerstein, Dez. 1941 üb. Hitlers Kriegsabsichten seit 1937 oh. Kenntnis der Generalität. H.'s Plan zur Verhaftung Hitlers im Herbst 1939, Bl. 191-93
- Dokumente zur illegalen Finanzierung der NSDAP durch die Staatskasse u. internationale Großindustrie, nach der Abschrift der in der Schweiz unter notarieller Aufsicht vernichteten Unterlagen, angefertigt von Dr. A. Gelpe, jetzt ZS/A 31, Bd. 2, S. 41 (00289), ehem. Archiv Walter Hammer (WH-A)
- Briefe, den Kreisauer Kreis betreffend

Archiv des Auswärtigen Amtes (AA), Akten zur Deutschen Auswärtigen Politik (ADAP) 1918-1945, Serie C: 1933-37, Bd. 1 (30. Jan. 1933) – Bd. 6 (14. Nov. 1937), Göttingen; Serie D: Bd. 1-7 (Sep. 1937-Sep. 1939), Baden-B.; Bd. 8 (4. Sep. 1939) – 13 (11. Dez. 1941), Frankf.-Göttingen; Serie E: Bd. 1 (12. Dez 1941) – 8 (8. Mai 1945)

Auswärtiges Amt/Politisches Archiv (AA/PA), Bonn: Büro des Staatssekretärs, Akten betr. Schweden, Schweiz, Indien, Vatikan; Indienarbeit; Informationsabtlg.: Akten betr. Indien, Inland ID: Deutsche Kirche, Deutschland Kirche , Niederlande Kirche, Schweden Kirche; Inland II geh.; Handakten Keppler; Büro des Unterstaatssekretärs: Friedensbemühungen, Europareise Sumner Welles

Archiv des Instituts für Zeitgeschichte/IfZ
- MA 146/1 Mikrofilm Geheime Reichssache, Berichte 29.7.-8.8.1944: Reisen Trotts nach Schweden u. in die Schweiz u. außenpol. Pläne der Opposition nach Aussagen Trotts.

- Vortragsmanuskript David Astor, 27.1.1983, ZS 2331, u. a. Kontakte zu GB 1931-44

- Interview Erich Kordt ZS/545 bzgl. AA

Zeitungsarchiv IfZ: Z 12

Handapparat-Archiv IfZ: Hh 01.03 – Volksgerichtshof-Prozesse zum 20. Juli 1944

Transkripte von Tonbandfunden. Hg. : Lautarchiv des Dt. Rundfunks, Frankf./M. 1961

Archiv Walter Hammer (WH-A), IfZ, jetzt ZS/A 31 – Br.(ief) Eugen Gerstenmaier üb. Kontakte der Kreisauer, bes. AvT zur SU – Hasso v. Etzdorf betr. Putschpläne Herbst 1939 u. Gründe des Scheiterns.

Archiv der sozialen Demokratie (AdsD), Bonn (Friedr. Ebert-Stiftg.) NL Stampfer VIII e, Mappe 42, o. J., persönliche Erinnerungen an verschiedene Treffen von Fr. Julie Braun-Vogelstein m. AvT in Berlin u. an verschiedenen Orten in den USA.

Siehe auch Leo Baeck Institute, New York; Julie Braun-Vogelstein Papers; Diana (Hubback) Hopkinson, `Aus Adams Briefen´, typescript, 1946

Federal Bureau of Investigation, Washington, DC: AvTzS file, vols. 1-9a (11 Oct. 1939-24 May 1956) FBI. Auszüge im Archiv Gedenkstätte Dt. Widerstand

Gedenkstätte Deutscher Widerstand/Berlin – Archiv (varia)

Institut für Zeitgeschichte, München, varia, s. unter den Einzelarchiven und Sammlungen, bzw. Archiv des Instituts für Zeitgeschichte

Sammlung van Roon (SvR), IfZ ZS/A 18, 12 Bde.

Sammlung Trott, Berlin, (ST), (Ordner 1 – 30), jetzt im Bundesarchiv

Bundesarchiv (BA), (Filmarchiv) – Fragmente der (geheimen) Film-
aufnahmen von den Verhandlungen vor dem „Volksgerichtshof" geg. AvT u. H.-B. v. Haeften, 15.8.1944
– Dokumentarfilm aus diesem Filmmaterial, Geheime Reichssache – Justiz im Zeichen des Hakenkreuzes, Buch: Karl-
Heinz Janzsen, Regie: Jochen Bauer, Duisburg, 1979

10.2   Filme und Reihen

Als Soldaten Mörder wurden. Drei Jahre deutscher Herrschaft in
Weißrußland. Dokumentation. Buch u. Regie: Gerhard Thiel,
ZDF/Arte (Erstausstrahlung Arte 22.5.1997) BRD

Der Pianist, Roman Polanski, Kinopremiere in der BRD 22.10.2002

Die Jüdin und der Hauptmann, Ulf v. Mechow, BRD 1994, Kinopremiere 30.1.1997

Die Nazis. 6-teilige Dokumentarreihe der BBC, B.: Laurence Rees,
GB 1997 (NDR ab 16.11.1997)

Die Schweiz im Schatten des Dritten Reiches, Schweiz 1997, Dokumentarreihe

Die SS, Dokumentarreihe, BRD/GB,USA, 2002

Feindbilder im Zweiten Weltkrieg, Propagandafilme. Dok.film BRD
1995, Regie: Erwin Leiser. (ORB 21.10.1996)

Geheime Reichssache – Justiz im Zeichen des Hakenkreuzes, BRD
1979, s. Bundesarchiv (BA)

Hitler – Eine Bilanz. Sechsteilige Dok.-Reihe, Guido Knopp et al.;
BRD 1995

Hitlers Helfer (sechsteilige Reihe über die Paladine Heß, Himmler,
Göring, Goebbels, Speer und Dönitz), von Guido Knopp, Peter
Hartl et al.. (Erstausstrahlung Herbst 1996, Arte; Anfang
1997, ZDF) BRD

Netzwerk – Adam von Trott – Botschafter des deutschen Widerstandes, dokumentarisches Szenarium; Henric L. Wuermeling
(ARD-Erstausstrahlung 6.7.1994) BRD

Schweiz und Juden, Dok.film von Guido Ferrari, Schweiz 1995, (3 SAT, 6.11. 1996)

Widerstand – Kampf gegen Hitler; B. u. R. Michael Kloft, NDR 1994, BRD

Zelig (Leonhard), fiktive Dokumentarbiographie, Woody Allen, USA 1982/83

10.3 Referenzliteratur

Avenarius, Hermann, Kleines Rechtswörterbuch, Freiburg/Br. 1987

Görtemaker, Manfred, Deutschland im 19. Jahrhundert – Entwicklungslinien, Bonn 1987/3

Grundwissen Politik, Hg. BZPB, Bonn 1991

Handlexikon zur Politikwissenschaft, Hg. Mickel, Wolfgang, Bonn 1986, BZPB

Handwörterbuch Internationale Politik, Hg. Woyke, Wichard, Opladen 1994, (S. zit. n. Ausg. 1988, akt. Neudruck)

Herder Lexikon Politik, Freiburg/Br. 1988/5

Hübner, Emil, Das politische System der USA, München 1989

Länderbericht USA, 2 Bde., Hg. Adams/Czempiel et al., Bonn 1992, BZPB

Philosophisches Wörterbuch, Hg. Brugger, Walter, Freiburg 1985/17

Politische Theorien von der Antike bis zur Gegenwart, Hg. Lieber, H.-J., Bonn 1991, BZPB

Schlaglichter der Deutschen Geschichte, Hg. Müller, Helmut, Mannheim 1987

Schlaglichter der Weltgeschichte, Hg. Meyers Lexikonredaktion, Mannheim 1992

Sturm, Roland, Großbritannien, Länderkunde Bd. 7, Opladen 1991

USA, Hg. Wasser, Hartmut, Länderkunde Bd. 5, Opladen 1991

Wistrich, Robert, Who's Who in Nazi Germany, New York 1982

Wörterbuch Staat und Politik, Hg. Nohlen, Dieter, München 1991

Zentner/Bedürftig (Hg), Das Große Lexikon des Dritten Reiches, München 1985/6

Zippelius, Reinhold, Geschichte der Staatsideen, München 1989 , erw. Aufl.

10.4 Gedrucktes Quellenmaterial

10.4.1 Tagebücher, Erinnerungen, Briefwechsel

Andreas-Friedrich, Ruth, Berlin Underground 1939-1945, London 1948

The Earl of Avon, The Reckoning: The Eden Memoirs, London 1965

Bankroft, Mary, Autobiography of a Spy, New York 1983

George Bell-Alphons Koechlin, Briefwechsel 1933-1954, Hg. Lindt, A., Zürich 1969

Bethge, Eberhard u. Jasper, Ronald (Hg.), An der Schwelle zum gespaltenen Europa.

Der Briefwechsel zw. George Bell u. Gerhard Leibholz, 1939-1951, Stuttgart-Berlin 1974

Bethge, Eberhard u. Renate (Hg.), Letzte Briefe im Widerstand: Aus dem Kreis der Familie Bonhoeffer, München 1984

Bielenberg, Christabel, Als ich Deutsche war, 1934-45, Eine Engländerin erzählt (The Past is Myself, London 1970), München 1969

Bowra, C. M., Memories 1898-1939, Cambridge/Mass. 1966

Brandt, Willy, In Exile: Essays, Reflections a. Letters 1933-1947, London 1971

Braun-Vogelstein, Julie, Was niemals stirbt, Stuttgart 1966

Brodersen, Arvid, Mellom Frontene (Between the Fronts), n. pl., 1979

Brüning, Heinrich, Briefe und Gespräche 1934-1945, Hg. Claire Nix et al., Stuttgart 1974

Churchill, Winston Spencer, Schritt für Schritt. 1936-39. (Trans. F. Fein), Amsterdam 1940

Douglas-Home, William, Half-Term Report: An Autobiography, London 1954

Dulles, Allen Welsh, Verschwörung in Deutschland, (Germany's Underground), Nachw. u. Trans. Wolfg. v. Eckehard, Zürich 1948, New York 1966

Furtwängler, Franz Josef, Männer, die ich sah und kannte, Hamburg 1951

Gärtner, Margarete, Botschafterin des guten Willens: Außenpolitische Arbeit 1914-1950, Bonn 1955

Gerstenmaier, Eugen, Streit und Friede hat seine Zeit: Ein Lebensbericht, Frankfurt/M. 1981

Gollwitzer, Helmut et al. (Hg), `Du hast mich heimgesucht bei Nacht´: Abschiedsbriefe und Aufzeichnungen des Widerstandes 1933-1945, München 1954

Grant Duff, Shiela, Fünf Jahre bis zum Krieg (1933-39), (Five Years to War), Eine Engländerin im Widerstand gegen Hitler, München 1978

– dies., The Parting of Ways: A Personal Account of the Thirties, London 1982

Halifax, The Earl of, Fulness of Days, London 1957

Hassel, Ulrich von, Vom Anderen Deutschland: Aus den nachgelassenen Tagebüchern 1938-1944, Zürich 1946

– Die Hassel-Tagebücher, Hg. von Friedr. v. Gaertringen, Berlin 1989/3

Hassmann, Heinrich, `Wo aber Gefahr ist, ...wächst das Rettende auch.´ Persönliche Erinnerungen an Fritz-Dietlof Grf. v. d. Schulenburg. Geschrieben im Winter 1946/47, unveränd. Fassung, Holzminden (Selbstverl.), 1982

Hedin, Sven, Ohne Auftrag in Berlin, Buenos Aires 1949

Henderson, Sir Neville, Failure of a Mission, New York 1940

Herwarth, Hans von, Against Two Evils, New York 1981

Hopkinson, Diana, The Incense Tree, London 1968

Hull, Cordell, The Memoirs of Cordell Hull, 2 vols., New York 1948

John, Otto, Twice Through the Lines: The Autobiography of Otto John, New York 1972

– ders., Falsch und zu spät. Der 20. Juli 1944. Epilog. München 1984

Kennan, George F., Memoirs 1925-1950, Boston/Mass. 1967

Kirkpatrick, Ivone, Im inneren Kreis, (The Inner Circle), Erinnerungen e. Diplomaten, Berlin 1964

Klemperer, Klemens von (Hg.), A Noble Combat: The Letters of Shiela Grant Duff a. Adam von Trott zu Solz 1932-1939, Oxford 1988

Kordt, Erich, Nicht aus den Akten... Die Wilhelmstraße in Frieden und Krieg: Erlebnisse, Begegnungen und Eindrücke 1928-1945, Stuttgart 1950

Lipgens, Walter (Hg.), Documents on the History of European Integration, Bd. 1: Continental Plans for European Union 1939-1945; Bd. 2: Plans for European Union in Great Britain and in Exile 1939-1945, Berlin 1985, 1986

Lochner, Louis P., Stets das Unerwartete: Erinnerungen aus Deutschland 1921-1953, (Always the Unexpected, N. Y. 1956), Darmstadt 1953

Malvezzi/Pirelli (Hg.), Letzte Briefe zum Tode Verurteilter aus dem europäischen Widerstand; Vorw. von Thomas Mann, München 1962

Moltke, Helmuth James von, Briefe an Freya 1939-1945, Hg. Beate Ruhm von Oppen, München 1988

– ders., Letzte Briefe aus dem Gefängnis Tegel, Berlin 1963

– ders., Zukunft und Widerstand. Seine Briefe 1926-1945, o. O., um 1984

Papen, Franz von, Memoirs, London 1953

Philby, Kim, My Silent War, London 1968

Ribbentrop, Joachim von, Zwischen London und Moskau: Erinnerungen und letzte Aufzeichnungen, Hg. Annelies v. Ribbentrop, Leoni/Starnberg 1953;

– dies. Hg., Die Kriegsschuld des Widerstandes. Aus brit. Geheimdokumenten 1938/39, ebd. 1974/2

Roosevelt a. Churchill: Their Secret Wartime Correspondence, ed. F. Loewenheim et al., London 1975

Rowse, A. L., A Cornishman Abroad, London 1976

– ders., A Man of the Thirties, ebd. 1979

Schlabrendorff, Fabian von, Begegnungen in fünf Jahrzehnten, Tübingen 1979

– ders., Offiziere gegen Hitler, Frankf./M. 1965

Trott zu Solz, Clarita, AvTzS – Eine erste Materialsammlung. Unveröffentlicht, hektographierte Ausg., 296 S, ʾDen Freunden vorgelegtʾ, Reinbek Frühjahr 1958,

Visserʾt Hooft, Willem A., Memoirs, London 1973

Weizsäcker, Ernst von, Erinnerungen, Hg. R. v. Weizsäcker, München 1950

Wheeler-Bennett, Sir John, Knaves, Fools a. Heroes in Europe Between the Wars, London 1974

– ders., Special Relationship, America in Peace a. War, London 1975

Wiskemann, Elisabeth, The Europe I Saw, London 1968

Yorck von Wartenburg, Marion, Die Stärke der Stille. Erzählung des Lebens aus dem dt. Widerstand, Köln 1984

10.4.2 Dokumente und Dokumentsammlungen

Akten zur Deutschen Auswärtigen Politik 1918-1945, (ADAP), Baden-B. 1956 und Bonn 1964, s. a. Archive, AA/PA

Dokumente zur Deutschlandpolitik, I. Reihe, Bd. 1: 3. Sep. 1939 – 31. Dez. 1941, Hg. Rainer Blasius, Frankf./M. 1984

Documents on British Foreign Policy 1919-1939, (DBFP) 2nd ser., vol. xvii; 3rd ser., vols. i, ii, v-vii, London, 1979, 1949, 1949, 1952, 1953

Documents on German Foreign Policy, 1918-1945 (DGFP), Series D, vols. ii, vi, vii, xi, Washington 1949, 1956, 1956, 1964

Documents on International Affairs 1939-1946, (DIA), ed. A. J. Toynbee, i: Mar.-Sep. 1939, London 1951

Dossier: Kreisauer Kreis. Dokumente aus dem Widerstand geg. den NS. Aus dem NL v. Lothar König S. J., Hg. R. Bleistein, Frankf./M. 1987

Eade, Charles (ed.), The War Speeches by the Rt. Hon. Winston S. Churchill, ii, iii, Boston 1953

Foreign Relations of the United States (FRUS): Diplomatic Papers, 1939, vol. i; 1940, vol. i, 1944, vol. i, The Conferences at Cairo a. Tehran 1943, Washington DC 1956, 1959, 1966, 1961

Goerdelers Politisches Testament. Dokumente des anderen Deutschland, Hg. F. Krause, New York 1945

Halder, Franz, Kriegstagebuch: tägliche Aufzeichnungen des Chefs des Generalstabes des Heeres, 1939-1942, i, Vom Polenfeldzug bis zum Ende der Westoffensive (14.8.1939 – 30.6.1940), Hg. H.-A. Jacobsen, Stuttgart 1962

Jacobsen H.-A/Smith A. L. Jr. (eds.), World War II: Policy a. Strategy, Selected Documents with Commentary, Santa Barbara 1979

Kopp, Otto (Hg.), Widerstand u. Erneuerung: Neue Berichte u. Dokumente vom inneren Kampf geg. das Hitler-Regime, Stuttgart 1966

Der Kreisauer Kreis: Portrait e. Widerstandsgruppe, Hg. E. W. Winterhager, Berlin 1985

Lipgens, Walter (Hg.), Documents on the History of European Integration, 2 vols. (i, Continental Plans for European Union 1939-1945; ii, Plans for European Union in Great Britain a. in Exile 1939-1945, Berlin 1985, 1986

–   ders. (Hg.), Europa-Föderationspläne der Widerstandsbewegungen 1940-1945, München 1968

Spiegelbild einer Verschwörung: Die Opposition geg. Hitler u. der Staatsstreich vom 20. Juli 1944 in der SD-Berichterstattung, Geheime Dokumente aus dem ehemaligen Reichssicherheitshauptamt, Hg. H.-A. Jacobsen, 2 Bde., Stuttgart 1984

Trott zu Solz, Adam von, Hegels Staatsphilosophie u. das Internationale Recht, Göttingen 1932, 1967

–   ders., Heinrich von Kleist. Politische u. journalistische Schriften. Ausgewählt u. eingeleitet von AvT, Potsdam 1935

Voigt, Klaus (Hg.), Friedenssicherung u. europäische Einigung. Ideen des deutschen Exils 1939-1945, Frankf./M. 1988

Die Weizsäcker-Papiere 1933-1950, Hg. L. E. Hill, Frankf./M. 1974

Young, A. P., Die `X´-Dokumente, München 1989

10.5   Sekundärliteratur

10.5.1 Essays, Artikel in Periodika und Zeitungen

`The Appeasers of 1939´, Manchester Guardian Weekly, 31 May 1956

Astor, David, `Von Trott's Mission: The Story of an Anti-Nazi', Manchester Guardian, 4 June 1956

- `Why the Revolt Against Hitler was Ignored´, Encounter, June 1969/32, S. 3-13

- `The Man Who Plotted Against Hitler', New York Review, 28 Apr. 1983, S. 16-21

Bartel, Walter, `Die deutsche Widerstandsbewegung und die Alliierten zur Zeit des Zweiten Weltkrieges´, Zeitschrift für Geschichtswissenschaft, 1961/5, S. 993-1013

Baum, Walter, `Marine, Nationalsozialismus und Widerstand´, VfZ, Apr. 1968/16, S. 120-149

Bayne, E. A., `Resistance in the Foreign Office´, Human Events, 3, 3 Apr. 1946, S. 1-8

(Bell) George Cicestr (Chichester), `The Background of the Hitler Plot´, The Contemporary Review, Oct. 1945/168, S. 203-208

- `Die Ökumene und die innerdeutsche Opposition´, VfZ, Okt. 1957/5, S. 362-378

Beloff, Max, `Reflections on Intervention´, Journal of International Affairs, (JIA), 1968/22, S. 198-207

Benz, Wolfgang, `Eine liberale Widerstandsgruppe und ihre Ziele: Hans Robinsohns Denkschrift aus dem Jahre 1939´, VfZ, Juli 1981/29, S. 437-471

Bethge, Eberhard, `Adam von Trott und der deutsche Widerstand´, VfZ, Juli 1963/11, S. 213-223

Bialer, Uri, ‘"Humanization" of Air Warefare in British Foreign Policy on the Eye of the second World War', Journal of Contemporary History (JCH), 1978/13, S. 79-96

Borch, Herbert v., ‘Obrigkeit und Widerstand', VfZ, Juli 1955/3, S. 297-310

Boveri, Margret, ‘Variationen über die Treue', Merkur 1969/23; I. Abgehandelt an der Schwierigkeit deutsch-englischer Verständigung, S. 657-672. II. Adam von Trott als Objekt anglo-amerikanischer Verdächte, S. 761-775

Broszat, Martin, ‘Zur Sozialgeschichte des deutschen Widerstandes', VfZ, 1986/34, S. 293-309

Browning, Christopher R., ‘Unterstaatssekretär Martin Luther and the Ribbentrop Foreign Office', JCH, Apr. 1977/12, S. 313-344

Chadwick, Owen, ‘The English Bishops and the Nazis', Frieds of Lambeth Palace Library, Annual Report, 1973

Chase, John L., ‘Unconditional Surrender Reconsidered', Political Science Quaterly, 1955/70, S. 258-279

Cobb, Richard, ‘A Personal State of War', Times Literary Supplement, (TLS), 10 Mar. 1978

Crossman, Richard H. S., ‘Third Man as Hero', Observer Review, 24. Nov. 1968

‘Documents on Allen Dulles's Secret Negotiations with the Nazis in 1943', New Times (Moscow), July 1960

Dohnanyi, Klaus v., ‘Widerstand und Menschenrechte', Die Zeit, 28. Juli 1978

Dunn, F. S., The Present Course of International Relations Research, World Politics, S. 82, 2 (1940/50)

Fleischhauer, Ingeborg, ‘Mit Todesmut gegen den Krieg. Zum 20. Juli 1944: Graf Schulenburg wollte mit Stalin über einen Sonderfrieden verhandeln', Die Zeit, 22. Juli 1988

Gerstenmaier, Eugen, `Zur Geschichte des Umsturzversuchs vom 20. Juli 1944´, Neue Zürcher Ztg., 23./24. Juni 1945
- `Der Kreisauer Kreis. Zu dem Buch Gerrit van Roons „Neuordnung im Widerstand"´, VfZ, Juli 1967/15, S. 221-246

Goldman, Aaron, `Germans and Nazis: The Controversy over „Vansittartism" in Britain during the Second World War´, JCH, Jan. 1979/14, S. 155-191

Graml, Hermann, `Deutscher Widerstand zwischen Gestern und Morgen. Die außenpolitischen Vorstellungen des Kreisauer Kreises,´ Merkur 1966/20, S. 760-774

Hassell, Ulrich v., `Die Neuordnung im Südostraum´, Berliner Monatshefte, 1941, S. 601-611
- `Ein neues europäisches Gleichgewicht?´, Auswärtige Politik, Nov/Dez. 1943/10, S. 697-702

Hauser, Oswald, `England und der deutsche Widerstand 1938 im Spiegel britischer Akten´, in Dollinger et al. (Hg.), Weltpolitik, Europagedanke, Regionalismus; Münster 1982, 509-527

Hildebrand, Klaus, `Die ostpolitischen Vorstellungen im deutschen Widerstand´, GWU, 1978/29, S. 213-241

Hill, Leonidas E., `The Vatican Embassy of Ernst v. Weizsäcker, 1943-45´, Journal of Modern History (JMH), June 1967/39, S. 138-159
- `The Genesis and Interpretation of the Memoirs of E. v. Weizsäcker´, German Studies Review (GSR), 1987/10, S. 443-480
- `The Wilhelmstrasse in the Nazi Era´, Political Science Quaterly (PSQ), Dec. 1967/82, S. 546-570
- `Toward a New History of the German Resistance to Hitler´, CEH, Dec. 1981/14, S. 369-399

Hillgruber, Andreas, `England in Hitlers außenpolitischer Konzeption´, Historische Zeitschrift, Feb. 1974/218, S. 65-84
- Literaturbericht, Innen- und Außenpolitik Deutschlands 1933-45, GWU 1987/38, S. 181-192

Hoffmann, Peter, `Peace through Coup d'Etat: The Foreign Contacts of the German Resistance 1933-44´, CEH, Mar. 1986/19, S. 3-44

– Colonel Claus von Stauffenberg in the German Resistance to Hitler : Between East and West´, Historical Journal, Sep. 1982/31, S. 629-650

Jonca, Karol, `The Foreign Contacts of the Kreisau Circle in Contemporary Polish Opinion (1938-1944)´, Polish Western Affairs, 1988/1, S. 3-19

– Außenpolitische Perspektiven des Kreisauer Kreises aus polnischer Sicht 1938-1944, Polnische Weststudien, 1988/7, S. 3-19

Kennan, George F., `Noble Man:Helmuth von Moltke:A Leader against Hitler´, New York Review, 22 Mar. 1973

Kent, George O., `Pope Pius XII and Germany: Some Aspects of German-Vatican Relations 1933-1943´, American Historical Review (AHR), Oct. 1964/70, S. 59-78

Keyserlingk, Robert, `Die deutsche Komponente in Churchills Strategie der nationalen Erhebungen 1940-42: Der Fall Otto Strasser´, VfZ, Okt. 1983/31, S. 614-645

Klemperer, Klemens v., `A Kind of Resistance´, TLS, Feb. 1976/17

– `Adam von Trott zu Solz and Resistance Foreign Policy´, CEH, Dec. 1981/14, S. 351-361

Krausnick, Helmut, `Deutscher Widerstand und englische Kriegserklärung´, Aus Politik und Zeitgeschichte (APuZ), B1/56, Das Parlament, 4. Jan. 1956

– und Graml, Hermann, `Der deutsche Widerstand und die Alliierten´, APuZ, 19. Juli 1961

Kluke, Paul, `Die englischen und deutschen diplomatischen Akten´, Historische Zeitschrift, 1953/75, S. 527-541

Leibholz, Gerhard, `Ideology in the Post-War Policy of Russia and the Western Powers: The Study of a Contrast´, Hibbert Journal, 1944/42, S. 116-125

Lindgren, Henrik, `Adam von Trotts Reisen nach Schweden 1942-1944: Ein Beitrag zur Frage der Auslandsverbindungen des deutschen Widerstandes´, VfZ, Juli 1970/18, S. 274-291

Lipgens, Walter, `European Federation in the Political Thought of the Resistance Movements during World War II´, CEH, Mar. 1968/1, S. 5-19

– `Das Konzept regionaler Friedensorganisation. Resistance und europäische Einigungsbewegung´, VfZ, Apr. 1968/16, S. 150-164

Lonsdale Bryans, J(ames), `Zur britischen amtlichen Haltung gegenüber der deutschen Widerstandsbewegung´, VfZ, Okt. 1953/1, S. 347-351

Ludlow, Peter, `Papst Pius XII., die britische Regierung und die deutsche Opposition 1939/40´, VfZ, Juli 1974/22, S. 299-341

Macdonald, Callum A., `Economic Appeasement and the German „Moderates" 1937-1939´, Past and Present, Aug. 1972/56, S. 105-135

Mann, Golo, `Helmuth James von Moltke´, Journal of European Studies (JES), Dec. 1974/4, S. 368-389

Meyers, R., The laying of ghost – oder unzeitgemäße Betrachtungen zur behavioristischen Politikwissenschaft, Neue Politische Literatur, S. 72-88, 30/1985

Michalka, Wolfgang, `Widerstand oder Landesverrat? Die antifaschistische Opposition als Problem der Forschung´, Militärgeschichtliche Mitteilungen, 1977/21, S. 207-214

Mommsen, Hans, `Der Widerstand gegen Hitler und die deutsche Gesellschaft´, Historische Zeitschrift, 1985/241, S. 81-104

– `Die Geschichte des deutschen Widerstandes im Lichte der neueren Forschung´, APuZ 1986/50, S. 3-18

– `Begriff und Problematik des deutschen Widerstandes gegen Hitler in der zeitgeschichtlichen Forschung´, Internat. Jahrbuch f. Geschichts- u. Geographieunterricht, 1977/1978/18, S. 280-287

Niedhart, Gottfried, `Britische Deutschlandpolitik vor dem Zweiten Weltkrieg´, APuZ, 1977/13, S. 26-39

Röder, Werner, `Deutscher Widerstand im Ausland: Zur Geschichte des politischen Exils 1933-45´, APuZ, B31/80, Das Parlament, 2. Aug. 1980, S. 3-22

Roijen, J. H. van, `Adam von Trott in Holland´, Encounter, Sep. 1969/33, S. 91

Roloff, E. A., `Der verspätete Staatsstreich. Klarheiten und Unklarheiten über den Widerstand gegen Hitler´, Politische Studien, 1964/15, S. 444-459

Roon, Ger van, `Der Kreisauer Kreis. Neuordnung und Widerstand´, GWU 1988/39, S. 142-153

–   `Der Kreisauer Kreis und das Ausland´, APuZ, B 50, 13. Dez. 1986

–   `Graf Moltke als Völkerrechtler im OKW´, VfZ, Jan. 1970/18, S. 12-61

Rothfels, Hans, `Zwei außenpolitische Memoranden der deutschen Opposition (Frühjahr 1942)´, VfZ, Okt. 1957/5, S. 388-397

–   `Zur Krise des Nationalstaats´, VfZ, Apr. 1953/1, S. 138-152

–   `The German Resistance in its International Aspects´, in Record of General meeting held at Chatham House, London, 14 Mar. 1958,

–   (dasselbe in International Affairs, Oct. 1958/34, S. 477-489)

–   `Adam von Trott und das State Department´, VfZ, Juli 1959/7, S. 318-332

–   `Dokumentation. Trott und die Außenpolitik des Widerstandes´, VfZ, Juli 1964/12, S. 300-323

Scharffenorth, E. A., `Die Aufgabe der Kirche in Kriegszeiten. Der Einsatz von George Bell und Gerhard Leibholz für eine konstruktive Deutschlandpolitik Großbritanniens, 1941-43´, Kirchliche Zeitschrift, 1988/1, S. 94-115

Schier, Wolfgang, `Der 20. Juli nach deutschem Recht. Warum die Verschwörer weder Hoch- noch Landesverräter waren´, Freiheit und Recht, 1962/8, Nr. 7, S. 5-7

Schroeder, H. J., `Economic Appeasement. Zur britischen und amerikanischen Deutschlandpolitik vor dem Zweiten Weltkrieg´, VfZ, 1982/30, S. 82-97

Steinbach, Peter, `Ein Kämpfer, bereit, die Folgen auf sich zu nehmen´ (Harro Schulze-Boysen), Deutsches Allgemeines Sonntagsblatt, 1. Sep. 1989

–   `Widerstandsforschung im politischen Spannungsfeld´, APuZ, 1988/28, S. 3-21

Steininger, Rolf, `Der Anschluß Österreichs – Stationen auf dem Weg zum März 1938´, APuZ, 1988/9

Sykes, Christopher, `Heroes and Suspects: The German Resistance in Perspective´, Encounter, Dec. 1983/31, S. 39-47

Trott zu Solz, Adam von, `B.(ernard) Bosanquet und der Einfluß Hegels auf die englische Staatsphilosophie´, Zeitschrift f. dt. Kulturphilosophie, Neue Reihe, S. 193-99, Heft 2/1938

–   `Bemerkungen zum Friedensprogramm der amerikanischen Kirchen´, Nov. 1943, VfZ 12/1964, S. 318-22 in: Rothfels, Trott und die Außenpolitik des Widerstandes

–   `Handschriftliche Notizen´, USA Winter 1939/40, ebd., S. 315-16

–   `Impressions of a German Student in England´, The World's Youth. A Magazin for Leaders of Youth , S. 135-38, No. 5, Nov. 1929

–   `Junger Sozialismus in England´, Neue Blätter für den Sozialismus (NB), S. 106ff, Rezension von A. L. Rowse, Politics a. the Younger Generation, 1933/4

–   `Der Kampf um die Herrschaftsgestaltung im Fernen Osten´, Zeitschrift für ausländisches öffentliches Recht und Völkerrecht, S. 264-83, 1939/9, Nr. 2. (Ein nicht allg. veröffentlichter Vorläufer besteht in der Schrift `Ostasiatische Möglichkeiten´. Juli 1938, engl. Fassung `Far Eastern Possibilities´, Sep. 1938, ST/Berlin, jetzt BA/Koblenz)

–   `Memorandum für das State Department´, Ende Dez. 1939; Trott in Teilen Autor, insbes. Schluß, sonst von Scheffer; VfZ 1959/7, S. 322-29, in: Rothfels, AvT u. das State Dep.

- `Memorandum´ (Ende Apr. 1942), VfZ 1957/5, S. 392-95, in: Rothfels, Zwei außenpolitische Memoranden der Opposition (Frühjahr 1942)
- `Memorandum´ (Für England und die USA)(Juni 1944), VfZ 1970/18, S. 289-91, in: Lindgren, AvT's Reisen nach Schweden 1942-44
- `Memorandum für Lord Halifax´, Ende 1939, VfZ 1964/12, S. 313-15, in: Rothfels, Trott u. die Außenpolitik...
- `Memorandum für David Astor´, 28 Dec. 1939, USA, ebd. S. 316-18
- `Noten an Undersecretary of State G. S. Messersmith´, VfZ 1959/7, S. 331f, in: Rothfels, AvT u. das State Dep.
- `Südostasien – Amerikas Achillesferse´, Monatshefte für Auswärtige Politik, 1941/8

Visser't Hooft, Willem A., `The View from Genevaa´, Encounter, Sep. 1969/33, S. 92-94

Watt, D. C., `Les Alliés et la Résistance Allemande (1939-44)´, Revue d´Histoire de la Deuxième Guerre Mondiale, Oct. 1959, S. 65-86

`Widerstand ist vaterländische Pflicht´. (Aus den Akten des schwedischen Ministerium(s) des Äußeren), Politische Studien, Juli 1959/10, S. 435-439

Winterhager, W. E., `Politischer Weitblick und moralische Konsequenz. Der Kreisauer Kreis in seiner Bedeutung für die Zeitgeschichte´, GWU, 1987/38, S. 402-417

10.5.2 Allgemeine Werke

Aly, Götz, Macht – Geist – Wahn. Kontinuität deutschen Denkens, Frankfurt 1999

Amburger, Erik, Der Kreisauer Kreis. Das biographische und genealogische Bild einer Widerstandsgruppe, Berlin (Selbstverl.), 1984

Andrew, Christopher, Secret Service: The Making of the British Intelligence Community, London 1985
- and Dilks, David (eds.), The Missing Dimension: Governments and Intelligence Communications in the Twentieth Century, Urbana 1984

Ash, Timothy Garton, Ein Jahrhundert wird abgewählt, München 1990

Aster, Sidney, British Foreign Policy 1918-1945. A Guide to Research and Research Materials. Wilmington, Del., 1984

Astor, David, Adam von Trott zu Solz, A Personal View, in: The Challenge of the Third Reich, (Hg. H. Bull), The AvT Memorial Lectures, Oxford 1986, S. 17-34

Attlee, C. R. et al., Labour´s Aims in War and Peace, London 1940

Aufstand des Gewissens: Militärischer Widerstand gegen Hitler und das NS-Regime 1933-45, Hg.: Militärgeschichtliches Forschungsamt Herford, 1984

Birkenhead, The Earl of, Halifax: The Life of Lord Halifax, London 1965

Blasius, Rainer, Für Großdeutschland – gegen den großen Krieg. Staatssekretär E. Frh. v. Weizsäcker in den Krisen um die Tschechoslowakei und Polen 1938/39, Köln 1981

Bleistein, Roman (Hg.), Dossier: Kreisauer Kreis. Dokumente aus dem Widerstand gegen den NS. Aus dem NL von Lothar König, Frankf. M. 1987

Bose, Mihir, The Lost Hero: A Biography of Subhas Bose, London 1982

Boveri, Margret, Der Diplomat vor Gericht, Berlin-Hannover 1948
- Treason in the Twentieth Century, London 1956
- Wir lügen alle. Eine Hauptstadtzeitung unter Hitler, Olten 1965

Bracher/Funke/Jacobsen (Hg.), NS-Diktatur 1933-45. Eine Bilanz, BZPB, Bonn 1986

–   (dies. Hg.), Die Weimarer Republik 1918-33, BZPB, Bonn 1987

Brissaud, André, The Nazi Secret Service, New York 1942

Broszat, M./Schwabe, K., (Hg.), Die deutschen Eliten und der Weg in den Zweiten Weltkrieg, München 1989

Bull, Hedley (ed.), The Challenge of the Third Reich, Oxford 1986

Butcher, Harry C., My Three Years with Eisenhower, New York 1947

Butler, J .R. M., Lord Lothian (Philip Kerr), 1882-1940, London 1960

Byrnes, James F., Speaking Frankly, New York 1947

Carr, E. H., The Twenty Year's Crisis 1919-1939. An Introduction to the Study of International Relations, London 1974

Cartarius, Ulrich (Inhaltsbearb., Ausstellung u. Katalog), Deutscher Widerstand. 1933-45. Informations- und Dokumentationsaus-stellung zum deutschen Widerstand. Stuttgart 1983

Cazeneuve, Jean, Les mythologies à travers le monde, Paris 1966

Colvin, Ian, Master Spy, New York, 1951
–   Vansittart in Office, London 1965
–   The Chamberlain Cabinet, London 1971

Cowling, Maurice, The Impact of Hitler: British Politics and British Policies 1933-1940, Cambridge 1975

Czempiel, E. O., (Hg.), Die Lehre von den Internationalen Beziehun-gen. Darmstadt 1969

Czempiel/Schweitzer (Hg.), Weltpolitik der USA nach 1945. Einfüh-rung und Dokumente, BZPB Bonn 1987/2

Dönhoff, Marion Gräfin, `Um der Ehre willen´. Erinnerungen an die Freunde vom 20. Juli, Berlin 1996/2

Doeschner, H. J., Das Auswärtige Amt im Dritten Reich. Diplomatie im Schatten der Endlösung, Berlin 1987

Deutsch, Harold C., The Conspiracy against Hitler in the Twilight War, Minneapolis, 1968
–   Verschwörung gegen den Krieg, München 1969

– Hitler and His Generals, Minneapolis, 1974

Dyer/Mangasarian (Hg.), The Study of International Relations. The State of the Art, London 1989

Falter, Jürgen W., Der „Positivismusstreit" in der amerikanischen Politikwissenschaft. Opladen 1982

Fest, Joachim C., Hitler. Eine Biographie. Frankf./M. 1973

Finker, Kurt, Graf Moltke und der Kreisauer Kreis, Berlin 1980/2

– und Busse, A., Stauffenberg und der 20. Juli 1944, Berlin 1984/6

Fleischhauer, Ingeborg, Die Chance des Sonderfriedens: Deutsch-sowjetische Geheimgespräche 1941-45, Berlin 1986

Foucault, Michel, Von der Subversion des Wissens, Frankf./M. 1987

Franke, August (Bearb.), Ein Leben für die Freiheit. Eine Besinnung auf die Männer des 20. Juli 1944, anläßlich der Erweiterung der Vertriebenen-Siedlung AvTzS in Kassel, ebd. 1960

Friedrich, Jörg, Der Brand. Deutschland im Bombenkrieg 1940-45, Berlin 2002

Fuchsner, L. W., Neville Chamberlain and Appeasement. A Study in the Politics of History, New York 1982

Fuller, J. F. C., The Second World War, 1939-1945, New York 1962

Funke, Manfred (Hg.), Hitler und die Mächte. Materialien zur Außenpolitik des Dritten Reiches, Kronberg/Ts.-Düsseldorf, 1978

Funke/Jacobsen/Knütter/Schwarz, Demokratie und Diktatur, BZPB Bonn 1987

Gates, Eleanor M., End of the Affair: The Collapse of the Anglo-French Alliance, 1939-40, Berleley/Calif. 1981

Gilbert, Martin, Britain and Germany between the Wars, London 1964

– Winston Churchill, vi, Finest Hour 1939-41; vii, Road to Victory 1941-45, London 1983, 1986

Gisevius, Hans Bernd, Bis zum bitteren Ende, Zürich 1946, 1954, Hamburg o. J., 1960 (?)

Haffner, Sebastian, Germany: Jekyll and Hyde, London 1940
– Offensive against Germany, ebd. 1941

Hauser, Oswald, England und das Dritte Reich, i, 1933-36, Stuttgart 1972
– England und der deutsche Widerstand 1938 im Spiegel britischer Akten; in: Weltpolitik, Europagedanke, Regionalismus, S. 509-27, Münster 1982
– England und Hitler 1936-39. In: Geschichte und Gegenwart, S. 365-80. Festschrift für K. D. Erdmann, Neumünster 1980
– Lord Halifax und Hitler. Nov. 1937, in: Staat und Gesellschaft im politischen Wandel. Beiträge zur Geschichte der modernen Welt, S. 492-522, (Hg. W. Pöls), Stuttgart 1979

Hearden, P. J., Roosevelt Confronts Hitler. Americas Entry into World War two. Northern Illinois Univ., 1987

Heideking, J./Mauch, C. (Hg.), Geheimdienstkrieg gegen Deutschland. Subversion, Propaganda und politische Planungen des amerik. Geheimdienstes im Zweiten Weltkrieg, Göttingen 1993
– (dies. Hg.), USA und deutscher Widerstand. Analysen und Operationen des amerik. Geheimdienstes im Zweiten Weltkrieg, Tübingen 1993

Hermlin, Stephan, Der Leutnant Yorck von Wartenburg, Erzählung. Leipzig 1977

Hesse, Hermann, Der Steppenwolf. Erzählung. Frankf./M. 1981/16

Hill, Leonidas E. (Hg.), Die Weizsäcker-Papiere 1900-1932, Berlin-Frankf./M. 1982

Hillgruber, Andreas, Probleme des Zweiten Weltkrieges, Köln 1967

Höffkes, Karl (Hg.), Deutsch-sowjetische Geheimverbindungen. Unveröffentlichte diplomatische Depeschen zwischen Berlin und Moskau im Vorfeld des Zweiten Weltkrieges, Tübingen 1988, Inst. f. dt. Nachkriegsgeschichte

Hoffmann, Peter, Widerstand-Staatsstreich-Attentat. Der Kampf der Opposition gegen Hitler, München 1979/3
- Widerstand gegen Hitler: Probleme des Umsturzes, München 1979
- German Resistance to Hitler, Cambridge/Mass., 1988

Hoffmann, Stanley, Guliver's Troubles oder die Zukunft des internationalen Systems, Bielefeld 1970

Hüttenberger, Peter, Vorüberlegungen zum Widerstandsbegriff, in: Kocka, Jürgen, Theorien in der Praxis...

Hulick, Charles E., Jr. (ed.), Department of State, Washington (Selbstverl.),1951

Institut für Zeitgeschichte (IfZ), Hg., Deutscher Sonderweg: Mythos oder Realität?, München 1982

Jacobsen, Hans-Adolf, Nationalsozialistische Außenpolitik 1933-1938, Frankf./M. 1968
- (Hg.), 20. Juli 1944 – Die deutsche Opposition gegen Hitler im Urteil der ausländischen Geschichtsschreibung, Bonn 1969
- (Hg.), Spiegelbild einer Verschwörung. Die Opposition gegen Hitler und der Staatsstreich vom 20. Juli 1944 in der SD-Berichterstattung. Geheimdokumente aus dem ehem. Reichssicherheitshauptamt. Bd. 1-2, Stuttgart 1984

James, Harold, Vom Historikerstreit zum Historikerschweigen, Berlin 1993

Jasper, Ronald, George Bell, Bishop of Chichester, London 1967

Jesse, Eckhard (Hg.), Totalitarismus im 20. Jahrhundert. Eine Bilanz der internationalen Forschung, BZPB Bonn 1996

Junker, Detlef, Kampf um die Weltmacht. Die USA und das Dritte Reich, 1933-45, Hg. Riese/Uffelmann, Histor. Seminar, Düsseldorf 1988

Kaiser/Schwarz (Hg), Weltpolitik. Strukturen-Akteure-Perspektiven, BZPB Bonn 1987/2
- dieselben, Die neue Weltpolitik, BZPB, Bonn 1995

Karski, Jan, Einer gegen den Holocaust – Als Kurier in geheimer Mission, Köln, 1997

Kettenacker, Lothar, Das `Andere Deutschland´ im Zweiten Weltkrieg. Emigration und Widerstand in internat. Perspektive, Stuttgart 1977. (Veröff. des Dt. Hist. Inst. London)
– Die Diplomatie der Ohnmacht. Die gescheiterte Friedensstrategie der brit. Regierung vor Ausbruch des Zweiten Weltkrieges. In: Sommer 1939. Die Großmächte und der europäische Krieg, S. 223-79, Hg. Benz/Graml, Stuttgart 1979

Kennedy, Paul M., Splended Isolation gegen Continental Commitment. Das Dilemma der brit. Deutschland-Strategie in der Zwischenkriegszeit (1931-39), in: Tradition und Neubeginn, S. 151-201, Köln 1975

Kindermann, Gottfried-Karl (Hg.), Grundelemente der Weltpolitik. Mit e. Geleitwort von Hans J. Morgenthau, München 1986/3

Klemperer, Klemens v., Die `Verbindung mit der großen Welt´: Außenbeziehungen des deutschen Widerstandes 1938-1945, Beiträge zum Widerstand 1933-45, Berlin 1990
– German Resistance Against Hitler. The search for Allies Abroad, 1938-1945, Oxford 1992
– Die verlassenen Verschwörer. Der deutsche Widerstand auf der Suche nach Verbündeten 1938-1945, Berlin 1994. (Hg. Aretin, Roon, Mommsen)

Kleßmann, Chr./Pingel F. (Hg.), Gegner des NS. Wissenschaftler und Widerstandskämpfer auf der Suche nach historischer Wirklichkeit, Frankf./M. 1980

Knightley, Philip, The Master Spy: The Story of Kim Philby, New York 1989

Knorr/Rosenau (Hg.), Contending Approaches to International Politics, Princeton 1969

Kocka, Jürgen (Hg.), Theorien in der Praxis des Historikers, Göttingen 1977

Krippendorff, Ekkehart, Staat und Krieg. Die historische Logik politischer Unvernunft, Frankf./M. 1985

– Internationale Politik: Geschichte und Theorie, Frankf./M.-New York 1987

– The Dominance of American Approaches in International Relations, in: Dyer/Mangasarian (Hg.) The Study of International Relations, S. 28-39. London 1989

Kuchner-Wolfskehl, Adam von Trott, in: Widerstand im Dritten Reich. Probleme, Ereignisse, Gestalten, S. 194-99, Hg.: H. Graml, Frankf./M. 1984

Laqueur, W./Breitman, R., Breaking the Silence, New York 1986

Leber, Annedore, in Zus.arb. m. Willy Brandt und K. D. Bracher (Hg.), Das Gewissen steht auf: 64 Lebensbilder aus dem deutschen Widerstand 1933-45, Berlin 1984

Leiris, Michel, Die eigene und die fremde Kultur. Ethnologische Schriften Bd. 1, Frankf./M. 1985

Lévi-Strauss, Claude, Mythos und Bedeutung. Vorträge, Frankf./M. 1988

– Traurige Tropen, Frankf./M. 1993/9

– Das wilde Denken, Frankf./M. 1989

Lichtenstein/Romberg (Hg.), Täter-Opfer-Folgen. Der Holocaust in Geschichte und Gegenwart, BZPB Bonn 1997/2

Lill, R./Oberreuter, H. (Hg.), 20. Juli. Portrait des Widerstands, Düsseldorf 1984

Lindgren, Henrik, Kreisau-Kretsens förbindelser i Sverige 1942-44, o. O. 1969

Lochner, Louis P., What about Germany?, New York 1942

Löwenthal, R/v. zur Mühlen, P., Widerstand und Verweigerung in Deutschland 1933-45, Berlin-Bonn 1982

Lukacs, John A., The Great Powers and Eastern Europe, New York 1953

- Churchill und Hitler. Der Zweikampf 10. Mai-31. Juli 1940, Stuttgart 1992

MacDonald, Callum A., The United States, Britain and Appeasement 1936-39, New York 1981

MacDonough, Giles, A Good German: Adam von Trott zu Solz, London 1989

Machtverfall und Machtergreifung, Hg.: BLZ, Reihe: `Zur Diskussion gestellt´, München 1986/2

Maghroori/Ramberg (Hg.), Globalism Versus Realism. International Relations´ Third Debate. Boulder, Col. 1982

Malone, Henry O., Adam von Trott zu Solz: Werdegang eines Verschwörers 1909-1938, Berlin 1986, (Austin/Tex. 1980, Univ. Diss.)

Mann, Golo, Wissen und Trauer, Frankf./M. 1995/2

Martin, Bernd, Weltmacht oder Niedergang? Deutsche Großmachtpolitik im 20. Jhd., Darmstadt 1989

- Deutsche Opposition und Widerstandskreise und die Frage eines seperaten Friedensschlusses, in: Der deutsche Widerstand 1933-45, S. 79-107, Paderborn 1986

Meding, Dorothee von, Mit dem Mut des Herzens. Die Frauen des 20. Juli, München 1993

Melnikow, Daniil, 20. Juli 1944: Legende und Wirklichkeit, Berlin 1968

Michalka, Wolfgang, NS-Außenpolitik, Darmstadt 1978 (Wege der Forschung, 297)

- Vom Motor zum Getriebe – Das AA und die Degradierung einer traditionsreichen Behörde 1933-45, in: Der Zweite Weltkrieg (Hg. ders.), München 1989

- Ribbentrop und die deutsche Weltpolitik, 1933-1940, München 1980

Moltke, Albrecht v., Die wirtschafts- und gesellschaftspolitischen Vorstellungen des Kreisauer Kreises, Hg. F. W. Henning, Reihe Wirtschafts- und Rechtsgeschichte Bd. 16, Köln 1989

Moltke-Almanach, Die Herkunft der Mitglieder des engeren Kreisauer Kreises, Das biographische und genealogische Bild einer Widerstandsgruppe, Berlin 1984, Moltke-Stiftung

Mommsen, Hans, Die Opposition gegen Hitler und die deutsche Gesellschaft 1933-45, in: Der Zweite Weltkrieg, Hg.: W. Michalka, München 1989

-   Politische Perspektiven des aktiven Widerstandes gegen Hitler, in: Der Zwanzigste Juli – Alternative zu Hitler?, Hg.: H. J. Schultz

-   Adam von Trott, in: Widerstand im Dritten Reich, Hg.: H. Graml, Frankf./M. 1984

Mommsen, Wolfgang J,/Kettenacker, Lothar (eds.), The Fascist Challenge and the Policy of Appeasement, London 1983

Moore, Barrington Jr., Ungerechtigkeit. Die sozialen Ursachen von Unterordnung und Widerstand, Frankf./M. 1984

Morgenthau, Hans J., Macht und Frieden. Grundlegung einer Theorie der internationalen Politk, Gütersloh 1963

Morse, Edward L., Modernization and the Transformation of International Relations, New York 1976

Müller, Christian, Oberst i. G. Stauffenberg, Düsseldorf 1971

Müller, Ingo, Furchtbare Juristen. Die unbewältigte Vergangenheit unserer Justiz, München 1987

Müller, Klaus-Jürgen, Das Heer und Hitler: Armee und nationalsozialistisches Regime 1933-1940, Stuttgart 1969

-   Armee, Politik und Gesellschaft in Deutschland 1933-45, Paderborn 1979, Hg. Kurt Kluxen

-   Der deutsche Widerstand und das Ausland, Berlin 1986

-   (Hg.) Der deutsche Widerstand 1933-45, Paderborn 1986

Nationalsozialismus, Der, Bd. 1, 1933-35, Machtergreifung und Machtsicherung, Bd. 2, 1935-39, Friedenspropaganda und Kriegsvorbereitung, BLZ München 1985, 1989

Nietzsche, Friedrich, Also sprach Zarathustra, Leipzig 1918

Rohe, Karl (Hg.), Die Westmächte und das Dritte Reich 1933-39. Klassische Großmachtrivalität oder Kampf zwischen Demokratie und Diktatur?, Paderborn 1982

Rings, Werner, Life with the Enemy: Collaboration and Resistance in Hitler´s Europe 1939-45, New York 1982

Ritter, Gerhard, Carl Goerdeler und die deutsche Widerstandsbewegung, Stuttgart 1955

Roon, Ger van, Neuordnung im Widerstand. Der Kreisauer Kreis innerhalb der deutschen Widerstandsbewegung, München 1967
- Der Kreisauer Kreis zwischen Widerstand und Umbruch, Berlin 1985, GDW, Beiträge zum Widerstand 1933-45. 26
- German Resistance to Hitler: Count von Moltke and the Kreisau Circle, London 1971
- Widerstand im Dritten Reich: Ein Überblick, München 1987/4
- (Hg.) Helmuth James Grf. v. Moltke: Völkerrecht im Dienste der Menschen, Berlin 1986
- Wilhelm Staehle, Ein Leben an der Grenze 1877-1945, Neuenhaus 1986

Rothfels, Hans, Die deutsche Opposition gegen Hitler: Eine Würdigung, Frankf./M. 1969

Rowse, A. L., All Souls and appeasement: A Contribution to Contemporary History, London 1961

Schlabrendorff, Fabian v., The Secret War against Hitler, London 1966
- Offiziere gegen Hitler, Frankf./M. 1965
- Begegnungen in fünf Jahrzehnten, Tübingen 1979

Schmädeke, J./Scheinbach P. (Hg.), Der Widerstand gegen den NS: Die deutsche Gesellschaft und der Widerstand gegen Hitler.

Publikation einer Tagung der Historischen Kommission zu Berlin vom 2.-6. Juli 1984, München-Zürich 1986

Schnabel, Reimund, Tiger und Schakal. Deutsche Indienpolitik 1941-43. Ein Dokumentarbericht, Wien 1968

Schultz, Hans-Jürgen (Hg.), Der 20. Juli. Alternative zu Hitler?, Stuttgart 1974

Schulz, Gerhard (Hg.), Geheimdienste und Widerstandsbewegungen im Zweiten Weltkrieg, Göttingen 1982

Seaburg, Paul, The Wilhelmstrasse. A Study of German Diplomats under the Nazi Regime, Berkeley L. A./Calif. 1954

The Secret War Report of the OSS, ed. Anthony Cave Brown, New York 1976

Sherwood, Robert E., Roosevelt and Hopkins: An Intimate History, New York 1950

Small, Melvin, Was War Necessary? National Security and U. S. Entry into War, London, Beverly Hills/Calif. 1980

Smith, Arthur L. Jr., Churchill's German Army: Wartime Strategy and Cold War Politics, 1943-44, Beverly Hills/Calif. 1977

Smith, Bradley F., The Shadow Warriors: OSS and the Origin of the CIA, New York 1983

Stafford, David, Britain and European Resistance 1940-45: A Survey of the Special Operation Executive, with Documents, Toronto 1980

Steinbach/Tuchel (Hg.), Widerstand gegen den NS, BZPB Bonn 1994

Strauch, Rudi, Sir Neville Henderson: Britischer Botschafter in Berlin von 1937-39, Ein Beitrag zur diplomatischen Vorgeschichte des Zweiten Weltkrieges, Bonn 1959

Sykes, Christopher, Adam von Trott, Eine deutsche Tragödie, Düsseldorf-Köln 1969 (Troubled Loyalty: A Biography of AvTzS, London 1968)

Syring, Enrico, Hitlers Kriegserklärung an Amerika vom 11.12. 1941, in: Der Zweite Weltkrieg, Hg. W. Michalka, München 1989

Thielenhaus, Marion, Zwischen Anpassung und Widerstand: Deutsche Diplomaten 1938-41, Die politischen Aktivitäten der Beamtengruppe um E. v. Weizsäcker

Thun-Hohenstein, Romedio Grf. v., Der Verschwörer: General Oster und die Militäropposition, Berlin 1982 (Univ. Diss. Kiel 1980)

Trevor-Roper, Hugh, The Philby Affair: Espionage, Treason and Secret Services, London 1968

Trott zu Solz, Clarita von, AvTzS, Eine Lebensbeschreibung. Hg. Steinbach/Tuchel, Bd. 2, GDW Berlin 1994

Vansittart, Lord, Black Record: Germans Past and Present, London 1941

Voigt, Johannes, Indien im Zweiten Weltkrieg, Stuttgart 1978

Vollmacht des Gewissens, (Hg.) Europäische Publikation e. V., 2 Bde., Frankf./M. 1960, 1965

Wark, Wesley K., The Ultimate Enemy: British Intelligence and Nazi Germany 1933-39, Ithaca, N. Y. 1985

Wasser, Hartmut (Hg.), USA, Länderkunden Bd. 5, Opladen 1991

Watt, Donald Cameron, Britain looks to Germany, London 1965

— Too Serious a Business: European Armed Forces and the Approach to the Second World War, London 1973

Weitz, John Hans-Werner, Hitler's Diplomat – The Life and Times of Joachim von Ribbentrop, London, N. Y. 1992

Welles, Sumner, The Time of Decision, New York 1944

Wendt, Bernd-Jürgen, Konservative Honoratioren – eine Alternative zu Hitler? Englandkontakte des deutschen Widerstandes im Jahr 1938. In: Deutscher Konservatismus im 19. und 20. Jhd., Hg. D. Stegemann et al., Bonn 1983

Widerstand und Exil 1933-45, Hg.: BZPB Bonn 1986/2

Zeller, Eberhard, Der Geist der Freiheit: Der Zwanzigste Juli, München 1963

10.5.3 Aktuelle Zeitungen und Zeitschriften:

Frankfurter Allgemeine Zeitung (FAZ), Neue Zürcher Zeitung (NZZ), Das Parlament, Süddeutsche Zeitung (SZ), Der Spiegel, Der Tagesspiegel, Die Welt, Die Zeit